中公クラシックス W83

フッサール

デカルト的省察

船橋　弘訳

中央公論新社

目次

フッサールの問いは終わらない

谷　徹

「彼〔フッサール〕はまた他の機会に我々に語った。諸君はデューラーの作「騎士と死と悪魔」を見たことがあるか。いやしくも学に志すものは、長槍を携え、冑を目深にかぶり、——彼はこの時の両手を顳顬骨《せつじゅこつ》〔こめかみのところの骨〕の所にもって行ったようであった、——傍目もふらず、死と悪魔との境を真っ直ぐに騎《かけ》り進んで行く、あの勇敢なる騎士の如くでなければならぬ、と。[1]」

これは、フッサールのもとで学んだ高橋里美がフッサールの言動を伝えた名文である。高橋の報告のなかでは、本書の『世界の名著』版で細谷恒夫が引用した箇所[2]も有名である。だが、冒頭の描写は最も印象的なものであろう[3]。日本語によるこの描写が諸外国で知られていないのは残念なので、筆者はこれを英訳して紹介したことがあるが、本書の読者諸賢にも改めて知っていただきたいという思いから、引いた次第である。

諸外国で以前から知られている描写もある。たとえばヘルムート・プレスナーのものである。「フッサール家の庭の戸口まで来たときに、彼の深い不快感が爆発した。『ドイツ観念論のすべてが私にはいつも糞食らえという感じだった。私は生涯にわたって』――こう言いながら彼は、銀の柄のついた細いステッキを震わせてから、そのステッキを戸口の柱に押し当てて前屈みになった――『現実を求めてきた』。これ以上のものはないほどにそのステッキは志向性の作用を、そして戸口の柱はその充実を表わしていた。」[4]

これもなかなか印象的である。フッサールは「現実」を求めていた。「志向性（＝指向性）の作用」は彼の基本概念だが、これを表すステッキも「現実」に向かっていた。しかも、「充実」した現実に、である。充実とはどういうことか。たとえば言葉（言語）は何かに向かうが、言語だけでは空虚である。そうした言語が充実されるのは、それが向かう当のものをわれわれが「見る」とき、「聞く」とき、総じて「直観する」ときである。フッサールは、まさにその目の前に直観される現実に向かおうとしていた。だが、なぜ、そうしようとしたのか。フッサールは、ドイツ観念論はそうしていないとみなしていた。いや、ドイツ観念論だけでなく、他のすべての哲学も、さらにはいわゆる科学も、基本的に同様だとみなしていただろう。おそらく真に「哲学」を志す者――読者諸賢もそうであると筆者は思うが――は、既存の哲学や学問・科学が説明する現実が真の現実ではないと感じて、「哲学」を志すのではなかろうか。哲学は、現実に向かってこそ「哲学」なのである。

現実から離れた哲学や学問・科学（あるいは「理論」と言い換えてもよい）は、生きていない。「死」の状態にある。「悪魔」メフィストフェレスは、すべての理論は「灰色」だと言って学生を誘惑する。初学者を自認して新たな学問を志すフッサールは、死と悪魔に脇目もふらず、そこを突き抜けて、生きた現実（これは「生活世界」と「生」との相関関係のなかにある）に向かう。高橋の報告はこんなふうにも解釈できるだろう。

しかし、学問を放棄しさえすれば、それで「生命の黄金の樹」が手に入るのではないか。そう（二分法的に）考える人がいたとすれば、それこそまったくの誤解だと言わねばならない。学問を離れれば、生ける現実が輝き出るというわけではない。むしろ、生ける現実がそもそも簡単に光のなかに現れ出ないからこそ、それを現れ出させようとする真摯な努力が学問に結晶してきたのである。古代、中世、近代の哲学（ドイツ観念論を含む）、そしていわゆる科学も、学問としてそれぞれの流儀で現実を現れ出させてきたはずである。ただ問題なのは、こうした努力の産物が硬化して、現実への通路でなくなってしまうことであり、現にそうなっている。それを突き破って、現実の「内部」に入り込まねばならない。そのようにして現実と知が一体化しなければならない。このとき学問が甦り、生ける学問となる。生ける学問との関係のなかでこそ、現実そのものも

「緑色」に現れ出るだろう。学問を哲学的に建て直さなければならない。

こうした方向性は、「事象そのものへ」[5]というモットーで示される。事象そのものを学問的に現れ出させようとする傾向を、現象学は格別に強くもつ。フッサールは、驚くべき情熱をもってこの方向に邁進した。しかし、これはフッサールの個人的傾向で終わらなかった。現象学を「現象学運動」[6]として推し進めていく可能性が現象学には含まれていた。実際、この可能性をみずから引き受けて、現象学運動を展開するひとびとが続出した。このことによって現象学運動は、日本を含む世界各地に広がり、かつ、現在進行中である。

とはいえ、フッサールの現象学は無批判に受け入れられてきたわけではない。それへの批判もまた、ある意味でよりいっそう現象学的である。そもそもフッサール自身が極端に自己批判的だった。[7]にもかかわらず、自己批判だけで十分だとは言えない。「われわれ」もそれに参加しよう。こうした現象学運動のなかで、「フッサールとともに、フッサールに抗して」[8]という新たなモットーが登場してきた。

「事象そのものへ」。しかし、このモットーだけで事象が現れ出るわけではない。そもそも事象そのものとは何のことなのか。これを見るには——熱い志をもった読者諸賢が興ざめを起こすことを怖れるが——「灰色」かもしれない「学問」について語らねばならない。そのなかでフッサール現象学の全体的な狙いが明らかになり、そして、その狙いのなかで本書『デカルト的省察』も位置づけられるはずである。そこからさらに、どのようにしてわれわれは現実を見るのか、知るのか、その道筋としての方法（方途）をフッサール現象学から手に入れれば、と思う。

学問とは

右で、現象学の、現実に向かうという方向性を述べ、さらに学問を建て直すという方向性を仄めかしたつもりである。前者は日本の読者にとっても理解しやすいと思うが、後者はどうだろうか。フッサールは本書で（デカルトとともに）「真に絶対的に基礎づけられた学問」（第三節）を目指している。日本の伝統はこの試みの意味を（さしあたり）理解しにくくしているように思われる。しかも、その後、西洋で「反基礎づけ主義」が台頭して、よけいに理解しにくくなった。この状況のなかで生きる読者諸賢に向けては、古代ギリシアに発するヨーロッパ型の「学問」の特性を大摑みに示すことが適切であろうと思う。

まず、「ロゴス」というギリシア語から話をはじめさせていただきたい――ご存知の方には退屈だろうし、逆に不十分とも感じられるかもしれないが。現在、人気の高い学問を例にとると、「サイコロジー」（心理学）や「バイオロジー」（生物学）などは「ロジー」の語を含み、「ロジー」は「ロジック」（論理）に関わっているが、これらの語源が「ロゴス」である。ロゴスは多くの意味をもつが、これぬきにはヨーロッパの「学問」（漢字表現の「学問」とはかなり違う）

の説明ができない。ロゴス[9]はまず「比」とか「理」といった意味をもつ。自然の世界はカオス（混沌）でなく、そこに（たとえば音階のような）比の関係が成り立っており、なんらかの道理があると考えられていたようである。とはいえ、ロゴスはなによりも「言語」（言葉）を意味する。「言語」の「理」が「論理」（ロジック）である。「比」はもちろん「数学」に展開する。数学は「数理」を含むのである。これらは「合理性」とも呼ばれ、それに対応する人間の能力は「理性」と呼ばれる。これもロゴスである。理性は人間の心・魂のなかの「思考」（考える）の能力である。他方、「感覚」は、これに対立するものとしてロゴスから分離され、あるいは二次的な扱いを受ける。感覚には、理が（あまり）ないということになる。この捉え方はとりわけプラトンにおいて顕著だが、彼で終わったわけではなく、その伝統は現在にまでつながる。

　ロゴス的なものは、驚くべき特性をもっている。ロゴス的な次元で成り立たないものは、感覚的次元でも成り立たない。たとえば、ロゴス的に見て「正多面体」が五種類しかありえないのであれば、感覚的にそれ以外のものが現れることはない。このような意味で、ロゴス的なものが感覚的なものに優先する。時間のなかの順番として優先するというよりも、そもそも時間的順番とは関係のない仕方で優先する。近代的な用語で言えば、ロゴス的なものは「アプリオリ」である。逆に、感覚的なものは「アポステリオリ」である。この考え方はヨーロッパの学問にとって決定的なものとなったように思う。

しかし、筆者の個人的な思いにすぎないのかもしれないが、考えてみると、感覚的に経験される世界についてロゴス的言語で語ることができるというのは、そもそもそれ自体、不思議なことではなかろうか。仮に感覚的世界と言語の構造がまったく違っていたら、そもそも語ることができなかったのではなかろうか。語ることができるとすれば、ロゴス的言語と感覚的なものとはかなり密接に関わっているのではなかろうか——とはいえ同時に、両者は完全に一体化しておらず、前者と後者がずれる可能性もあるのだろう。言語による「語り」は、意図的でなくとも「騙り」になってしまう可能性を含む。「騙り」にならないロゴス的言語、真理に住まうロゴス的言語は、不可能だろうか。それが感覚的なものについて完全に適切に語ることができないとしても、おのれ自身(ロゴス的言語それ自身)の内部でおのれ自身について完全に適切に語ることはできるのではなかろうか。

いや、先走りすぎた。話を戻そう。キリスト教中世は、右の問題があまり深刻化しない時代だったかもしれない。旧約聖書(創世記)では、神は「光あれ」という言葉によって(感覚される)光をつくった。世界をつくった。新約聖書(ヨハネによる福音書)では、「はじめに言葉《ロゴス》があった。……万物は言葉《ロゴス》によって成った。」これは言葉と感覚的なもの(万物)との関係をみごとに説明している。感覚的なものは、その起源=根源(はじめ)としてのロゴスから切り離されず、むしろ、ロゴスの性格をもって創造されたのである。この点で両者は連続的であり、感覚的世界も言語的性格をもつ。しかし、中世末期から近代初頭にこれが揺らぐ。いくつかの解釈はあろうが、「唯名論」が「名」(言語)と感覚的なものとを切り離したことが大きく影響したようである。ロゴスと感覚がふたたび分離する。

近代哲学の創始者とも言えるデカルトは、ロゴスの次元で「代数」を進展させた。デカルトは現在にまでつながる代数記号の父のひとりでもある。代数化はまたロゴス的なものの「形式化」をもたらす。これはヨーロッパの学問を大きく展開させた。デカルトは近代の学問、近代科学の父のひとりでもある。フッサールがデカルトを評価するのは、このことと深く関わっている。他方で、近代は、感覚的なものと密接に関わる「経験・実験」に新たな位置づけを与えた。これについてはいわゆる経験論の役割が大きかっただろう。ロゴス的なものと感覚的なものは、簡単には交わらなくなった。カントはこの両者を統合しようとしたが、しかし、統合しきれなかったとも言える。

その後、学問をロゴス的なものの次元だけで完結させようとする発想が生まれてくる。十九世紀後半には、ロゴス的なものとしての論理学も、その数学化が推し進められて、よりいっそう形式的になる。ところが、こうしたロゴス的なものがその基礎に関して揺らいでくる。非ユークリッド幾何学の成立、集合論のパラドックスの発見などが続く。だが、これらについては、「頭」が痛くなりそうなので、記さないでおくことにしよう。

代わりに、フッサールに関連するエピソードをひとつ記しておこう。バートランド・ラッセルによる集合論のパラドックスの発見（一九〇二年六月）の直前に、数学者エルンスト・ツェルメロは同じものを発見していた（一九〇二年四月）が、それを公表しなかった。しかし、ツェルメロは口頭でフッサールにそのパラドックスについて話していた。それに強い印象を受けたのだろうが、フッサールは「覚え書き」（日付つきで）を残した。[10] これがツェルメロの発見を裏書きすることになった。このエピソードは、当時の学問の状況と、そのなかでのフッサールの立ち位置をよく物語っているだろう。

話を戻すが、このような状況は「成立基盤の危機」（Grundlagenkrisis）とも呼ばれた（このドイツ語を覚えておいていただければ幸いである）。他方、こうした状況のなかで、（ヒルベルト・プログラム[11]のような）数学を確固たるものにする試みも開始されていたが、それが――皮肉にもと言ってよいだろうか――クルト・ゲーデルの不完全性定理にまでつながっていく（ちなみに、興味深いことにゲーデルはフッサールを高く評価していたらしい）。これも「頭」が痛くなるが、要するに、ロゴス的なものをロゴス的なものの次元だけで完結させることはできないらしい、と理解していただいてよいと思う。

さて、若きフッサールは数学（とくに「多様体論」と呼ばれる集合論）を研究していた。右のようなロゴス的なものの危機が徐々に顕わになりつつある頃に、彼はいちはやくそれを感じ取っていた。彼は、哲学に転向して、ロゴス的なものを哲学的に基礎づける試みに着手した。一方で、フッサールは、論理学を「純粋論理学」として「形式主義」的に確定し直そうとした。しかし他方で、彼にとってより重要なのはそれの基礎＝起源＝根源だった。これはあくまでも「直観」にある、と彼は見た。フッサールの「直観」は、「感覚」と関連するが同義ではない。ついでに、カントの「直観」とは大きく異なる。とはいえ、大きな枠組みで言えば、フッサールは、危機に陥ったロゴス的なものを感覚的なもののほうから基礎づけようとするのである。

フッサールのこうした発想は、当時のウィーン――フッサールの生誕地にも近い――の傾向とも関係していただろう。そこでは、一方で「論理」（これはまさにロゴス的なものである）、他方で「経験」（これは「直観」と大きく重なる）という両次元での研究が緊張関係をもって展開していたのである。ただし、ウィーンで展開した「論理実証主義」のような発想は、フッサールの受け入れるところではなかった。これとはまったく別の「論理」と「経験」の結びつきが構想されたのである（あるいは、まったく別の「経験」の捉え方が見出された、とも言える）。

右のような現象学の学問論的な全体構想をフッサール自身の言葉で確認してみよう。まずは、フッサールが自身の「現象学」を創始したばかりの一九〇一年にエルンスト・マッハに宛てた書簡である。「私は、これまでほとんど扱われてこなかった……ひとつの問題圏域に取り組んできたという確信をもっています。純粋論理学的なものの形式主義的な扱いは欠けてはいませんでした。しかし、おそらく、純粋論理学的なものの純粋に現象学的な解明が欠けていたのです。厳密に記述的に、そして、形而上学的な諸前提や個別科学的な諸前提すべてから解放された仕方で、論理学的諸理念の『起源＝根源』を証示するという目標は、長いあいだ到達されませんでした。[12]」「純粋論理学的なものの形式主義的な扱い」というのは、ロゴス的なものの形式化のことである。他方、「論理学的諸理念の『起源＝根源』を証示する」というのは、「直観」（「経験」）に戻って、そこからロゴス的なものを基礎づけ直すということである。これこそがフッサール現象学の目指すところである。

もうひとつ、現象学がかなり成熟した一九二七年のマニフェスト的な文章を見ておこう。「近頃は、すべての実証諸科学、経験諸学問やアプリオリな諸学問が〈成立基盤の危機〉に陥ってしまったが、この危機は――そしてまた、「パラドックス」をめぐる戦いや、算術や時間論などの伝統的な根本概念や原則の純正な明証性あるいは見かけの明証性をめぐる戦いは――すべての実証的諸学問が不完全であることを暴露した。……この窮状から近代的学問が解放されうるとすれば、それは、ただ現象学的な改革によってのみである。[13]」

ここにはあの「成立基盤の危機（Grundlagenkrisis）」や「パラドックス（Paradoxien）[14]」が明記されている。これらは、経験科学も含む近代ヨーロッパの学問全体に伝染してしまう。フッサール晩年の主著が『ヨーロッパ諸学の危機と超越論的現象学』というタイトルをもつことも、ここから理解される。この危機への対応こそ、フッサールの初期から晩年までを貫く課題だったのである。この危機を乗り越える「現象学的な改革」とは、ロゴス的なものの基礎＝起源＝根源を「直観」(「経験」)のなかに求め、そこからロゴス的なものを基礎づけ直すということである。このとき、「可能なかぎり少なく悟性を、可能なかぎり純粋な直観を」[15]といったモットーも出てくる。カント以後、「悟性」はロゴス的言語に関わるが、これは最小限にされねばならず、他方、それの基礎＝起源＝根源としての「直観」はカントよりもはるかに豊かなものとして躍動する。

ここでこそ、「事象そのものへ」という言葉が真の意味で響いてくる。事象そのものは、ロゴス的なものの基礎＝起源＝根源であり、ひいてはヨーロッパ的な学問全体の基礎＝起源＝根源なのである。そして、それは「直観」の次元においてこそ与えられる。

この次元では、学問の基準、真理の基準は何になるか。ロゴス的なものの次元での整合性・無矛盾性よりも、直観的な「明証(性)」である。本書(第五節以下)でも明証が詳しく論じられる所以である。このことと相関的に、豊かな「直観」のなかですでに働いている「理性」が浮き彫りにされる(第三省察)。これは、カント的でない見方であるとともに、ひじょうに広く取れば、プラトン以前の自然のロゴスの見方に近いとも言えるだろう。このことと相関的に、フッサールは「感性的世界のロゴス」[16]を認める。感性的な理が言語的な理の基礎＝根源＝起源だとすれば、これも当然であろう。

さて、日本の文化伝統は、直観的な「事《こと》」と言語的な「言《こと》」を切り離さず、むしろ積極的に結びつける傾向をもつ。「言霊」などの発想にそれが現れている。この伝統のなかでは、フッサールの「現実」志向、「事象そのものへ」のモットーがもつ学問的な意味が見逃されやすいので、あえて、読者諸賢の興ざめを怖れずに、右のことを述べた次第である。しかし、現象学がヨーロッパの学問の歴史のなかで切り離された「言」と「事」をある仕方で結びつけ直すとき[17]、現象学は、「言」と「事」の「あいだ」の次元、両者の「媒介・媒体」が機能する次元を、新たに切り拓くことになる。これは逆に、日本の文化伝統のなかでこそ、理解されやすいかもしれない。

現象学的（先験的＝超越論的）還元

成立基盤の危機に対して、ロゴス的なものを人間の「心」の機能や構造から「心理学」的に基礎づけようとする発想が生まれてきた。これは「心理（学）主義」と呼ばれる。フッサールも初期はこの方向で危機を克服しようと試み始めた。ところが、それの問題性を見出して以後、それに（ある意味で過剰に[18]）反発した。

数学は、人間が実在的な世界のなかで効率的に生きるために重宝な道具だが、しかし、「数」とか「定理」とかは人間の「頭の中」（「心の中」でもよい）でつくられた非実在的なもの・観念的なものだ、と考えるひとは多いのではなかろうか。観念は「頭の中」、実在は「頭の外」ということになる。これも一種の心理学主義である（もうひとつ述べておくと、ヨーロッパの伝統にしたがえば、人間はその「頭の中」込みで、結局はアポステリオリなものであろう。アポステリオリなものから、アポリオリなロゴス的なものを基礎づけようとする点でも、心理学主義は批判される。しかし、この問題も、根本的には本文で以下に述べる「経験科学」の問題と同根なので、本文に戻ろう）。

この方向で考えると、ロゴス的なものは総じて人間の「頭の中」（心）のものだということになる。こうした見方は、「心理学」を「経験科学」（この「経験」の語義が重要である）として捉えることと深く関連している。この場合の「経験」のなかでは、「頭の中」（心）は「頭の外」といわば横並びに設定されている。これは、「頭の中」（心）を、「頭の外」を写す一種の「カメラ」のようなものとして捉える見方と結びついている。[19] この見方がロゴス的なものを「頭の中」（心）のものだとみなすように誘惑する、とも言える。心理学主義を抜け出したフッサールは、このような見方そのものを批判する。

そもそも「経験」を右とはまったく別様に捉え直すのが「現象学的還元」、より正確には「先験的（＝超越論的）還元」と呼ばれる方法である。これについて、筆者は、これまで何度か、マッハの描いた絵を用いて直観的に説明してきた。これは、現象学的還元が、ロゴス的なものを人間の「頭の中」に閉じ込める見方をいわば開放して、ロゴス的なものを含む（右とは異なった）「経験」を現れさせることになった、ということを示すのに好適だと考えたからである。ほとんどのひとは、自分はカメラの内部に閉じ込められて、その内部に映されたものだけを見ているなどと感じてはいないだろう。むしろ、私は世界に開かれていると感じているだろう。この私に開かれた世界には、「数」や「本質」のようなロゴス的なものも属している。[20] 生き生きした世界ではないか。生の世界である。この私と世界の関係の発見によって哲学を新たに始める可能性と勇気（とでも言えるだろうか）を得たひとびとが、現象学に注目したのである。

さてしかし、今回はパスカルの記した「言葉」でロゴス的にこのことを示してみよう。「考える葦。……空間によっては、宇宙が私をつつみ、一つの点のようにのみこむ。考えることによっては、私が宇宙をつつむ。[21]」

ここでは二つの見方が語られている。宇宙空間といった枠組みで見れば、「私」は極端に小さな一点にすぎない。この場合、「私」は経験科学的な「経験」の捉え方で捉えられている。この「私」は心理学主義的な「心」とほとんど重なる。しかし、そのように語っているのは誰か。「私」ではないか。その「私」はどういう視点から「私」を見ているのか。「私」は、宇宙全体を見渡すほとんど神の（全知的な）視点から、「私」を見ているのではなかろうか。いやむしろ、自分自身とその視点を忘却して、「私」を見ているのではなかろうか（こういう場合、ひとは、自分自身を「客観的」に見ていると思い込むことが多い）。

他方で、パスカルは、「考える」場合には「私」が宇宙をつつむ、と言う。この「考える」を、デカルトの「考える」(思う)と同様に、「見る」などの直観的な活動も含むとしよう[22](このことから、フッサールがデカルトの「私は考える」〈われ思う〉を評価する理由も、おのずと明らかになるだろう。直観を含めて、つつむ「私」をデカルトは発掘したのである)。そうすると、ここで語られているのは、「私」がまさに「私」の視点から宇宙(世界)を見ている場合だということになる。言い換えれば、この場合の宇宙(世界)は、神が無視点的に見渡すようなものではなく、あくまでも「私」が見ている世界だということになる。そして、じつは、「私」はこの視点から抜け出したことは一度もないのである。フッサールの「現象学的還元」の中核をなす「先験的(=超越論的)還元」は、前者の視点(忘却)をこの後者の視点に引き戻すことを意味する。

これを集合論的に解釈してみよう。最初の場合には、「私」は「宇宙空間」という巨大集合のひとつの「元」(要素)である。次の場合には、「私」はいわば集合そのものであり、この集合のなかに万物が元として属するが、「私」は「私」自身を元としていない。[23]

さらに、ここにはある種の存在論的な問題が絡んでくる。フッサールは、最初の場合の存在論的な状況を『危機』第五十三節でこんなふうにも述べている。「われわれは〔学問的な〕研究者として、神が世界を創造し、世界の中に人間を創造したということ……で満足していられるであろうか。[24]」この場合には、まず世界が創造されて存在し(この世界は一個の巨大な存在者であろう)、そこに後から人間が創造されて一個の存在者として付け加わるということになる。これはキリスト教的な存在観ではあるが、しかし、それだけだろうか。「神」を「自然法則」（や「進化論」）に適宜置き換えれば、これはほとんどのひとに共有されているのではなかろうか。学問的研究者はこれで満足していられるのか、とフッサールは問うている。

デカルトもパスカルも「私」の視点から世界を見ることを一度は発見した。ところが、神的（視点忘却的）視点から世界を見る存在観が残っていると、この存在観に舞い戻ってしまう。これを防ぐのが、世界の存在に対する「判断中止」（エポケー）である。世界があらかじめ存在している、「私」もその一部として存在している、という信念にコミットせず、宙づりにしておくのである。

この存在論的問題を踏まえたうえで、フッサールはつづけて言う。「哲学者にとって……「客観としての世界の中の主観性」であると同時に、「世界に対する意識主観」であるということの相互関係のうちにこそ、それがいかにして可能かということを理解すべき必然的な理論的問題が存しているのである。」

「客観としての世界の中の主観性」は、パスカルの「宇宙空間」のなかの「私」に対応する。そして、「世界に対する意識主観」は、「私」の視点から世界をつつむ「私」に対応する。とすると、ここでの「必然的な理論的問題」は、いわば存在論的かつ集合論的な問題だと解される。後者の「私」は、存在論的に世界と同様の一個の存在者ではなく、集合論的に巨大集合である世界に一個の元として属していない。

『危機』第五十四節は「逆説〔＝パラドックス（Paradoxie）〕の解消」と題されている。これは、右の二つの「私」＝「意識主観」に関するパラドックスが解消される、ということである。だが、この「逆説〔＝パラドックス〕」は集合論の「パラドックス」と無関係だろうか。むしろ、フッサールは「私」＝「世界に対する主観」を、パラドックスを起こさない集合（直観の次元に属する、いわば根源集合ないし原集合）だと見たのではないか。そして、その比類なき構造をさらに解明しようとしたのではないか……。これは、定説ではなく、ひとつの解釈にすぎない。しかし、このように、「フッサールとともに、フッサールに抗して」考えるように促すのも、現象学の魅力のひとつである。

先験的（＝超越論的）自我の機能

本書の第一省察は「先験的自我への道」と題されている。これは、「私」の視点から見る「私」に導く道である。この「私」はなぜ「先験的自我」と呼ばれるのか。神的（視点忘却的）視点から見ると、世界はあらかじめ「存在する」。こうした「存在」は、「私」の視野のいわば外側のものである。この外側を「超越的」と呼ぶことができる。しかし、このような超越性は、じつは「私」が作り出している。作り出すというと誤解を招くかもしれない。もっと正確には、

「私」は、神の創造のように世界を作り出すのではなく、それの「超越的」という「意味[25]」を作り出すのである。世界はこの「意味」的形成体である。ところが、「私」は「私」の視点を忘却し、その「意味」を「私」が作り出したことを忘却し、世界は（超越的に）存在するとみなす。実際には、「私」は「私」の視点の外に出て、世界が（超越的に）存在しているのを見たことなど、一度もない。世界の超越性は「意味」であり、その「意味」を支えているのは「私」である。「私」（自我）は、「超越的」（transzendent）という「意味」を支えている・担っているという意味で「超越論的」（transzendental）と呼ばれる。このドイツ語同士の連関は本書でも以下のように記されているのだが、ただ訳語として「超越論的」でなく「先験的」が使われているので、読み取りにくくなっている。「世界の固有の意味には、（自我のうちに）非実的に含まれているという意味のこの超越性が属しているとすれば、世界を妥当する意味としてみずからのうちで支え、他面からいえば、その意味によって必然的に前提されている自我自身は、現象学的意味において、先験的といわれる」（第十一節）。「先験的」はカント的意味での transzendental[26] の（やや古風な）訳語だが、これは、「現象学的意味において」は「超越論的」（この訳語自体は九鬼周造に由来するらしい）あるいは「超越支持的」とか「超越構成的」と訳すほうがよいだろう。[27]

　このことから、フッサールの次の言明も理解されるだろう。「先験的主観性が、およそ可能な意味を包括する世界であるとすれば、先験的主観性の外部というようなことはそもそも、無意味である」(第四一節)。要するに、パスカル的な「私がつつむ」を徹底化した必然的帰結である。こうした発想は「先験的観念論」(第四十節、第四十一節)と結びついているのだが、この「先験的(=超越論的)観念論」も――カントと関係しているとはいえ――やはり「現象学的意味において」理解されねばならない。

さて、「先験的自我」=「世界に対する意識主観」の機能は、先述の存在論的・集合論的側面だけで汲み尽くされない。その機能面の解明も重要である。「意識主観」(意識主体)は、まず意識の「作用」を含意する。意識の作用とは、(名詞的な)諸対象が(動詞的に)現れるということを可能にする機能であり、つまり「現れさせる」という機能である。「現れさせる」というのは、より具体的には「見る」とか「聞く」とかである。「見る」とは視覚的に現れさせることであり、「聞く」とは聴覚的に現れさせることである。

「見る」とは、ただ単に視覚的に受け取るだけのことであり、「聞く」とは、ただ単に聴覚的に受け取るだけのことだ、と言うひともいるかもしれない。「見る」、「聞く」などは「知覚する」であり、「知覚する」はドイツ語でwahrnehmenに当たる。このドイツ語は「真に受け取る」という語義をもつ。知覚するとは、真に受け取ることだということになる。

より厳密に見てみよう。たとえば机面の「長方形」を見る場合、われわれが厳密に真に受け取るのは「平行四辺形」や「台形」だけだろう。にもかかわらず、われわれは長方形を見るのではなかろうか。メロディを聞くときも同様である。

以下のようにも言える。われわれは、平行四辺形や台形などを、それゆえ「多」を受け取る。しかし、われわれは、これらの多を、それぞればらばらのままにしておかず、「総合」しつつ、「一」なる対象に向かって突破する。平行四辺形や台形などは、一なる対象「の」多なる与えられ方（＝真に受け取られる仕方）である。この小さな「の」は、媒介・突破を、すなわち指向性（＝志向性）を、示す。直観はこのように指向的に機能する。「意識主観」の語は、このような指向的機能を含意する。意識主観としてのわれわれは、ただ真に受け取るのではなく、ある意味で過剰に現れさせるのである。このことに応じて、一なる対象は、多なる与えられ方を媒介・突破して現れる。

こうした関係は、しかし、直観だけのものではない。言語でも同様である。言語は基本的に「意義」をもつ。たとえば「イエナの勝者」とか「ワーテルローの敗者」である。これらの多なる言語的意義を総合的に媒介・突破して一なる「ナポレオン」という対象が志向され、これが現れる。「イエナの勝者」や「ワーテルローの敗者」は、ナポレオン「の」言語的な与えられ方だとも言える。翻って、直観の場合には、どうだろう。右の平行四辺形や台形も「意義」と同じ機能を果たしていることがわかる。直観は基本的に「意味」をもつ。そして、もろもろの意味を総合的に媒介・突破して対象が志向され、これが現れる。

言語の場合の「イエナの勝者」などのもろもろの意義の総合体に対して、直観の場合のもろもろの意味の総合体が「ノエマ」と呼ばれる（そこには時間性格や存在性格や基体という他の成分も加わるが、これらは無視する）。それゆえ、ノエマとは、それを媒介・突破して対象が志向され、現れるところの総合体である。もろもろの意味をノエマへと総合しつつ媒介・突破して対象を「現れさせる」動詞的な意識作用が、ノエシスである。

ここで、「普遍的な〈相関関係のアプリオリ〉[28]」について述べておくべきだろう。「相関関係」は、対象と与えられ方の関係である。これに関して、直観も言語も他の経験（他者経験を含む）も、同型的である。この相関関係は「普遍的」である。それらはすべてそうした「本質」をもつから、アプリオリである。これは、直観から言語を基礎づけるうえでの基本構造である。

もうひとつ、対象とノエシスの相関的な結びつき（このあいだにノエマが介在するわけだが、これは省略して）についても、端的に述べておこう。「現れるものが・現れる」である。もっと具体的に言えば、「長方形が・（視覚的に）現れる」、「メロディが・（聴覚的に）現れる」である。これは、要するに、われわれが日常的に経験している事態である。それが詳細に分析されて、大発見につながったのである。

さて、右のように現れさせるノエシス的機能をフッサールは「表現」（Ausdruck）と呼んだり、「描出」（Darstellung）と呼んだりする。前者は言語に関して、後者は直観に関して、使われることが多いが、しかし、両者は同型的なので混用されることもある。この同型性を確保したうえで、フッサールは、直観から言語への移行には志向的な「媒体」[29]の機能が働いていると述べている。直観と言語との「あいだ」にも、媒介・突破が見られるわけである。この概念は、目立たないが、重要である。この概念はもちろん本書でも――本書の訳語は「媒介」だが――やはり重要な役割を果たす（第五十五節、第五十八節）。

受動的総合

カントの場合、「総合」は基本的に悟性の自発的能力であり、それゆえ言語の次元に属していた。[30]しかし、相関関係の普遍性が認められるならば、言語以前の直観的な次元にもすでに総合が働いているだろう。フッサールはそれを「受動的総合」と呼ぶ。[31]これを解明するのが「発生的現象学」である。これは直観そのものの成立を分析する。本書第三十七節以下でこれについて述べられるが、ここでは、本書に記されていない根源的な分析も、同時に紹介しておこう。

最も根源的な問いは、直観的な「意味」そのものはどのようにして成立するか、である。その分析をごく簡単に紹介しておけば、「意味」（Sinn）は「感覚的なもの」（das Sensuelle）からの「発生」によって成立してくるのである。[32]この場合、感覚的なものは、それ単独のものではなく、その周辺の背景との関係のなかにあり、それとの関係のなかで際立ってくる。色覚検査のときに図形や数字が、色の差異によって背景から浮かび上がって見えてくるが、そうした事態である。原初的な「図」と「地」の関係である。「ゲシュタルト形成」でもよいだろう。この成立は、直観そのものの根源＝起源における、原初の媒介・突破の運動である。

このように現れてくる直観レベルでの対象は、言語レベルでの「主語」（基体）に対応する意味成分、「述語規定」に対応する意味成分などをすでにもっている。しかし、直観は時間的にも機能する。直観はおのれの「志向」を充実化しようとする。たとえば、赤い球が見えている場合、その裏側も赤いという志向が促されて、それを現れさせようとする（要するに裏側を見る）。だが、それが充実化されないことが起こりうる。この場合には「否定」（「赤くない」）という意味成分が生じる。さらに、この段階でも対象はその周辺の背景との関係のなかにある。こうした背景は「地平」という概念で捉えられる。地平は、それ自体では未規定であるが、対象の意味規定を支える（このあたりについては本書第十九節以下でも語られる）。などなどと、もろもろの意味成分の構成をフッサールは解明していく。言語以前にすでに直観はロゴスを胚胎している。この解明も、ロゴス的言語のより詳細な基礎づけである。

さて、一度成立した「意味」は、その後、主題的ではなくなるが、それでも、失われてしまわず、その後の経験に影響を及ぼす。これは、一方で地平としての役割を果たすが、他方で「私」の側では「習性」と呼ばれるものを形成する。これによって「私」は、対象の現れさせ方を蓄積していき、豊かになる。「私」自身も発生するのである（本書第三十七節以下）。簡単にまとめると、直観的な「意味」は、まずもって根源的・受動的な媒介・突破によって成立する。そして、それに受動的に促された「私」が能動的な作用を発揮して、根源的な媒体・突破運動をいわば引き受けつつ、さらにもう一段階の媒介・突破を遂行するとき、言語的な「意義」が成立する。

こうした一連の発見・発掘によって、フッサールは直観からロゴス的言語を基礎づけようとしたわけだが、そう見てくると、フッサールの現象学が、西洋における哲学創始以来の基本問題（ロゴス的なものと感覚的なものとの関係）に対して、根本的なそして新たな光を投げかけていることもわかるだろう。こうした面は、本書では多く語られていないが、しかし、本書を理解するうえで、この文脈でフッサール現象学の全体的な狙いを捉えておくことは必要である。

先験的（＝超越論的）自我と相互主観性

さて、ここまで「私」（自我）という語を使ってきた。しかし、じつは初期のフッサールは（いくつか留保つきではあったが）むしろそれに批判的だった。それを受け入れたときには、彼は、ほぼ同時に、他者（他我）の問題にも取り組みはじめた。つまり、自我と他我は不可分だったのである。他方、晩年には「原自我」という概念を導入して、自我の概念に修正を加えている。これらはすべて、本書第五省察で展開される「相互主観性」の捉え方に関わっている。

先ほどは書かなかったが、「私」はノエシスに関わっている。ノエシスは、おのれ自身を意識しているが、しかし、おのれを「対象」にしない、つまり集合の元にしない。ところが、その後のフッサールは自我（「私」）を認めた。意味の総合体としてのノエマを媒介・突破して対象が志向されるのに対して、自我は、もろもろの自己意識されるノエシスを総合する中心化の極（自我極）である。別言すれば、もろもろのノエシスを統一する統一性である。[33] フッサールは、これをしばしばデカルトに倣って「エゴ」と呼ぶ。そして、「エゴ・コギト・コギタトゥム」と定式化する。「コギト」は「考える」、「思う」、「思考する」と訳されることが多いので、これに従えば「私は・思考対象を・思考する」ということになるが、ここまでの語法で言えば「私は・対象を・ノエシス機能によって現れさせる」ということである。

他方、先に、「私」は、つつむという仕方で「世界」をもつことや、また（受動性に発する）「習性」をもつことなどが示された。こうした「私」を、フッサールはライプニッツからの借用で「モナド」と言い表し、本書でもこの語が多用される。この概念は、「諸モナド」というように複数化するのが容易でもあるので、他のモナドとの関係性、相互主観性を考えるのにも好適だったのだろう。

しかし、なぜ相互主観性が必要なのか。フッサールが基礎づけようとする学問は「客観性」をもつ。しかし、現象学は、神の視点を、「私」の主観的な視点の忘却を、拒む。視点は不可欠である。とすると、客観性は、もろもろの主観の視点の統一によって、相互主観的な統一によって、可能になるはずである。だから、相互主観性である。

さて、「私」はまずもって言語的な人称代名詞である。これは、他の人称代名詞とりわけ「あなた」と不可分であろう。そして、両者は一種の互換性をもつ。「私」は、「あなた」にとっての「あなた」である。「あなた」は、「あなた」にとっての「私」である。この互換性を含めて、統一されねばならない。

右のことも直観次元の「他者経験」に基礎をもつ。言語的な「人称」は直観次元の「人格」に対応する。この次元での「私」(「自我」と呼んでおく)も「他我」と不可分である。しかるに、集合論的側面において、「私」は、世界をつつむが、世界につつまれない。このとき、他我が登場すると、どうなるか。他我が(他の)「私」であるならば、つまり、世界をつつむならば、他我は、その世界のなかに自我をつつむのではないか。そうすると、この自我は、他我に属する一個の元になってしまうのではないか。そして、あの(集合論の)「パラドックス」が生じてしまうのではないか。いや、そもそも自我を認めてしまえば、この問題はほぼ自動的に出てきてしまいそうだが、それが相互主観性の問題のなかでよりいっそう顕在化したのではないか。

筆者の見るところ、晩年のフッサールは自覚的にこの困難を認めつつ、敢えてこれに挑んだ。

この点を示すうえで重要なのは、『危機』の以下の論述である。「「自我」――わたしがいま語っているような自我――の意味変更という現象、すなわち自我が「他我」へ、「われわれすべて」へ、多くの「自我」――そこではわたしも「ひとり」の自我であるような――をもつ「われわれ」への意味変更という現象が欠けていた。したがって、「われわれすべて」としての相互主観性がわたしから出発して構成される、いな、わたしの「中で」構成されるという問題も欠けていたのである。[34]」

他我に相対的・互換的な自我は（他我とともに）「わたし」の「中で」構成される。この「わたし」は、しかし、じつは先のような「自我」ではなく、「曖昧表現」にすぎず、むしろ「根源我」（あるいは「原自我」）と呼ばれる。これの（「自我」への）「意味変更」によって、他我に相対的・互換的な自我が（ともに）成立する。この自我は、「われわれ」（「我・我」と記すべきか）の「ひとり」（一個）である。フッサールは、この自我にある種の特権を認めるが、それでもそれは一個の自我である。原自我はどうか。これは複数（多）でないし、単数（一）でもない。むしろ、「数」でない、数に先立つ「唯一」である――同時に、原自我がつつむ世界も「唯一」である。[35]この唯一性として、原自我はおのれ自身を、一個の対象、一個の元にしない。この新たな発掘によって、フッサールは、集合論のパラドックスを引き起こさない次元を――相互主観性の困難を引き受けたうえで――改めて確認したのだろう。だからこそ『危機』五十四節は「逆説（＝パラドックス」の解消」という題が付されたのだろう。基礎としての原自我を確保すれば、そして、そこから意味変更によって自我と他我が構成されることが解明されるならば、（意味の混同による）パラドックスは回避される、ということだろう。パラドックスが生じるのは、構成過程のなかでの意味変更を忘却することによってである。

ところが、本書には原自我の解明、そしてそれの意味変更の論述が欠けている。そのまま、数的な自我から他我がいかにして構成されるか、という問題が取り組まれたわけである。この欠落は大きい。この欠落が『デカルト的省察』への（誤解的）批判を招いたという一面がある。とはいえ、原自我の発掘が遅れたのは、現象学が起源＝根源を求める哲学的な「考古学[36]」であるかぎり、不可避であろう。根源＝起源は、最初から現れているのではなく、発掘作業が進んではじめて現れてくるからである。

しかし、そもそも右の修正で他者経験ないし相互主観性の構成が解明されたのかどうか、さらに検討すべきであり、さらに批判すべきであろう。

以上を確認したうえで本書第五省察での議論を概観しておこう。フッサールは、まず他者に関するものを判断中止して、自我固有の領分に還元し、そこで自我の身体[37]を見出す。しかし、そこに、その身体に似た物体が現れる。この両者は「対」をなして、互いに意味を移しあう（ただし同一化されはしない）。このことによって、その物体が他の身体という意味をもつ。このような意味構成は「感情移入」と呼ばれる。これは受動的な次元で始まるが、能動的次元へ移行する。このとき、他の身体は、私がそこにいたならばもつであろうような現出をもつ主観（他我）として意味的に構成される。このときの他者の与えられ方は「間接的呈示（Appräsentation）」と呼ばれる。これは、（右のような現出をもつ）他我それ自体を現れさせない。しかし、経験の進行（他者への志向と、振る舞いなどによるそれの充実化）は、他我の「存在」の間接的な確証を与える。このようにして存在が確認される他我の視点は、しかし、自我の視点から理解されるものであり、この理解という仕方で自我につつまれることになる。このことが相互主観的な「客観性」の基礎となる。

さらにフッサールは社会（人格性の共同化的統一）の構成、文化の構成、歴史の構成などについて述べる。これらはより高次の客観性を構成するだろう。かくして、生のすべて、生活世界（生の世界）のすべてが、現象学の射程内で、すなわち相関関係のアプリオリとそれにもとづく意味構成の機能のなかで、分析されるのである。

汝自身のうちに帰れ

諸学問、とりわけ諸科学に関して、現象学は何を言うだろうか。「事物を単純にそこに存在させるのは、経験の指向的能作であるが、日常生活においては、それらのすべての指向的能作は知られないままにはたらいている。……また同様に、思惟の能作についても何も知らないのである。しかし、そのかくれた能作のおかげで、数や陳述された事態、また価値や目的や作品が現われ、段階的に構成されるのである。……この事情は、実証科学においても同様である。」（第六十四節）

「経験の指向的能作」は直観的なノエシスに対応する。「思惟（思考）の能作」は、それに基礎づけられるロゴス的・言語的な意識作用に対応する。こうした作用によって、数や、言語表現される事態（さらに価値、目的、作品など）が構成される。ただし、実証科学はそのことを知らない。[38] これを知る（wissen）「学問（Wissenschaft）[39]」が現象学である。

「指向的能作が解明されていないからこそ、われわれは、まさしく現代の実証科学の高い段階において、基礎的問題や逆説や不可解なことに出会うわけである。」

この「基礎的問題」の原語は **Grundlagenproblem**（成立基盤の問題）、「逆説」の原語は **Paradoxien**（パラドックス）であるが、この言葉について、もはや説明する必要はなかろう。構成された結果としての諸対象を外部から眺めるのではなく、それらの諸対象の（「数」から「作品」までの）意味をまさに「意味」として捉え直し、これを構成する「指向的能作」（ノエシス的機能）のなかで解明せねばならない。この作業を遂行しうるのは、「私」だけである。

本書の結語の末尾でフッサールは、「外にゆこうとしないで、汝自身のうちに帰れ。真理は人の心のうちに宿っている」というアウグスティヌスの言葉を引いている。この場合の「汝自身」

が先験的（＝超越論的）自我であることは明らかである。これへの「還元」を「汝」に促すのである。

結語を超えて、新たな展開へ

いや、まだ足りない。本書の結語で右のように述べたフッサールは、その後、自我の「意味」に先立つ、先験的（＝超越論的）な原自我に「還元」した。これは直観の次元のいわば最根源である。言語の次元から見ると、深い。深すぎるかもしれない。ところがフッサールはこの次元を考古学的に発掘して、言語で語る。そのときに「数」ではない「唯一性」といった驚くべき言葉が生まれてくるが、これは言語表現の新創造ではなかろうか。

直観の最根源への下降と言語表現の新創造への上昇とが同時に起きている。これを起こしているのは、媒体の機能であろう。いや、硬化から甦る哲学的な媒体の機能、と言うべきかもしれない。しかも、フッサール以外の「われわれ」も――心理学的な理解力の問題とは別に――これを理解できてしまう。「われわれ」自身が媒体だからだろうか。この場合の「われわれ」とはどういうものだろうか。このように、媒体という概念は新たな哲学的問いを促す。この問いは、おそらく従来の人間観にも変更を迫るだろう。この意味で、媒体は大いに再考に値する概念だろう。

いや、ここでもまた行き過ぎた。もう少し一般的な事柄を記しておこう。現象学という哲学は、右の文脈のなかだけに位置づけられるものではない。そこからはみ出す部分がなお多々ある。そして、その部分もまた豊饒である。

たとえば、部分と全体に関する分析の面では「メレオロジー」という論理学との関連、心理学と関連する面では「アフォーダンス」の理論、神経生理学と関連する面では「神経現象学」などが登場してきた。さらに、社会学との関連で現象学的社会学、精神医学との関連で現象学的精神医学、看護学との関連で現象学的看護学などである。いずれも、フッサールの繊細な分析をそれぞれの方向に「応用」しつつ、同時に「改変」している。

哲学においては、とりわけ本書の第五省察の他者経験あるいは相互主観性の構成の問題が取り上げられている。[40]これは現代哲学――と呼んでよいなら――の最大の問題だとも言えるが、これはまさに「フッサールとともに、フッサールに抗して」の仕方で論じられてきた。たとえば、マルティン・ハイデガーは、感情移入は（人間的現存在の）共存在が欠落した状態においてしか問題にならないとした。ジャン＝ポール・サルトルは、自我が他者を構成するという点を批判して、他者に見られるという経験が自我を成立させるとした。M・メルロ＝ポンティは、相互主観性（間主観性）は間身体性に根付いていると見た。E・レヴィナスは、自他の断絶を強調し、他者は自我にとってある種の命令的な意味をもって現れ、そうした他者に対して自我は極端に受動的だと論じた。またJ・デリダは、他者が間接的呈示によってしか現れないこと、そこに非現前が含まれることを評価した。その後もさまざまな検討がつづいている。

本書の成立

本書『デカルト的省察』の成立については、最初に説明すべきだったかもしれない。ただ、それはかなり複雑である。細かい話は「哲学する」ことを妨げることにもなりうるので、それを避けたのである。基本的事項だけを記すことにしたい。本書は、フッサールが一九二九年にパリなどでおこなった講演がもとになっている。これは大きな成功を収めたようである。この成功は、フッサール現象学がフランスに移植されるのに大きな役割を果たした。その他方で、当初、フランス語版が出版されたが、しかし、フッサールはそれに満足せず、その後ドイツ語テクストの改訂をおこなった。フッサールは、『デカルト的省察』を拡張して自身の新たな主著にするという構想も立てていた（実現しなかったが）。また、一部はこのことと も絡んで、彼は、相互主観性に関して（先述の修正も含め）膨大な草稿を書き残した。こうした意味で、『デカルト的省察』はフッサールと現象学運動にとってひとつの「画期」をなすものである。なお、本書の底本になっているのは、フッサール没後に編集され直した『フッサール著作集』(Husserliana) の第一巻（一九五〇年）である。

ひとつだけ、あまり知られていないエピソードを記しておこう。最初に出版されたフランス語版は、レヴィナスら[41]によって訳された。そのレヴィナスが書いた『フッサール現象学の直観理論』を読んで、フッサールは友人に手紙を書いた。「彼〔レヴィナス〕は、私の現象学をハイデガーの〔現象学〕と同一平面に置き、そのことで私の現象学の本来的な意味を奪っています。[42]」この言葉は、フッサールとハイデガーとレヴィナスの関係を物語っている。もちろん、ハイデガーとレヴィナスもそれぞれフッサールを厳しく批判している。

とはいえ、先にも述べたが、こうした批判は現象学の生命であり、現象学運動をむしろ「本来的」に進展させると筆者は思う。そのなかで、現象学は、新たに問い進む方途として機能する。しかし、それをもって生ける現実に迫るのは、いつも「私」である。そして同時に、その「私」そのものがいつも問い直されねばならない。

1 高橋里美「フッセルのこと」『全体性の現象学』燈影舎、二〇〇一年、八八頁。
2 「現象学の意義とその展開」『世界の名著51 ブレンターノ フッサール』中央公論社、一九七〇年、二〇頁。
3 弘文堂から出版された『講座・現象学』の外箱には、デューラーの「騎士と死と悪魔」が描かれていた。
4 三島憲一訳による。
5 翻訳書では、「事象そのもの」ではなく、「事柄そのもの」と訳されている。この訳語の選択にも、もちろん一理ある。なお、この言葉は、新カント学派の「カントに帰れ!」への批判という意味ももつ。
6 この言葉はH・スピーゲルバーグ（シュピーゲルベルク）の著書『現象学運動』で有名になったが、しかし、フッサール自身も使っていた。
7 フッサールは最も親しい弟子にこう書いている。「私以上に、自分自身と自分の学説に対して懐疑的な人間はいません。私は自分を不信の目でもって見ていますし、まるで敵のように、ほとんど悪意をもって見ています」（Hua Dok III, Briefwechsel Bd. III, S.269f. Huaは『フッサール著作集』（Husserliana）を示し、ローマ数字はその巻数を示し、S.の後は頁数を示す）。
8 "Mit Husserl, gegen Husserl"と言われる。
9 「ロゴス」については、ハイデガーが「集める」といった意味に理解しているが、ここではその点に立ち入る余裕はない。
10 Hua XXII, S.399; S. XXI.
11 このプログラムでは「公理化」も重要だが、「公理化」もロゴス的である。
12 Hua Dok III, Briefwechsel VI, S.255ff.
13 『ブリタニカ草稿』谷徹訳、ちくま学芸文庫、二〇〇四年、八五頁（Hua IX, S.252）。
14 このパラドックスは複数形である。フッサールはいくつかのパラドックスを知っていた。
15 『現象学の理念』立松弘孝訳、みすず書房、一九六五年、九二頁（Hua II, S.62）。訳文を一部変更した。
16 『形式論理学と超越論的論理学』立松弘孝訳、みすず書房、二〇一五年、三一七頁（Hua XVII, S.297）。
17 筆者は、この傾向は現象学運動全体に共有されていると見ている。

18　フッサールは、心理学主義を批判しつつも、その一部はそれなりの変更を加えて取り込んでいるとも言えるが、ここでは省略する。なお、心理学はフッサールの重要な問題であり、彼は心理学と現象学の平行関係を何度も語る。

19　現在ではそうでない心理学も展開しているが、今は脇に措く。

20　この「本質」を取り出す方法は「形相的還元」と呼ばれる。本書第三十四節以下参照。

21　「パンセ」三四八、『世界の名著24　パスカル』前田陽一、由木康訳、中央公論社、一九六六年、二〇四頁。

22　厳密には、志向的な作用一般とでも言うべきだが、説明の順番として、ここではこのように述べておく。

23　近年は、「私」自身を一個の元（これを「客観」と別表現しよう）にしてしまうような、「他動詞型自己意識」（「他動詞」は object を取るが、object は「目的語」でもあり「客観」でもある）に対して、「非他動詞型（＝自動詞型）自己意識」といった概念もある。非他動詞型というのは、もちろん「私」を object にしてしまわない、ということである。

フッサール自身は、とりわけ時間論的文脈で、自己自身を「対象」にしない自己意識を論じている。これは、「縦の志向性」、「原意識」、『内的』把持」などの用語で論じられている。ただし、後述するように、この自己意識を「私」と呼ぶのは、さらに問題をはらむ。

24　『ヨーロッパ諸学の危機と超越論的現象学』細谷恒夫、木田元訳、中央公論社、一九七四年、二五八頁（Hua VI, S.184）。なお、「研究者」に「学問的な」を補足したが、その原語は Wissenschaftler であり、wissen（知る）、Wissenschaft（学問）に関わる。

25　「意味」とは、後述するが、それを媒介・突破して、対象が志向されるところのものである。この場合、たとえば「現在のフランス王」という「意味」を媒介にして志向される対象それ自体は、現実に存在しなくてもかまわない。直観の次元でも「意味」が同様に機能している。世界の「超越性」は、そうしたひとつの「意味」である。

26 フッサールがこの語を取り込んだときには、カントの「超越論的統覚の自我」という発想が背後にあったと推測される。これは、統覚という自己意識と、諸表象の統一という二つの機能を担っている。

27 細谷恒夫も『世界の名著』版三二頁以下でこの概念を説明していることは記しておく。

28 『危機』二三六頁脚注（Hua VI, S.169f. Rb.）。

29 『イデーンⅠ-Ⅱ』渡邊二郎訳、みすず書房、一九八四年、二三五頁（Hua III/1, S.286）。

30 厳密には、カントは構想力にも総合の機能を認めようとしていた。

31 筆者は、むしろ、能動的でも受動的でもない「中動的」という言葉が適切だと思うが、これについては詳論する余裕がない。

32 「意味」は、（ハンプティ・ダンプティのように）「私」が勝手に指定できるようなものではない。むしろ、感覚的なものが「私」を触発することによって、あるいは動機づけることによって、「私」が「意味」へと仕上げるようなものである。

「意味」は、それ自体が一種の方向運動をもっている。ドイツ語のSinn（意味）は方向運動を含意する。おのれ自身を「意味」へと仕上げ、そしてさらに対象へと向かうという方向運動である。さらに言えば、「歴史」もこのようにして構成されるとフッサールは見ていた。

33 ノエシス的意識作用そのものの統一性は、伝統的には、デカルトに発し、ライプニッツとカントの「統覚」に展開した。フッサールの分析もこの延長上に位置づけられる。

34 『危機』二六一頁（Hua VI, S.186)。
35 「世界」は、現象学の重要問題のひとつであり、これだけでは汲み尽くされないが、詳述できない。
36 フッサールは現象学を一種の「考古学」（起源《アルカイ》＝根源の学）だと見なしていた。
37 身体の構成も現象学の重要なトピックだが、ここでは詳論できない。
38 『危機』書では、フッサールは科学が「理念の衣」で生活世界を覆い隠すと述べる。このことも、科学が「構成」を知らないことによると言えるだろう。
39 ドイツ語の wissen は、ラテン語の videre（見る）、英語の vision などと同じ語源をもつ。このことも、直観にもとづく「学問（Wissenschaft）」と関わるだろう。学問は論理だけで成り立つわけではない。
40 フッサールは本書以外にも多くの分析を残しており、邦訳としては三巻の『間主観性の現象学』（ちくま学芸文庫）が刊行されている。
41 レヴィナス経由のフッサールの言葉も細谷恒夫が紹介している。『世界の名著』版一九頁。
42 Hua Dok III, Briefwechsel Bd.VI, S.458.

（立命館大学教授）

凡例

一　本書は中公バックス『世界の名著62　ブレンターノ　フッサール』(一九八〇年、小社刊) 所収の船橋弘訳「デカルト的省察」をもとに編集したものである。

一　〔　〕は原著者による本文補足および原注を、(　) は訳者による補訳および訳注を示す。

一　読みやすさをはかるため、一部に句読点を補い改行を施した箇所がある。

一　なお本文中には今日の人権意識に対して不適切と思われる語句が使用されているが、当時の社会状況を考慮してそのままとした。

デカルト的省察

目次

序　論

第一節　哲学的自己省察の模範としてのデカルトの省察

フランスにおけるこの最も名誉ある学問の殿堂（デカルト記念講堂）において、先験的現象学についてお話できることを、わたしは、ある特別な理由から、たいへんうれしく思っている。というのは、先験的現象学は、フランス最大の思想家であるルネ・デカルトの行なった省察から、新しい推進力を与えられたからである。いいかえれば、すでに形成されつつあった現象学が先験的哲学という新しい形態をとることになったのは、まったく直接、デカルトについての省察の研究の結果であるからである。したがって、先験的現象学は、たとえデカルトの省察の動機をまさに徹底的に展開するために、かえってデカルト哲学の周知の学説内容をほとんどすべて放棄せざるをえなくなっているとしても、われわれは先験的現象学を、一種の新デカルト主義と呼んでさしつかえないであろう。

そうした事情なので、以下においてわたしが、まず最初に、デカルトの『第一哲学についての省察[1]』のうち、永遠の意義を有するとわたしの信ずるその省察の動機について述べ、次いで、先験的現象学の方法と問題設定とを生み出す源泉となったそれの改造と新たな形成との特色について述べることに、あなたがたのご了解をいただけるものとあらかじめ確信しているわけである。

さて、『省察』における思想の注目すべき進め方は、哲学のどんな初心者でも承知している。その思想の指導理念を思い起こしてみよう。その理念の目標は、哲学を、絶対的に基礎づけられた学問にするために、それを全面的に改革することである。哲学を全面的に改革することは、デカルトにとっては、それに応じて、学問全体を改革することを含んでいる。というのは、デカルトによると、あらゆる学問は、唯一の普遍的学問、すなわち哲学の非自立的な構成要素にすぎないからである。あらゆる学問は、哲学の体系的統一内においてのみ、真の学問となりうるのである。ところが、歴史的過程のうちで生成したままのもろもろの学問には、そのような学問的真正性が欠けている。すなわち絶対的洞察――それ以上遡《さかのぼ》りえない洞察――による、全面的にしてかつ究極的な基礎づけが欠けている。それゆえ、そうした合理的な基礎づけによって統一されたもろもろの学問の普遍的な統一体としての哲学の理念にふさわしい、根本的に新しい学問体系をうち立てることが必要となる。[1] そうした新しい学問体系をうち立てるという要求は、デカルトにおいては、主観のほうへ方向転換した哲学において達成されている。そして、その主観のほうへの方向転換は、二つの重要な段階を経て遂行されている。

まず第一に、哲学者たらんと真剣に望むものはだれでも、「生涯に一度は」自分自身を反省し、みずからのうちで、自分がこれまで有効なものと認めてきたすべての学問を転覆させ、そしてそのうえで、それらを新たにうち立てようと、試みねばならない。哲学――知恵――は、元来哲学するもののまったく個人的な営みである。したがって哲学は、哲学するもの自身の知恵として形成されるべきであり、そしてその知恵は、普遍的なものをめざすものではあるが、哲学するもの自身によって獲得される知識であるかぎり、それの出発点から、またそれの各段階においても、哲学するもの自身の絶対的洞察によって立証されうる知識でなければならない。わたしは、そうした知識の獲得をめざして生きようと決意した。そしてこの決意こそ、わたしを哲学の発展に参与させうる唯一のものであるが、このような決意によってわたしは、いかなる知識も所有しない状態から出発することを選んだわけである。

そうした状態から出発する以上、わたしはまず第一に、わたしを真の知識へみちびきうるであろう歩みの方法をどのようにしたら見出しうるかについて、みずから省察せねばならない、ということは明白である。してみれば、デカルトの『省察』は、デカルトという一哲学者の単なる私事であるにとどまらず、まして、最初の哲学的基礎づけを叙述するための単なる感銘深い表現形式であるにとどまらない。それはむしろ、これから哲学をはじめようとするすべての人に必要な省察の模範を示している。およそ哲学とは、そうした省察からのみ根源的に誕生しうるものなのである。[2]

デカルトの『省察』の内容は、今日のわれわれには、あまりなじみのないものになっているが、その内容に注意を向けてみると、われわれはそこにおいて、第二の、そしていっそう深い意味での哲学する自我、すなわち純粋に思惟《しい》する自我への還帰が遂行されているのを見出すのである。省察者（デカルト）は、周知の、そしてきわめて注目すべき懐疑の方法によって、その還帰を遂行している。彼は、徹底的な首尾一貫性をもって、絶対的認識という目標をめざし、疑いうるという、およそ想定されるあらゆる可能性から完全には脱却していないようなものは、存在するものとして認めることをみずからに禁ずるのである。それゆえ彼は、自然的な経験や思惟の生活において確実なものとみなされているものを、疑いうる可能性がないかどうかという観点から方法的に批判し、疑いうる可能性の残っているあらゆるものを排除し、そして、おそらくはあとに残るであろう絶対に明証的な所与を獲得しようと努めるのである。

自然的生活においては、世界は、感覚的経験の確実性をもってわれわれに与えられているが、しかしこの感覚的経験の確実性は、あの（徹底的に懐疑的な）方法による批判に耐ええない。したがって、この最初の段階においては、世界の存在は効力ないものとしてとどまらねばならない。省察者は、思惟する純粋自我としての自己自身だけを、絶対に疑いなく存在するものとして保持し、仮にこの世界が存在しなくとも、その存在を否定しえないものとして保持する。このようにしてとり出された自我は、いまや一種の独我論的な哲学的思考を行なう。その自我は、みずからの純粋な内面から客観的な外部を推論しうるような、必当然的に確実な道を探すのである。そしてその推論は、周知のように、次のようなしかたで行なわれる。すなわち、まず最初に、神の存在と誠実とが推論され、次いでそれにもとづいて、客観的自然、すなわち二つの有限実体が推論される。つまり、形而上学のかかわる客観的領域と、実証科学のかかわる客観的領域が推論され、さらにそれらの科学そのものが推論される。そして、そうしたすべての推論は、当然、純粋自我に内在する原理、すなわち、純粋自我に本来そなわっている原理に従って行なわれるわけである。

(1) デカルトの『第一哲学についての省察』については、「世界の名著」22巻『デカルト』の「解説」参照。

〔1〕この点に関して、もしもだれかが、学問ないし哲学は、まさに哲学研究を行なう学問的共同体の共同研究において発展するものであり、そしてそれぞれの段階において、そのような共同研究においてのみ完全性を獲得するものである、といって反対するとすれば、それに対してデカルトは、お

そらくこう答えるであろう。すなわち、孤独に、あるいはただひとり哲学的思索を行なうわたしは、多くのことを他の人々に負っているかもしれないが、しかし他の人々が真理と考えるもの、すなわち他の人々が洞察によって基礎づけたもの、と称してわたしに呈示するものは、わたしにとっては、さしあたりは、一つの不当な要求にすぎない。もしもわたしがそれを受けいれねばならないとすれば、わたしはわたし自身の完全な洞察によって、それの正当性を確認せねばならない。この点にこそ、わたし――および真に学問するすべての人――の理論的自律性がある、と。

〔2〕 この解釈をたしかめるためには、『哲学の原理』の訳者にあてた著者（デカルト）の手紙（「世界の名著」22巻『デカルト』の「解説」参照）を見よ。

第二節　哲学における根本的に新たな出発の必要

これまで述べたことはすべて、デカルトの思想である。ところでいま、われわれは次のように問う。すなわち、このような思想の中に永遠の意義を探し求めることは、そもそもやりがいのあることなのであろうか、またそうした思想は、いまもなお現代に、いきいきとした力を注ぎ込むことができるであろうか、と。

それはともかく、少なくとも次の事実は考慮を要することである。それは、実証諸科学は、デカルトの省察から絶対的に合理的な基礎づけを得るべきであったにもかかわらず、その省察をこれまでほとんどかえりみなかった、という事実である。もっとも、それらの科学は、過去三世紀のあいだに輝かしい発展をとげたけれども、今日は、みずからの基礎の不明瞭さのために、その発展が大いに阻害されていることを、それら自身感じている。しかし、それらの科学は、みずからの基礎を新たに形成しようと努めるときでさえ、デカルトの省察に立ち帰ろうとはついぞ思わないのである。

しかしながら他方、哲学においては、その省察が、まったく独特なしかたで、つまりまさしく純粋なわれ思う《エゴ・コギト》への還帰によって、新時代を開いたということは重要な事実である。実際デカルトは、まったく新しい種類の哲学を創始したのであり、それによって哲学は、その様相を一変し、素朴な客観主義から先験的主観主義へと徹底的に転換したのである。そしてその先験的主観主義は、つねに新たではあるが、しかしいつもふじゅうぶんなさまざまな試みを通して、ある必然的な最終形態に達しようと努めているようにみえる。してみれば、こうした一貫した傾向は、それ自身のうちに、ある永遠の意義を宿しているのではあるまいか。またこうした傾向は、われわれにとって、歴史そのものがわれわれに課し、それに協力することがわれわれすべての使命であるような偉大な課題を、それ自身担っているのではないであろうか。

現代の哲学が、そのまとまりのない活動において示している分裂状態は、われわれを反省させる。学問的統一という見地からみると、西洋の哲学は、前世紀の中ごろ以来、それに先だつ時代に比べて、衰微していることは明白である。その学問的統一は、目的定立においても、問題設定においても、また方法に関しても、失われてしまっている。近代のはじめ以来、宗教的信仰は、ますます、生命のない外面的慣習に堕していったが、そのとき、知識人たちは、新しい偉大な信念、すなわち自律的な哲学と学問に対する信念を得て奮い立った。それ以来、人間の全文化は、当然学問的見方によって先導され、くまなく照らされ、そしてそうすることによって全文化は、新しい自律的な文化に改造されるはずであった。

ところがそのうちに、その信念もまた、真の信念ではなくなり、力を失ってきた。それは、いわれのないことではない。というのは、われわれが所有しているのは、統一あるいきいきとした哲学ではなく、際限なく多くはなっているが、しかしほとんど互いの連関をもたない哲学的著作であるからである。相反する理論のあいだの真剣な討論は、その論争においてかえって、それらの理論のもつ内的連関、すなわち根本的確信の共通性や真の哲学に対する確固たる信念を立証するものである。ところが、われわれの所有しているのは、そうした真剣な討論ではなく、見せかけの報告と見せかけの批評であり、相互の協力と援助による真剣な哲学研究の単なる見せかけにすぎない。そこには、互いに真剣に協力して、客観的に有効な成果を得ようとする精神のもとでの、責任感のある共同研究のようなものはまったく見られない。

客観的に有効な成果とは、相互の批判によって純化され、もはやいかなる批判にも耐えうるようになった成果のことである。しかしながら、哲学者の数とほとんど同数の多くの哲学があるとき、どうしてそのような真の研究や共同作業が可能であろうか。たしかにわれわれは、いまなお哲学会というものを開催する。そしてそこに、哲学者は集まってくる。しかし残念ながら、哲学は集まらないのである。彼らには、互いに協力し合い、互いに影響をおよぼし合うことを可能にする精神的場の統一が欠けている。もっとも、そのような統一は、個々の学派や傾向の内部では、比較的よく行なわれているであろう。しかし、統一がそのように、個別的に行なわれているさいにも、哲学の全般的現状に関しては、やはり本質的には、われわれのいま述べたことが妥当するのである。

われわれのこの不幸な現状は、デカルトが彼の青年時代に出会った状況に似ているのではあるまいか。もしそうだとすれば、哲学を新たにはじめようとしたデカルトのあの徹底主義を、いまこそ甦《よみがえ》らせるべき時機ではないであろうか。したがってまたいまこそ、偉大な伝統や、その伝統の比較的真面目な反復や、流行的な学術活動〔これがめざしているのは、自分を印象づけることであって、研究することではない〕をごちゃ混ぜにして含んでいる無数の哲学的著作をデカルト的に転覆させ、そして新しい『第一哲学についての省察』を開始すべき時機ではないであろうか。

哲学のこうした悲しむべき現状というものは、結局、デカルトのあの省察から発する推進力が、それの根源的な生命力を喪失したことに起因するのではないであろうか。しかも、あの推進力がその生命力を喪失したのは、哲学において、みずから責任を負うという徹底主義の精神が消滅したためではないであろうか。いかなる偏見からも究極的に自由な哲学であろうとする要求、すなわち自己自身から引き出した究極的明証にもとづいて真に自律的にみずからを形成し、そうすることによって、みずから絶対的に責任を負う哲学であろうとする要求、この過大にもみえる要求が、むしろ真の哲学の根本的意味に含まれているのではあるまいか。いきいきとした哲学への憧憬《しょうけい》が、今日さまざまな（哲学の）再生をもたらしている。しかし、実りある唯一の再生は、まさしくデカルトの省察を甦らせることではないであろうか。ただし、デカルトの省察を甦らせるということは、その省察のすべてを継承することではなく、まず第一に、われ思うへ還帰したその省察の徹底主義の最深の意味を明らかにし、次いで、そこから生ずるその省察の永遠の価値を明らかにすることなのである。

ともかくこれによって、われわれを先験的現象学へとみちびく道が示されている。この道こそ、いまわれわれが、ともに歩もうとしている道なのである。われわれは、根本的に新たに出発しようとする哲学者として、デカルトのように省察を遂行しようとするのであるが、しかしいうまでもなくわれわれはそのさい、きわめて批判的で慎重な態度をとり、必要なときにはいつでも、古いデカルト的思想を改造することも辞さないつもりでいる。そのさいわれわれは、デカルトや彼の後継者たちが(1)落ち込んだ誘惑的な錯誤を明らかにし、それを回避せねばならない。

(1) コルドモア（一六二〇～八四）、クラウベルク（一六二二～六五）、ゲーリンクス（一六二四～六九）、ベッケル（一六三四～九八）、マルブランシュ（一六三八～一七一五）など。フッサールは、彼らが何らかの意味で精神を実体的にとらえる点を批判する。

第一省察　先験的自我への道

第三節　学問のデカルト的改革と学問の基礎づけをみちびく目的理念

こうしてわれわれは、根本的に新たに出発しようとする哲学者として、各自みずからのうちにおいて、まずもって、これまでわれわれが有効なものと認めてきたいっさいの確信を、したがってまた、われわれの所有しているいっさいの学問をも、有効なものとは認めないとの決意をもって新たに出発するのである。われわれの省察をみちびく理念は、デカルトにとってと同様に、真に絶対的に基礎づけられた学問という理念であり、究極においては、普遍的学問という理念である。しかし、既存のいかなる学問もそのような真正な（学問の）例証として役だたないとすれば——実際われわれには、既存のいかなる学問も妥当性をもたない——、その理念そのものが、すなわち絶対的に基礎づけられた学問という理念そのものが、疑わしいものなのではないであろうか。その理念は、正当な目的理念をあらわしているのであろうか。それは、何らかの実際の研究によって到達可能な目標をあらわしているのであろうか。もちろんわれわれは、そうした目標をも前提すべきではなく、まして、そのような可能性をもつ何らかの規範とか、さらには真の学問そのものが当然そなえていると思われるいわゆる自明な構造形式といったものを、確実なものとして前もって承認することはできない。なぜなら、それらを承認することは、結局、論理学全体を学問の理論として前提することになるが、ところがその論理学もまた、すべての学問の改革の中へ組み入れられるべきものだからである。

デカルト自身は、前もって、学問の一つの理想をもっていた。すなわち、幾何学ないしは数学的自然科学を理想としていた。その理想は、宿命的な偏見であって、幾世紀ものあいだ（哲学を）規定し、批判的に検討されることなく、デカルトの省察そのものをも規定している。[1]デカルトにとっては、普遍的学問は演繹《えんえき》的体系という形態をとること、そしてその体系においては、それの全組織は、演繹の基底となる公理的基礎の上に立てられねばならないということは、あらかじめ自明なことであった。幾何学において幾何学的公理がはたすと同様な役割を普遍的学問においてはたすものは、デカルトにとっては、自我の絶対的な自己確実性という公理、およびその自我に固有な公理的原理である。もっともこの公理的基礎は、幾何学の公理的基礎よりもいっそう深いところにあり、それは、幾何学の究極的基礎づけにも参加するとされている。
しかしわれわれは、そうしたすべてのことを、そのまま受けいれる必要はない。われわれは、新たに出発しようとしているものとして、学問のいかなる規範的理想も、まだ妥当なものとして認めておらず、われわれは、われわれ自身が新たに創造するかぎりにおいてのみ、理想を所有しうるのである。

しかしわれわれは、学問を絶対的に基礎づけるという一般的な目標を放棄するのではない。それどころか、その目標は、デカルトの省察におけると同様に、われわれの省察においても、われわれの省察の歩みをたえず推し進めるものであり、またそれは、その省察の歩みの中で一歩一歩具体的に規定されるはずのものなのである。しかしわれわれは、それを目標として設定するさい、慎重でなければならない。われわれは、その可能性を決して予断してはならない。それでは、その目標設定の方法は、どのようにして明らかにされ、ひいては確定されうるのであろうか。

われわれは、通常、学問の一般的理念を現存の学問から引き出す。だが、われわれの徹底的に批判的な見方においては、現存の学問が単に仮定的な学問になるとすれば、学問の一般的な目的理念もまた、同様な意味で、単に仮定的なものにならざるをえない。してみればわれわれは、学問の一般的な目的理念がいったい実現されうるかどうかを、まだ知らないわけである。だがそれにしても、われわれはやはり、学問の一般的な目的理念を、したがってまた哲学の理念をも、仮定的で無規定的で流動的な一般性という形式において、すなわちそれが実現されうるかどうか、それはいかにして実現されうるかを知らないままに、所有しているのである。

われわれは、そうした理念をあらかじめの推定として受けいれ、試みにそれに身をゆだね、われわれの省察において、試みにそれに従ってみる。そうすることによってわれわれは、そのような理念がどうして可能なものと考えられるか、次いで、それはいかにして実現されうるかを、慎重に考量する。もちろんわれわれは、最初は奇妙で複雑な状態におちいるが、このことは、もしもわれわれの徹底主義が、空虚な見せかけの態度にとどまらず、実際に遂行されるべきであるとすれば、どうして避けることができようか。それゆえわれわれは、われわれの道を辛抱づよく進もう。

(1) 数学的自然科学を学問の理想とすることが宿命的偏見であり、幾世紀間も哲学を規定してきた点については、第十節（五〇ページ）、および『ヨーロッパの学問の危機と先験的現象学』参照。

第四節　ノエマ的現象[1]としての学問の中に立ち入ることによって、学問の目的意味を開示すること

われわれがいま第一になすべきことは、いうまでもなく、最初はばく然とした一般性においてではあるが、われわれの眼前に浮動している学問の指導理念を、明瞭にすることであろう。もちろんそのことは、事実としてすでに存在するさまざまな学問を、比較、抽象することによって、学問という概念を形成することではない。われわれの考察全体の意味には、当然次のことが含まれている。それは、文化的事実としての学問と、真実にして真正な意味での学問とは、同一でないということ、いいかえれば、文化的事実としての学問は、みずからの事実性を超えた一つの要求――すなわちその学問が、単に事実上存在していることによってすでに充実されているとは決して立証されていない要求――をそれ自身のうちに宿している、ということである。②まさしくこうした要求のうちにこそ、理念としての――真の学問の理念としての――学問が宿っているのである。

では、そのような理念を開示し、把握するには、どのようにしたらよいか。事実上存在する学問の〔それらの学問がもつと僭称している〕妥当性に関して、したがってそれらの学問の理論の真正性、およびそれに対応するそれらの理論構成の方法の効力に関して、いかなる態度決定をすることもわれわれには禁じられているが、それにしても、それらの学問の学問的努力や活動の中に立ち入り、それらの学問が本来めざしているものを明晰《めいせき》かつ判明にすることは、いっこうさしつかえない。このようにしてわれわれが、学問的努力のめざすところへ一歩一歩歩みを深めてゆくなら、真の学問の一般的な目的理念を構成している諸契機が、われわれの前に現われてくる。

もっとも最初は、それらの諸契機は、特殊的形態として現われてくる。

ところで、われわれはまず第一に、判断する作用と判断そのものとを明らかにせねばならないが、判断は、直接判断と間接判断とに区別される。間接判断には、他の判断への意味上の連関が含まれている。すなわち、間接判断を行なうさいの信念は、他の判断のもつ信念を前提しており、間接判断は、すでに信じられているものにもとづいて信じられるのである。

次にわれわれが明らかにせねばならないことは、基礎づけられた判断を求める努力、ないし基礎づけの作用である。というのは、基礎づけの作用において、判断の正当性、すなわちそれの真理性——逆に基礎づけの不成功のばあいには、判断の非正当性、すなわち虚偽性——が証明されるはずだからである。間接判断においては、その証明自身が間接的である。すなわちその証明は、その間接判断の意味の中に含まれている直接判断の証明に依拠しており、具体的には直接判断の基礎づけをも、ともに含んでいる。われわれは、かつて行なわれた基礎づけ、あるいはその基礎づけにおいて証明された真理に、随意に再び立ち帰ることができる。こうして、同一の同じものと認められた真理は、自由に再び実現されることができるために、その真理はわれわれの恒常的な獲得物あるいは所有物であり、このようなものとしてそれは認識といわれるわけである。

このようなしかたで「もっとも、ここでは示唆にとどまるが」分析を進めてゆき、そして、基礎づけないし認識の意味を、いっそう厳密に解釈するなら、われわれはまもなく、明証という理念に到達する。真の基礎づけにおいては、判断は、正当なもの、一致するものとして立証される。すなわち、基礎づけとは、判断と判断対象〔事実ないし事態〕そのものとの一致（を立証すること）である。もっと厳密にいえば、判断作用とは、しかじかであろうという思念作用であり、一般的には、単なる推測作用である。このばあい、判断〔判断されたこと〕は、単に推測された事実ないし推測された事態、あるいは思念された事実、思念された事態にすぎない。しかしこれに対して、〔判断しながらしかじかのものを意識において所有する〕卓越した判断的思念作用がある。これが明証と呼ばれるものである。

明証においては、事実から離れて単に事実を思念するばあいとは異なって、事実は事実それ自身として、事態は事態それ自身として、現前する。したがって、判断するものは、事態それ自身を所有するわけである。単に推測的な判断作用は、それに対応する明証へ意識のうちで移行することによって、事実それ自身、事態それ自身に的中するものになる。このような移行は、単なる思念を充実させるという性格、すなわち（思念と対象との）一致的適合としての総合という性格をもっている。したがって、この移行は、それまで事実から離れていたあの思念作用が、正当性をもつことの明証的把握なのである。

このように考察を進めてゆくと、すべての学問的営みをみちびいている目的理念の根本的要素が直ちに現われてくる。たとえば、学者の意図することは、単に判断することではなく、みずからの判断を基礎づけることである。いっそう正確にいえば、学者は、自分が完全には基礎づけていない判断、したがって反復しうる基礎づけに自由に立ち帰ることによって、つねにかつ完全に正当化することのできない判断には、学問的認識としての妥当性を自分も認めようとせず、他の人にも認めさせまいとする。そのような要求は、事実上は、単なる要請にとどまるかもしれないが、しかしそれにしても、その要求の中には、ある理念的目標が含まれているのである。

なおもう一つ、次のことを補足的に注意しておかねばならない。それは、判断〔存在思念という最も広い意味での判断〕と明証とを、前述語的判断と前述語的明証とから区別することが必要である、ということである。[3] 述語的明証は前述語的明証を含んでいる。思念されたもの、あるいは明証的に観取されたものは、言語によって表現される。一般に学問は、言語表現によって判断し、そして判断あるいは真理を、言語によって表現して確保しようとする。しかし、言語表現そのものが、それ自体、思念されているものや、それ自身として与えられているものに比較的よく適合したり、それほど適合しなかったりする。すなわち、言語表現自体、明証あるいは不明証をそなえており、そして、その明証あるいは不明証は、述語的陳述の構成要素となっている。したがって、言語表現のそなえている明証あるいは不明証は、究極的に基礎づけられた、あるいは基礎づけられるべき述語的陳述としての学問的真理の理念をも、ともに規定しているわけである。

(1) ノエマはノエシスと対概念である。ノエシスは、意識の作用的側面を指し、ノエシス的契機と呼ばれて、意識を構成する心的な実的要素である。ノエマは、ノエシスに対して、意識の内面における客観的側面を指し、ノエマ的契機と呼ばれる。ノエマは超越的、実在的ではなく内在的であるが、ノエシスのように意識を実的に構成する要素ではなく、非実的、すなわちノエシスの対象として観念的内在、つまり指向対象である点でノエシスと区別される。ノエシスとノエマは意識の最も具体的な相関者で、ノエシスは必ずノエマをもち、ノエマは必ずノエシスによって思念される。このノエシス・ノエマ構造こそ、フッサール現象学の把握した意識の根本構造なのである。「ノエマ的現象」とは、「人間の学問的営み（ノエシス）によって現に行なわれている既存の学問という現象」というほどの意味である。

(2) 人間の学問的営みによって現に行なわれている既存の学問、すなわち「文化的事実としての学問」は、必ずしも直ちに「真実にして真正な意味での学問」、すなわち厳密性という理念を実現した学問にはなっていないが、しかしその事実性のうちに、真の学問の理念を、実現すべき目標としてすでに含意している、ということである。

(3) 「前述語的」とは、単に思念され、観取されただけで、いまだ言語によって表現されていない、という意味である。それが言語によって表現されると、主語、述語という明確な形式をとり、「述語的判断」になる。これが本来の意味での判断である。前述語的判断にも明証、すなわち真理がそなわっているが、それは「前述語的明証」「前述語的真理」であり、それが言語によって表現されることによって本来の明証、すなわち真理として確保されることになる。

第五節　明証と真の学問の理念

このようなしかたで、そしてこのような方向に省察を進めるとき、新たに出発しようとする哲学者としてのわれわれは、学問というものについてのデカルト的理念、つまり絶対的基礎づけと正当化にもとづく普遍的学問という理念が、とりもなおさず、あらゆる学問および普遍性を求めるあらゆる学問的努力の中でたえず指導的にはたらいている理念——それが事実上どの程度実現されているにしても——であることを知るのである。

明証とは、最も広い意味においては、存在するものおよびそれの様態を経験すること、すなわち、まさにそのもの自身を精神によって見ることである。明証ないし経験の示すものと一致しないばあい、明証の否定〔あるいは否定的明証〕が生じ、そしてその否定の内容として明証的虚偽が現われる。明証には、実際には、普通の狭い意味でのすべての経験が含まれているので、明証は、完全であったり不完全であったりする。しかし、完全な明証、およびそれの相関項である純粋にして真正な真理は、認識を獲得しようとする努力、すなわち思念的指向を充実させようとする努力に宿っている理念として、あるいはそうした努力に立ち入ることによって獲得されうる理念として、与えられているのである。

真理と虚偽とか、明証的所与に則《のつと》っての批判、およびそれへの批判的適合ということは、学問以前の生活においてすでに、たえず問題とされている日常的な事柄である。もっとも、たえず変わる相対的な目的しかもたない日常生活にとっては、相対的な明証と真理でじゅうぶんである。それに対して学問は、何びとに対しても絶対的に妥当し、またいつまでも妥当しつづける真理を求める。したがって学問は、新しい種類の徹底的に行なわれる確証を求める。たとえ学問は、結局学問自身が納得せざるをえないように、事実上は絶対的真理の体系の実現に成功せず、むしろみずからの獲得した真理を、くり返し変様せざるをえないとしても、それにもかかわらず、学問は、絶対的真理あるいは学問的に真正な真理という理念を保持し、そしてその理念を追い求めつつ、それに近似的に接近してゆく無限の地平の中へはいってゆくのである。

学問は、そのような絶対的真理への近似的接近の歩みによって、日常的認識および自分自身を無限に超えることができると考える。しかし学問はまた、認識の体系的普遍性——その普遍性は、それぞれの閉じられた学問領域に関することもあれば、またもし哲学が可能であり、哲学が問題であるばあいには、あらゆる存在者の前提された全体的統一に関することもあるが——をめざすことによっても、日常的認識および自分自身を無限に超えることができると考える。したがって、学問および哲学の理念には、それらの意図するところからいって、本来先だつ認識から本来あとなる認識へと向かうという認識順序が含まれている。そして認識のそのような始原と進行の順序は、結局、任意に選ばれるべきものではなくて、事柄そのものの本性にもとづいたものなのである。

　このようにして、学問的努力の一般的意図の中に立ち入って省察することによって、はじめは学問的努力をばく然と支配していた、真の学問の目的理念の根本的要素があらわになってくるのであって、われわれは、真の学問の可能性、あるいは学問の自明的とも思われる理想をあらかじめ決定していたわけではないのである。

　ここで、次のようにいわないでいただきたい。そのようなことの考究と確定に心を労するのは何のためなのか、そうした考究と確定は、明らかに一般的な知識学あるいは論理学の仕事に属していて、その知識学あるいは論理学は、このばあいも他のばあいと同様に、自明なものとして使用されうるのではないか、と。しかし、まさしくその自明性をこそ、われわれは警戒せねばならない。われわれは、すでにデカルトに対していったことをここでも強調する。それは、既存のあらゆる学問と同様に、論理学もまた、普遍的改革によって効力なきものとされている、ということである。われわれは、まず、哲学の出発点として役だちうるすべてのものをわれわれみずからが獲得せねばならない。のちになって、伝統的論理学のような種類の真の学問が生じてくるかどうかについては、いまのところわれわれは、何も知ることができないのである。

　われわれは、明瞭に詳論したというよりはむしろ概略的に示唆《しさ》した上述の準備的考究によって、われわれのこれから進める研究全体に対する方法上の第一原理を確定しうるのにじゅうぶんなだけのことは、明らかにした。哲学において新たに出発しようとするわたしが、真の学問という推定的目標に達しようと首尾一貫して努力するかぎり、わたしは、明証から汲みとったのではない判断、すなわちその判断に対応する事実や事態をそれ自身としてわたしに現前させる経験から汲みとったのではない判断を、決して行なってはならないし、またそのような判断を有効なものとしてはならない、ということは明白である。もちろん、判断を明証から汲みとったさいにも、わたしはいつも、そのつどの明証を反省し、その有効範囲を吟味し、そしてその明証あるいはその明証の完全性、すなわち事実それ自身を実際に所与にもたらすことは、どの程度まで達成されているかを、明らかにせねばならない。判断にまだ明証が欠けているときは、その判断に究極的妥当性を与えてはならず、せいぜいその判断を、明証にいたる途上における一つの可能な中間段階とみなさねばならない。

　学問は、前述語的に観取されたものを、完全に、かつ明証的にそれに適合するように表現する述語的陳述をめざしているのであるから、当然われわれは、学問的明証のこの（表現の）側面にも注意を払わねばならない。日常の言語は、流動的、多義的であり、表現の完全性ということをあまりにも考慮しないので、それを表現手段として使用するさいはとくに、その言語の意味を、学問的研究によって得られた洞察に根本的に則って新たに基礎づけ、そしてその言語を、その基礎づけられた意味をあらわすものとして確定しておくことが必要である。われわれは、このことをも、今後一貫してわれわれの研究の歩みを規制する、明証という方法的原理のうちに加えることにする。

しかしながら、この明証という原理やこれまでのすべての省察が、もしもわれわれに実際に出発させる手がかりを提供しないなら、すなわち真の学問という理念を実現する歩みをわれわれに開始させる手がかりを提供しないなら、それらはわれわれにとって、何の助けになろうか。真の学問という理念には、認識――真の認識――の体系的秩序という形式が含まれているので、出発点への問いとして、当然、普遍的認識の階層的構造全体を支えるべき、そしてまた支えうる本来第一の認識は何かという問いが生じてくる。したがって、もしもわれわれの推定する目標が実際に実現可能なものでありうるはずだとすれば、いかなる学問的認識も所有せずに省察するわれわれにとって、本来第一の認識であるという使命の刻印をすでに帯びている明証、すなわち、その他の考えうるいっさいの明証に先だつものとして認識されうる明証が、与えられていなければならない。しかもそのような明証は、もしもその明証から出発して、学問を絶対的に妥当な認識体系という理念――その理念には、それを実現するには無限の歩みを要するという予想が含まれているが――のもとに前進させ、建設することが意味をもちうるとすれば、その明証がその他のあらゆる明証に先行するということの明証に関しても、確実な完全性と絶対的な確実性をそなえていなければならない。

第六節　明証の分類。必当然的にして本来第一の明証に対する哲学の要求

しかし、いまこの重大な出発点に立って、われわれは、もっと深く省察せねばならない。絶対的確実性ということばの意味、あるいはそれと同義である絶対に疑いえないということばの意味を明らかにすることが必要である。そのようなことばは、次のような事実にわれわれの注意を向けさせる。それは、理念として要求される明証の完全性は、いっそう厳密な解釈においては、分類される、ということである。哲学的省察の現在の出発段階にあって、われわれは、はてしない無限に多くの前学問的な経験、すなわち明証をもっており、そしてそれらの経験や明証の完全性には程度の差がある。そのさい不完全性とは、一般に、事実または事態それ自身の与えられ方のふじゅうぶんさ、一面性、相対的不明瞭さ、不明確さを意味している。すなわち不完全性とは、経験が、まだ充実されていない予測的思念とか付随的思念という要素を帯びていることを意味している。そのような不完全な経験の完全化は、その付随的思念を、それを充実するところの現実的な経験にもたらす、一致的経験の総合的進行において実現される。完全性に対応する理念は、十全的明証という理念であるが、この理念が原理的に無限のかなたにあるかどうかという問題は、いまのところ未解決にとどめておこう。

この十全的明証という理念は、学者の意図をたえずみちびいているものではあるが、それにもかかわらず学者にとってもっと高い権威をもつのは、〔われわれが学者の意図の中に立ち入ることによって知るように〕明証の別の種類の完全性、すなわち必当然性という完全性である。この必当然性は、十全でない明証においても現われることがある。必当然性は、完全に規定された独特な意味での絶対に疑いえないという性格であり、学者は、あらゆる原理がこのような性格をそなえることを要求している。学者は、それ自体ですでに明証的な基礎づけを、原理に立ち帰ることによってもう一度、しかもより高い段階において基礎づけ、そうすることによって、明証的な基礎づけに、必当然性という最高の権威を与えようと努力するが、そのような学者の努力の中に、必当然性のもつ卓越した価値が示されている。このような必当然性の根本性格は、次のように性格づけることができる。

あらゆる明証は、存在するものおよび存在するものの様態を、その存在の完全な確実性のもとで、したがっていっさいの疑いを排除する存在の確実性のもとで、「そのもの自身」というありさまにおいてありのままに把握することである。しかしながら明証は、明証的に与えられたものが、のちになって疑わしくなることがありうるということ、あるいは存在がのちに仮象として明らかになることがありうるということを、排除するものではない。事実、そのような実例は、感性的経験がわれわれに示している。このように、明証的に与えられているにもかかわらず、疑わしくなるという可能性ないし非存在の可能性が開かれているということは、明証的所与を批判的に反省することによって、いつでもあらかじめ知ることができる。それに対して、必当然的明証は、次のような特記すべき特性をそなえている。その特性とは、その必当然的明証においては、その明証において明証的に与えられた事実あるいは事態の存在が、単に一般に確実であるだけでなく、同時に批判的反省によって、そのような事実あるいは事態が存在しないということは絶対に考えられないものとしてあらわになる、ということ、したがって、必当然的明証は、およそ考えうるあらゆる疑いを根拠のないものとしてあらかじめ排除する、ということである。そのさい、その批判的反省の明証、すなわち（必当然的）明証の確実性において見出されるものが、存在しないということは考えられないということ、そのことについての明証もまた、あの必当然的な権威をもっている。そしてこのことは、より高次のあらゆる批判的反省においても、同様である。

いまわれわれは、真の学問建設の原理として、デカルトの絶対に疑いえないという原理を思い起こす。その原理によって、およそ考えうるあらゆる疑いが、まして事実上根拠のないあらゆる疑いが排除されねばならなかった。その原理は、われわれの省察によって次第に明らかになってきたが、いまや問題は、その原理がわれわれの実際の出発に役だちうるか、そして役だちうるとすればそれはどのようにしてであるか、ということである。

すでに述べたように、新たに出発しようとする哲学にとっての明確な最初の問いとして形成されるのは、次のような問いである。それは、その明証が本来第一の明証として、考えうるあらゆる明証に先だつという洞察——いまやこういわねばならない——を必当然的に伴っていて、しかも同時にその明証自体が必当然的であることが洞察されうるようなそのような明証が、われわれに示されうるか、という問いである。そのような明証は、たとえ十全でないときにも、少なくとも一つの認識可能な必当然的内容、すなわち必当然性によって断固として、あるいは絶対的に確実な、一つの存在内容をもっているはずである。もちろん、哲学を必当然的に確実な基礎の上に建設してゆくことはいかにして可能であるかという問題、さらには、それがそもそも可能であるか否かという問題は、のちの課題として残らざるをえない。

第七節　世界の存在についての明証は必当然的でなく、その明証はデカルト的改革の中へ入れられること

本来第一の明証を求める問いは、苦もなく解決されるようにみえる。そのような明証としては、世界の存在が直ちに呈示されないであろうか。世界には、日常的に行為する生が関係するが、あらゆる学問もまた——事実、科学は直接的に、アプリオリな学問は方法的手段として間接的に——、世界に関係する。世界の存在は、それらすべてのものに先行する自明なことであって、だ

れもそれをとりたてて一つの命題において表明しようとは思わないほどである。たしかにわれわれは、世界を疑いもなく存在するものとして、たえずわれわれの眼前に立てる連続的な経験をもっている。しかし、世界の存在の明証が、たとえ世界に向かう生とすべての学問のいっさいの明証に本来先だつものであっても——世界の存在の明証は、それらのすべての明証をたえず支えている根拠である——、やはりわれわれは、その明証はその機能において、どの程度必当然的性格を要求することができるかについて、まもなく疑念をいだくようになる。そして、われわれがこの疑念を追求してゆくと、その明証もまた、絶対的に第一の明証であるという優位性を要求できないことが明らかになる。

この点に関していえば、世界は不断に普遍的な感性的経験の明証の中でわれわれの眼前に与えられているが、しかしその感性的経験を、直ちに、必当然的明証として要求できないことは、明白である。必当然的明証ならば、世界が現実的に存在することの疑わしくなる可能性、あるいは世界の非存在の可能性を、絶対的に排除するであろう。ところが、経験された個々のものが感覚的仮象であることがわかって、その価値を失うことがあるばかりでなく、そのつどの統一的に見通しうる経験連関の全体さえも、脈絡ある夢という名で呼ばれるような仮象であることが判明することがあるのである。

われわれは、明証にこのような転覆の起こりうることや、また現に起こっていることを指摘することによって、すでに明証のじゅうぶんな批判であると要求したり、またその指摘の中に、世界はたえず経験されているにもかかわらず、それの非存在が考えられうるということの完全な証明をみる必要はない。ただわれわれは、次のことだけを保持しておこう。それは、学問を徹底的に基礎づけるためには、世界についての経験の明証を、それの妥当性と有効範囲とに関して、いつもまず第一に批判する必要があるということ、それゆえわれわれは、その明証を少しも疑うことなく直接に必当然的なものとして要求してはならない、ということである。したがってわれわれは、既存のすべての学問を妥当性の範囲外に置き、それらをわれわれの容認しえないものとして取り扱うだけではじゅうぶんでない。われわれは、それらの学問の普遍的地盤、すなわち経験的世界という地盤からも、素朴な妥当性を奪いとらねばならない。自然的な経験の明証にもとづく世界の存在は、もはやわれわれにとって自明な事実であることはできず、それ自身単なる妥当現象にすぎない。

しかし、われわれがこのような立場にとどまるとき、それでもなお一般に、何かの判断に役だつような存在の地盤がわれわれに残されているであろうか。まして普遍的哲学を基礎づけうるための、しかも必当然的に基礎づけうるための、明証に役だつような存在の地盤が、われわれに残されているであろうか。世界とは、およそ存在するものの全体をあらわす名称ではないか。とするならば、さきに示唆しただけの世界経験の批判を、いまやどうしても詳細に、かつ最初の主題としてとりあげることを避けえないのではあるまいか。そして、批判の予測された帰結が確認されたとき、われわれの哲学的意図全体が挫折《ざせつ》することになるのではあるまいか。しかしながら、もしも世界は結局、決して判断にとっての絶対的に第一の地盤ではなく、世界の存在によってすでに、それ自身世界の存在に先だつ存在地盤が前提されているとすればどうであろうか。

第八節　先験的主観性としてのわれ思う

ここでいまやわれわれは、デカルトに従って、それが正しく遂行されれば、われわれを先験的主観性にみちびく大きな転換を行なう。すなわち、あらゆる根本的な哲学がその上に基礎づけられるべき、必当然的で確実な究極的判断の地盤としてのわれ思うへの転換を行なうのである。このことについてよく考えてみよう。徹底的に省察する哲学者としてのわれわれは、いまのところ、われわれが有効と認める学問をもっておらず、またわれわれが存在するものと認める世界ももっていない。世界は単純に存在するのではなく、すなわち経験の存在信憑《しんぴょう》の中で自然なしかたでわれわれに妥当するのではなく、世界はわれわれにとっては、単に存在を要求するものにすぎない。このことは、世界のうちのあらゆる他の自我の存在についてもいえることであり、したがってわれわれは、正しくは、本来もはや、（われわれという）相互交渉をあらわす複数形で語ることはできないわけである。他の人間や動物は、わたしにとってまさしく、それらの有形の身体についての感性的経験による経験的所与にすぎない。ところが、その感性的経験の有効性もまた、ともに問題になるのであるから、わたしはその有効性を利用することはできない。わたしは、他者を失うとともに、当然社会的および文化的形成物の全体をも失う。要するに、いまやわたしにとっては、単に有形的自然だけでなく、具体的な生活環境の全体が、存在しているものではなくて、単に存在の現象にすぎない。

しかし、その現象の現実性への要求がどのようなものであろうとも、またのちにわたしが、その現象を存在するものとして決定することになろうと、仮象として決定することになろうとも、その現象そのものは、わたしに対する現象であるかぎり、無ではなくて、それはまさしく、そのような批判的決定をわたしが下すことをそもそもわたしに可能にするものであり、したがってそれは、そのつどわたしに対して真の存在――すなわち究極的な妥当性をもつと決定された、あるいは決定されうる存在――としての意義と価値とをもつことをも可能にするものなのである。

このことを重ねて考えてみよう。わたしが自由に行ないうるように、そして実際行なったように、わたしが、経験のもついかなる信憑に参加することもみずからにさし控え、その結果、経験的世界の存在は、わたしにとって効力なきものになっているとしても、そのみずからにさし控えるというそのことは、そのままに残っており、それは、経験する生の流れ全体の中にともに含まれている。しかも、その生の流れの全体は、わたしに対してたえず現存している。すなわち、その生の流れは、それの現在の領域に関しては、知覚によって、最も根源的にありのまま、つまりそのもの自体として、たえず意識されている。また想起によって、あるときはその生の流れのこの過去が、あるときはあの過去が再び意識される。そしてこのことの中には、過去が過去自身として意識される、ということが含まれている。わたしは、反省することによっていつでも、この根源的生へ特殊な注視のまなざしを向け、そして現在のものを現在のものとして、過去のものを過去のものとして、それ自身ありのままに把握することができる。わたしはいまや、哲学的に思惟する自我として、また上述のような自制を行なう自我として、そのような反省的注視を行なうのである。

世界が、このような反省する生において経験されるさい、世界は、あるしかたでいぜんとしてわたしに対して存続しており、しかも世界は、そのつどそれに属する内容をもって、厳密に以前と同様に経験された世界である。世界は、今後も、以前に現われたと同様のしかたで、現われる。ただ、哲学的に反省するものとしてのわたしは、経験の自然的な存在信憑を、もはやともには行なわないのである。すなわち、その存在信憑がやはりなお、ともにそこにあり、そして注視のまなざしによってともに把握されていても、もはやわたしは、その存在信憑を有効なものとは認めないのである。

このことは、経験的思念を超えているが、やはりわたしの生の流れに属している他のすべての思念作用に関しても、同様である。すなわち、わたしの非直観的な表象、判断、価値評価、決断、目的や手段の決定などの作用に関して、とりわけそれらの作用が生についての自然的で非反省的で非哲学的な見方をもって必然的に行なっている態度決定に関しても、それらの態度決定がまさに世界をいつも予想しており、したがって世界の存在に対する信憑をそのうちに含んでいるかぎり、同様である。しかしこのばあいにも、哲学的に反省する自我の側で、そのような態度をとることをさし控え、それを有効なものとは認めないということは、そのような態度を自我の経験領域から消失させる、ということを意味するのではない。

くり返していえば、いまあげたような具体的体験こそ、まさしく注視のまなざしが向けられるものであり、ただ哲学的自我である注視する自我は、直観されたものに対して態度を決定することをさし控えるのである。それらの体験の中で妥当するという意識のもとに思念されたすべてのもの、すなわち、当の判断、理論、価値、目的なども、完全にそのまま保持されている。ただ、それらの妥当性は変様されて、単なる現象としてとどまっているのである。

それゆえ、眼前に与えられている客観的世界に対するあらゆる態度決定を、したがってまず第一に、世界の存在に対する態度決定〔すなわち、世界の存在を現実的存在、仮象的存在、可能的存在、推測的存在、蓋然的存在などとする態度決定〕をいっさい有効なものと認めないということ〔すなわち、そうした態度決定をみずからに「禁ずること」、有効なものとして「はたらかせないこと」〕、あるいはよくいわれるように、客観的世界に関して現象学的判断中止《エポケー》を行なうこと、または客観的世界を括弧に入れること、[1] このようなことは、われわれを無の前に立たせるのではない。むしろそのことによって、われわれは、もっと明確にいえば、省察するものとしてのわたしは、純粋なすべての思念体験と、その思念のめざす純粋なすべての思念対象とを含んだわたしの純粋な生を、すなわち、現象学的意味での現象の全体を所有することになるのである。

　判断中止とは、いわば、わたしがわたしを、固有で純粋な意識生命をもった自我として、純粋に把握する徹底的で普遍的な方法である。わたしのその純粋な意識生命のうちで、かつそれを通して、客観的世界全体がわたしに対して、現にわたしに対してあるように、存在するのである。

　世界に属するすべてのもの、空間時間的に存在するすべてのものが、わたしに対して存在するのは、すなわちわたしに対して妥当するのは、まさしくわたしが、それらを経験したり、知覚したり、想起したり、それらについて何らかのしかたで考えたり、判断したり、価値評価したり、欲求したりすることによってである。これらのすべてのことを、デカルトは周知のように、われ思うということばであらわしている。世界とは、そもそもわたしにとって、そのようなわれ思うのうちで意識されて存在し、わたしに対して妥当する世界以外の何ものでもない。世界は、それの意味全体を、すなわちそれぞれの普遍的な意味も特殊的な意味も、さらにそれの存在の妥当性をも、ひとえにそのような意識作用から得るのである。

世界のうちでのわたしの生全体が、わたしの学問的な探究と基礎づけの生をも含めて、そのような意識作用のうちで営まれているのである。わたしがその中にはいって生活したり、経験したり、思惟したり、価値評価したり、行為したりすることのできる世界は、わたしのうちで、そしてわたし自身から、それの意味と妥当性を得る世界以外のものではないのである。わたしが、このような生全体を超えて、世界そのものを単純に存在するものと受けとるようないかなる存在信憑をもつこともさし控え、その世界そのものについての意識としてのこの生そのものにもっぱらわたしのまなざしを向けるとき、わたしは、わたしの意識作用の純粋な流れをもった純粋自我としてのわたしを獲得するのである。

したがって、事実、純粋な自我とそれの意識作用とが、世界――わたしがそれについていつも語っており、また語ることのできる世界――の自然的存在に本来先だつ存在として、それに先行しているわけである。自然的な存在の地盤は、その存在の妥当性においては、第二次的であり、それはいつも先験的な存在の地盤を前提している。したがって、先験的判断中止という現象学の根本的方法は、それがわれわれを先験的な存在の地盤へ立ち帰らせるかぎり、先験的、現象学的還元と呼ばれるわけである。

(1)「現象学的判断中止」「括弧に入れること」については、中公バックス版『世界の名著62　ブレンターノ　フッサール』細谷恒夫「解説」二五ページ以下参照。

第九節　われ在りの必当然的明証の有効範囲

次の問題は、この先験的、現象学的還元が先験的主観性の存在の必当然的明証を可能にするかどうか、という問題である。先験的（自我の）自己経験は、それが必当然的であるときにのみ、必当然的判断に対する基底として役だちうるのであり、したがってまた、そのときにのみわれわれは、哲学というものを、すなわち本来第一の経験領域と判断領域とから出発して、必当然的認識を体系的に建設することを期待することができる。周知のように、すでにデカルトは、われ在り《エゴ・スム》ということ、あるいは思うわれ在り《スム・コギタンス》ということは、必当然的なこととして言明することができるということ、それゆえわれわれは、第一の必当然的な存在の地盤を脚下にもっているということを、洞察していた。彼は、われ在りという命題の疑いえない性格を強調し、われ疑うということさえ、すでにわれ在りを予想するであろうことを力説している。そのばあいデカルトが問題にしているのも、経験の世界を疑いうるものとして妥当性の範囲外に置いたのちに、自己自身を把握するあの自我なのである。

これは、われわれが詳論して明確にしたのちに明らかになることではあるが、自我が先験的還元によって与えられるさいの疑いえないという性格の意味は、実はわれわれがさきに述べた必当然性の概念に対応するのである。

もちろん、必当然性の問題や、それと関連した、哲学の第一の基礎と地盤の問題は、それによってまだ解決されてはいない。事実、直ちに疑問が起こってくる。たとえば、先験的主観性には、想起によってのみ接しうるそのときどきの過去が不可分なものとして属しているのではないか、そのような過去に対して必当然的明証を要求することができるであろうか、というような疑問が起こってくる。もちろん、過去に対して必当然的明証を要求しえないからといって、われ在りの必当然性を否定しようとすることはまちがいであろう。われ在りの必当然性が否定されるのは、外面的なものを問題にして、それの必当然性の核心について語ることをせず、したがって必当然性を見過ごすばあいだけである。しかしいまやわれわれにとっては、必当然性の否定ではなくて、必当然的明証の有効範囲の問題が、必然的に緊急の問題となってくる。

ここでわれわれは、以前の注意を思い起こそう。それは、明証の十全性と必当然性とは必ずしも一致しない、という注意である。この注意は、まさしく先験的（自我の）自己経験を念頭に置いていたのである。その自己経験において、自我はそれ自身に根源的に与えられる。しかし、その経験がそのときどきに与えるのは、本来十全に経験されるものの一つの核心だけである。すなわち、われ思うという命題の文法的意味があらわしている自我のいきいきとした現在だけである。他方、自我のそのような現在のかなたには、無規定に一般的で推定的な地平、すなわち、本来は経験されていないが、必然的にともに思念されているものの地平がひろがっている。そのような地平の中には、自我のほとんど完全に暗黒な過去や、また自我のもつさまざまな先験的能力や、それぞれの習性も含まれている。

外部知覚〔これはもちろん必当然的ではない〕もまた、たしかに、事物それ自身についての経験であり、この経験において、事物はそれ自身われわれの眼前にあるが、しかし事物はこのようにそれ自身われわれの眼前にありながら、経験するわれわれに対して、本来それ自身知覚されていないものの開放的で無限な、無規定に一般的な地平をもっている。もっともその地平には、可能な経験によって開示されうるということが推定として含まれているが。それと同様に、先験的経験の必当然的確実性がわたしの先験的自我の存在に妥当するにしても、わたしの先験的自我の存在は、無規定に一般的で開放的な地平を伴っているのである。したがって、本来第一の認識地盤が、現実にあることはたしかに絶対に確実であるが、しかしその認識地盤の存在のより詳細な規定や、われ在りのいきいきとした明証の中で、なおそれ自身与えられずに単に推定されているにすぎないものは、直ちには確定されないわけである。それゆえ、必当然的明証の中にともに含まれているこの推定は、それが充実されうるかどうかに関して、またその充実の有効範囲——その有効範囲はおそらく必当然的に画定されうるであろう――に関して批判を受けねばならない。先験的自我は、どの程度自己自身について誤ることがあるのか。そして誤ることがあるにもかかわらず、絶対に疑いえない内容はどの範囲にまでおよぶのか。

われわれが、先験的自我を確立しようとするときは、仮にさしあたり必当然性という難問を考慮しないでおくとしても、一般に容易ならぬ地点に立つわけである。

第十節　付論、デカルトの先験的転換の失敗

デカルトに従って、純粋自我とそれの意識作用を把握することは、いともたやすいことのようにみえる。しかしそれは、あたかも険しい岩山の尾根の上に立っているようなもので、その上を沈着安全に歩むかどうかが哲学の死活を決定するのである。

デカルトは、偏見から徹底的に自由になろうとする真剣な意思をもっていた。しかしわれわれは、最近の研究によって、とくにジルソン氏①やコイレ氏②のすぐれた深い研究によって、デカルトの省察の中にいかに多くのスコラ哲学的考え方が、ひそかに、また気づかれない偏見として含まれているかを知っている。しかし、そのような偏見を除去することが必要なだけではない。われわれはまず、すでに述べたあの偏見、すなわち数学的自然科学への讃嘆から生まれ、古い遺産と

してわれわれ自身をも規定しているあの偏見を除去せねばならない。その偏見とは、われ思うという名称のもとで問題にされているのは、あたかも一つの必当然的な公理であるかのように考え、そしてその公理を、証明されるべき他の公理や、さらにおそらくは帰納的に基礎づけられる仮定とも協力して、世界についての演繹《えんえき》的で説明的な学問、すなわち数学的自然科学にまったく類似した法則論的学問③や、幾何学的秩序に従う学問に基礎を提供すべきものとみなすような偏見である。それと関連して、次のような見解も決して自明なものとみなしてはならない。それは、われわれの必当然的な純粋自我によって、あたかも世界のうちにあるもののうちで、哲学的に思惟する自我にとって疑うことのできない唯一のものとしての、世界の最後の一小部分を救い出したかのように考え、そしていまや問題は、自我に本来そなわっている諸原理に従って正しく推論を進めることによって、世界のその他の部分を推論することである、と考えるような見解である。

ところが、不幸にもデカルトは、そのような偏見をもって、目だたないが、しかし実は致命的な転換を行なっている。そのため自我は、思惟実体、すなわち孤立した人間の精神あるいは霊魂とされ、そして因果律に従う推論のための出発点とされている。要するに、そのような転換を行なったことによってデカルトは、〔ここではまだ明らかにすることはできないが〕不合理な先験的実在論の父となったのである。もしわれわれが、自己省察の徹底主義に忠実であり、したがって純粋直観ないし明証の原理に忠実であるなら、すなわち判断中止によってわれわれに開示されたわれ思う、、の領域において、現実にそしてさしあたりまったく直接に与えられたもの以外の何ものも、ここでは有効なものとみなさず、したがってわれわれが自分で見る、、ことのないものについてはいっさい言明しないようにするなら、われわれは上述のようなすべての偏見からまぬかれるであろう。だが、この点がデカルトには欠けていた。それゆえ彼は、あらゆる発見の中での最も偉大な発見の直前に立ち、ある意味ですでにその発見を行なっていたにもかかわらず、その発見の本来の意味を把握せず、したがって先験的主観性の意味を理解することができず、それゆえ、真の先験的哲学へとみちびく関門をくぐりぬけることができなかったのである。

(1) エティアンヌ・アンリ・ジルソン(一八八四〜一九七八)は、現代フランスの哲学者。近世思想に対する中世思想の積極的役割を解明した。デカルトに関するものには『デカルト哲学の形成における中世思想の役割の研究』がある。

(2) アレクサンドル・コイレ(一八九二〜一九六四)は、現代フランスの哲学者。フッサールに学び、フランスで雑誌 ***Recherche philosophiques*** を創刊し、現象学の普及に尽くした。デカルトに関するものには『デカルトにおける神の観念とその存在証明に関する試論』がある。

(3) 「法則論的学問」とは、「ものごとの法則を研究する学問」のことであるが、およそ学問とはそのようなものといえる。ここでフッサールが問題にするのは、数学を学問の理想として、ものごとをある公理から出発して演繹的に説明しようとするような学問である。哲学の領域でいえば、その典型にはスピノザの『エティカ』がある。

第十一節　心理学的自我と先験的自我、世界の超越性

経験的世界の存在に対する自由な判断中止の結果、省察するものとしてのわたしの視界に現われてくるものを純粋に保持するなら、世界が存在するにせよ存在しないにせよ、またわたしが世界の存在および非存在について、のちにどのような決定をすることになろうとも、わたしとわたしの生は、その存在の妥当性に関して少しも影響を受けることなくとどまるということ、このことは重要な事実である。そのような判断中止の結果、わたしに必然的に残存するこの自我と自我生命とは、世界の一部分ではなく、また「われ在り、われ思う」ということは、もはや、この人間としてのわたしが在る、ということを意味するのではない。わたしはもはや、自己についての自然的経験において人間として見出される人間ではなく、また自己についての内部経験、すなわち純粋に心理学的な経験において与えられる純粋所与へ抽象化され、制限されることによって、純粋な心あるいは魂あるいは知性として見出される人間、あるいは孤立的にとり出された心そのものでもない。わたしがそのような自然的なしかたでとらえられるとき、わたしは、そしてまた他のすべての人間も、生物学や人類学や、さらには心理学のような、普通の意味での客観的あるいは実証的な学問の対象である。心理学の論ずる心的生は、事実いつも、世界の中における心的生として考えられてきたし、いまもそう考えられている。このことは、純粋な内部経験において

把握され、考察されるわたしの心的生に関しても、同様なことは明らかである。

それに対して、純化されたデカルト的省察の歩みが、哲学するものに要求する現象学的判断中止は、客観的世界に存在の妥当性を認めることを禁止し、その存在妥当性を判断領域から完全に排除する。したがってそれは、客観的に把握されたあらゆる事実の存在妥当性と同様に、内部経験に与えられた事実の存在妥当性をも排除する。それゆえ判断中止の中にふみとどまって、自己をもっぱら、あらゆる客観的妥当性や根拠に対する妥当根拠として定立する省察的自我としてのわたしにとっては、心理学的自我は存在しない。したがって、心理学的意味での、あるいは精神物理的人間の構成要素としての、心的現象は存在しない。

現象学的判断中止によってわたしは、わたしの自然的で人間的な自我、およびわたしの心的生――わたしの心理学的自己経験の領域――を、わたしの先験的、現象学的自我、すなわち先験的、現象学的自己経験の領域に還元する。わたしにとって現にあり、またつねにあったし、これからもつねにあるであろうし、さらにいつもありうる客観的世界、およびそのうちにあるすべての対象は、すでに述べたように、それらがそのときどきにわたしに対してもつすべての意味と存在妥当性をわたし自身から、先験的、現象学的判断中止によってはじめて現われてくる先験的自我としてのわたしから、汲みとるのである。

この先験的なものという概念と、それの相関概念である超越的なものという概念[1]とは、ひとえに、われわれの哲学的省察の状況から理解されなくてはならない。そのさい、次のことが注意されなくてはならない。それは、還元によって得られた自我が世界の一部分でないのと同様に、世界とその世界におけるあらゆる事物もわたしの自我の一部分ではないということ、すなわちそれらは、わたしの意識生命のうちに、それの実的部分として、いいかえれば感覚与件あるいは作用の複合として、実的に含まれているのではない、ということである。このような超越性が、世界に属するあらゆるものの固有な意味に含まれている。すなわち、たとえ世界に属するものが、それを規定する意味全体を、それの存在妥当性とともにひとえにわたしの経験――わたしのそのつどの表象、思惟、価値評価、行為――からのみ得、またそこからのみ得ることができるとしても、またおそらく明証的に妥当するそれらの存在の意味さえも、まさにわたし自身の明証、すなわちわたしの基礎づけの作用から得るとしても、そのような超越性がそれらのものの固有な意味に含まれているのである。

世界の固有の意味には、(自我のうちに)非実的に含まれているという意味のこの超越性が属しているとすれば、世界を妥当する意味としてみずからのうちで支え、他面からいえば、その意味によって必然的に前提されている自我自身は、現象学的意味において、先験的といわれる。そして、このような相関関係から生ずる哲学的問題は、それに応じて、先験的、哲学的問題といわれるわけである。

(1) 現象学的還元によってとり出された純粋な自我と純粋な意識の流れが、「先験的」なものといわれる。それが先験的といわれるのは、それが世界やそれに属する事物を存在させる根拠であるからである。もっともそのばあい、世界や事物は、実在する世界や事物を意味するのではなく、いわばノエマ、すなわち指向対象としての世界や事物である。このような世界や事物は、実在的でなく観念的であるが、しかし観念的といっても感覚与件のように意識生命の実的部分として含まれているのではなく、指向されたものとして非実的であり、自我や意識の指向対象として、感覚与件を超えている。このような世界や事物のあり方が「超越的」といわれるのである。

第二省察　先験的な経験領域をその普遍的構造に関して解明すること

第十二節　認識の先験的基礎づけという理念

いまやわれわれは、省察をさらに進めねばならない。そうすることによってはじめて、これまでに明らかにされたことが正当な成果をもたらすことができるのである。〔デカルト的に省察するものとしての〕わたしは、先験的自我によって、哲学的に何をはじめることができるか。たしかに、先験的自我の存在は、認識の見地からいって、わたしにとってあらゆる客観的存在に先行する。すなわち、ある意味において、先験的自我の存在は、あらゆる客観的認識がその上で行なわれる根拠であり地盤である。しかしこの先行するということを、普通にいわれる意味において、先験的自我の存在はあらゆる客観的認識に対する認識根拠である、という意味に解してよいであろうか。われわれは、あらゆる学問を、さらには客観的世界の存在さえも、先験的主観性の中に最も深く基礎づけようと試みる偉大なデカルト的思想を、あたかも放棄するようなことをしてはならない。さもなければわれわれは、たとえ批判的変更のもとにおいても、彼の省察の歩みをたどることにならないであろう。

しかしおそらく、デカルトによる先験的自我の発見とともに、認識の基礎づけについての新しい理念、すなわち、認識を先験的に基礎づけるという理念も開かれるであろう。実際われわれは、われ思うを、先験的主観性へとみちびくとされる推論に対する、必当然的に明証的な前提として利用しようとする代わり[1]に、次の事実にわれわれの注意を向けよう。その事実とは、現象学的判断中止は、〔省察する哲学者としてのわたしに対して〕新しい種類の経験、すなわち先験的経験の領域としての新しい種類の無限の存在領域を開示する、という事実である。あらゆる種類の現実的経験、およびそれの一般的な変様態、すなわち知覚、過去指向、想起などには、それに対応する純粋な仮想、すなわち現実的経験の諸様態に並行した諸様態をもつ、かのようなという経験〔かのような知覚、かのような過去指向、かのような想起など〕もまた含まれていることを考慮するとき、われわれは、純粋可能性〔純粋な表象可能性、純粋な想像可能性〕の領域の中にとどまるアプリオリな学問のあることをも期待できる。そのアプリオリな学問とは、先験的存在の現実的内容についてではなく、むしろ先験的存在のアプリオリな可能性について判断し、そうすることによって同時に、それの現実的内容に対してアプリオリな規則を予示するものである。

しかしわれわれが、このようなしかたでわれわれの思考を急ぎ進めて、哲学となるはずの現象学的学問の構想へと向かうとき、われわれは、もちろん、自我の必当然的明証に対する方法的な根本要求のために、すでに述べた諸困難に直ちに直面することになる。なぜなら、自我の存在に関するこの明証が自我自身にとっていかに絶対的であろうとも、この明証は、先験的経験に与えられる多様な所与の存在に関する明証とすぐには一致しないからである。先験的還元の見方においては、知覚されたもの、想起されたものとして与えられる意識対象を、すでに絶対に疑いなく存在するもの、あるいは存在したものとして要求することは決してできないが、それにしても、われ在りの絶対的明証は、必然的に、自我がみずからの先験的生と習性的特性とについて行なう多様な自己経験にもおよぶということが、たとえそれらの経験の明証〔想起や過去指向などの明証〕の有効範囲を限定するある限界内においてであるにすぎないにせよ、おそらく示されるであろう。

もっと厳密にいえば、おそらく次のことが示されるであろう。すなわち、先験的（自我の）自己経験において与えられる絶対に疑いない内容は、「われ在り」という単なる同一性ではないということ、自我の普遍的で必当然的な経験構造〔たとえば体験の流れの内在的な時間形式〕が、先験的自我の現実的および可能的な自己経験における特殊な所与の全体を――それらの所与のひとつひとつは絶対に疑いないものではないにしても――貫いている、ということが示されるであろう。自我は、自己自身に対して必当然的に、体験や能力や性質に関する個人的内容をもって存在する具体的自我として予示されるということ、あるいは、自己経験を無限に完全にすることによって、またときには豊富にすることによって、接近されうる経験対象として地平的に予示されるということ、このようなことも自我の普遍的で必当然的な経験構造と連関しており、またその経験構造そのものに含まれていることである。

① デカルトは「われ思う」を絶対に確実な事実として見出し、それを必当然的に明証的な出発点とし、そして神の存在と誠実を介して、精神と物体との存在を推論していったが、そのように「われ思う」を単なる形式的な出発点として利用するのではなく、その「われ思う」は、世界や事物を構成する「先験的経験の領域」であるがゆえに、それを具体的に解明すべきである、とフッサールは主張する。

第十三節　先験的認識の有効範囲に関する問題は、さしあたり除外しておくことが必要なこと

上述のことを現実に明らかにすることは、先験的（自我の）自己経験を、それの互いにからみ合った個々の形式と、それらの普遍的なからみ合いを通して行なわれるその経験の全体的能作[1]とに関して批判するという、大きな課題となろう。それは明らかに、より高次の段階に属する課題であろう。なぜなら、その課題は、われわれが、最初は、（対象と）一致して進行している先験的経験において、いわば素朴なしかたで機能している明証に従いながら、その経験の所与を調査し、その所与を、それの一般的特性に関して叙述しおえていることを、すでに予想しているからである。

いま行なったデカルト的省察の拡張[2]は、〔上述のデカルト的意味での〕哲学をめざすわれわれのこれからの歩みを、その目標にふさわしくみちびいてゆくであろう。先験的現象学という全体的名称で呼ばれる学問的研究は、われわれの予想によれば、二つの段階において行なわれねばならない。

最初の段階においては、われわれは、まもなく示されるように、先験的（自我の）自己経験の広範な領域をくまなく遍歴せねばならないであろう。そしてそのばあい、さしあたりわれわれは、（対象と）一致して進行しているさいにその経験がそなえている明証に単純に身をゆだねる。それゆえ、その明証の有効範囲を確定する必当然的原理に関する究極的批判の問題は保留しておかねばならない。したがって、まだ完全な意味では哲学的といえないこの段階において、われわれは、自然的経験の明証に身をゆだねる自然研究者と同様な態度をとるわけである。というのは、自然研究者としての彼らにとっては、経験の原理的批判の問題は、一般に彼らの主題とならないからである。

次いで、現象学的研究の第二の段階は、まさしくその先験的経験の批判、およびそれにもとづく先験的認識一般の批判ということになろう。

こうして、前例のない独特な学問がわれわれの視界に現われてくる。それは、現実的および可能的な先験的経験のうちで与えられる具体的な先験的主観性に関する学問であり、この学問は、従来の意味での学問、すなわち客観的学問に最も極端に対立するものである。それらの客観的学問の中には、たしかに、主観性に関する学問もあるが、しかしそれは、世界に所属する客観的で動物的な主観性に関する学問である。ところが、いまわれわれが問題にしている学問は、いわば絶対的に主観的な学問である。それは、世界が存在するものと決定されようが存在しないものと決定されようが、そのような決定には無関係に存在するところのものを対象とする学問である。しかも、この学問の特徴は、それだけではない。この学問の最初にして唯一の対象は、哲学的に思惟するものとしてのわたしの先験的自我であり、またそれでしかありえないようにみえる。たしかに、先験的還元の意味には、この還元は最初は、自我と自我自身の中に含まれているもの——たしかに自我はノエシス・ノエマ的内容を含んでいる——以外のものを、存在するものとして定立することができない、ということが含まれている。それゆえ、この学問は、たしかに純粋な自我論として出発する。また、それはわれわれを、一つの独我論――もっともそれは先験的ではあるが――におとしいれるようにみえる学問として出発する。事実、還元の見方において、他の自我――世界のうちの単なる現象としての他の自我ではなくて、先験的な他の自我としてのそれ――が、存在するものとして定立されうるか、そしてそれとともに、他の自我はいかにして、自我と同様に、現象学的自我論の主題として認められうるかは、いまのところまったく予測できない。

しかしながら、新たに出発しようとする哲学者としてのわれわれは、そのような疑念を恐れてはならない。おそらく、先験的自我への還元は、いつまでも独我論的学問にとどまるような外観をもつにすぎず、その独我論的学問を、それの固有な意味に従って首尾一貫して徹底的に展開するなら、それは先験的な相互主観性の現象学に移行し、さらにそれを介して、普遍的な先験的哲学にまでみずからを展開することになるであろう。事実、先験的独我論は、哲学の低次の一段階にすぎないということ、しかもそれは、先験的な相互主観性の問題を、基底づけられた問題として、したがって高次の段階の問題として、正しく設定しうるためという方法的見地から、哲学の低次の段階のものとして限界づけられねばならない、ということが示されるであろう。しかし、われわれの省察の現段階においては、そのことについて何ら明確な決定を下すことはできない。

なぜなら、いま行なった予告は、省察をさらに推し進めることによってはじめて、それの完全な意味が証示されうるからである。

ともかくこれまでに、デカルト的歩みから、(われわれの歩みが分かれる)本質的な分岐点が明示されたのであり、この分岐点は、われわれの今後の省察全体にとって決定的な意義をもつであろう。デカルトとは異なって、われわれは、先験的経験という無限の領域を解明するという課題に沈潜する。デカルトの明証、すなわち「われ思う、(ゆえに)われ在り」という命題の明証が、実りなくとどまったのは、彼が先験的な判断中止のもつ純粋に方法的な意味を明確にすることを怠ったからであるが、それだけでなく、また彼が、自我は自己自身を先験的経験によって無限にかつ体系的に解明しうるという事実、したがって、自我は研究可能な領域として提供されているという事実に注意を向けることを怠ったからである。

この研究領域は、あらゆる世界とあらゆる客観的学問に関係しているにもかかわらず、世界の存在妥当性を前提しないという意味において、したがってまたそれは、それらのすべての学問から区別されているにもかかわらず、いかなるしかたにおいても、それらの学問と同列にあるものではないという意味において、まったく独特でしかも他と切り離された研究領域なのである。

(1) 言語は Leistung である。言語としては、作業とか業績というほどの意味であるが、フッサールにおいて、現象学的還元によって見出される主観性のはたらきを指しているようなばあいには、とくに「能作」という訳語を用いた。

(2)　六〇ページ注(1)参照。

第十四節　意識の流れ、意識作用《コギト》と意識対象《コギタトゥム》

われわれはいまや、〔最も広いデカルト的意味に解された〕われ思うの先験的明証の重点を、〔いまのところこの明証の必当然性の有効範囲の問題は保留して考えているのであるが〕同一の自我から多様な意識へ、すなわち〔省察するものとしてのわたしの〕同一の自我がその中で生きている――この表現がより詳細にはどのように規定されようとも――流動的な意識生命のほうへ移す。省察する自我は、この意識生命に、たとえば感性的に知覚したり、表象したり、あるいは言表したり、価値評価したり、意欲したりするみずからの意識生命に、いつでも自己の反省のまなざしを向け、その生を観察し、その生をその内容に関して解明し、記述することができる。

人は、おそらく次のようにいうであろう。研究をそのような方向に進めることは、とりもなおさず、純粋に内部的な経験にもとづいて、すなわち自己自身の意識生命についての経験にもとづいて、その意識生命を心理学的に記述することにほかならず、そのさいそのような記述の純粋性

を保持するためには、当然、あらゆる精神物理的なものを考慮外に置くことが要求される、と。しかし、純粋に記述的な意識心理学は、たとえその方法上の真の意味が新しい現象学によってはじめて明らかにされたとしても、その心理学それ自体、われわれが先験的、現象学的還元によって規定したような意味での先験的現象学ではない。たしかに、純粋な意識心理学は、先験的な意識現象学に正確に並行するものではあるが、それにもかかわらず、両者は厳密に区別されねばならない。[1]というのは、両者を混同することが先験的心理主義の特徴であり、そのような先験的心理主義は、真の哲学の成立を不可能にするからである。

いま問題にしていることは、一見些細《ささい》なことのようにみえるが、実はこれは、哲学の正道と邪道とを決定的に分かつあの微妙な差異の一つなのである。たえず心にとどめておかねばならないことは、先験的、現象学的研究の全体は、先験的還元を断固として遵守《じゅんしゅ》することを責務としていること、その先験的還元は、人間学的研究を単なる心的生に抽象的に制限することと混同されてはならない、ということである。したがって、心理学的意識研究と先験的、現象学的意識研究とにおいて、記述される内容がたとえ互いに一致することがありうるにしても、それら両研究の意味は、はかりしれないほど異なっている。心理学的意識研究においては、われわれは、存在するものとして前提された世界に属する与件、すなわち人間の心を構成する要素として把握された与件をもっている。しかしながら、先験的、現象学的意識研究においては、それと並行している内容的には同一の与件であっても、同じように取り扱うことはできない。なぜなら、現象学的見方においては、世界はおよそ現実としての効力をもたず、現実の現象としての効力をもつにすぎないからである。

しかし、この心理主義的混同が避けられているばあいにも、なおもう一つの別の決定的に重要な点が残っている〔この点は、現象学的な意識研究にとって重要であるばかりでなく、見方をそれに対応して変更することによって得られるところの自然的経験の地盤の上に立つ真の意識心理学にとっても決定的に重要である〕。

われわれが見過ごしてならない点は、世界のあらゆる存在に関して行なわれる判断中止も、そのような存在に関係する多様な意識が、その関係をそれ自身のうちに有しているという事実、たとえば、この机についての知覚は、判断中止のあとでも、以前と同様に、まさしくこの机についての知覚である、という事実を少しも変えるものではないという点である。したがって、一般にあらゆる意識体験は、それ自身において、何ものかについての意識であり、このことは、それらの対象に正当な現実的妥当性が認められるばあいでも、また先験的見方をするものとしてのわたしがそれらの対象に現実的妥当性も、またいかなる自然的妥当性も認めないばあいでも、同様なのである。それゆえ、われわれは、われ思うという先験的名称を一部拡張して、次のようにいわねばならない。すなわち、あらゆる意識作用、あらゆる意識体験は、何ものかを思念し、そしてそのつどみずからの意識対象を、思念されたものというしかたでそれ自身のうちに有している、と。それぞれの意識作用は、それぞれのしかたにおいて何ものかを思念するのである。家の知覚は家を、より正確には個別的家としてのこの家を、知覚というしかたで思念し、家の想起は想起というしかたで、家の想像は想像というしかたで、それぞれこの家を思念する。また、たとえば、そこにあって知覚されている家についての述語的判断は、その家をまさしく判断するというしかたで思念し、さらにそれにつけ加えられる価値評価などは、それぞれに新しいしかたで、その家を思念するのである。意識体験は指向体験ともいわれるが、そのさいの指向性ということばは、意識とは何ものかについての意識であり、意識作用としてみずからの意識対象をそれ自身のうちに有しているという、意識のこの一般的な根本特性を意味するものにほかならない。

(1) 先験的現象学は、先験的、現象学的還元によって意識生命に立ち帰る点において、意識心理学に類似した性格をもつ。しかし両者のちがいは次の諸点にある。第一に、意識心理学が心を何か実体的なものとしてとらえるのに対して、先験的現象学は、意識の根本構造をノエシス・ノエマという指向性にみる。すなわち、意識は必ず何ものかについての意識なのである。第二に、意識心理学が、たとえばブレンターノのように、意識の根本構造を指向性にみるばあいでも、その対象をあらかじめ存在するものとして前提しているが、先験的現象学は、その指向対象は意識によって構成されるものとみる。第三に、意識心理学が意識作用を記述する記述心理学となるばあいも、それは単に意識作用（ノエシス）の事実的記述にとどまるが、先験的現象学は、ノエマとの相関関係においてノエシスの機能の本質法則を記述する。これらの諸点から、先験的現象学と先験的心理主義とは区別されねばならない、とフッサールは主張するわけである。

第十五節　自然的反省と先験的反省

しかし、これからの解明のために、次のことを付言しておかなくてはならない。それは、直線的に行なわれる把握作用である知覚、想起、陳述、価値評価、目的設定などの諸作用から反省作用を区別せねばならない、ということである。というのは、反省作用は新しい段階に属する把握作用であって、反省作用によってはじめて、それらの直線的な作用は、まさしくわれわれに開示されるからである。たとえばわれわれは、直線的な知覚作用によって家を把握するが、その知覚作用そのものは把握しない。反省においてはじめて、われわれは、その知覚作用そのもの、およびその作用が知覚的に家へ向かっていることに向かうわけである。日常生活において行なわれる自然的反省においては、また心理学的学問〔すなわち自己自身の心的体験についての心理学的経験〕の行なう自然的反省においても、われわれは、存在するものとしてすでに与えられている世界の地盤の上に立っている。われわれが、日常生活において、「わたしはそこに家を見る」とか、「わたしはかつてこのメロディーを聞いたことがあるのを思い出す」などというばあいがそうである。

ところがわれわれは、先験的、現象学的反省においては、世界の存在および非存在に関する普遍的な判断中止によって、そのような地盤からみずからを解き放つのである。このように変様された経験、すなわち先験的経験の本質は、先験的に還元されたそれぞれの意識作用を観察し、それを記述することにある、ということができるが、しかしそのさい、反省する主体として、われわれは、根源的、直線的に行なわれる知覚作用、あるいはその他の意識作用がそのうちに含んでいる自然的な存在定立、ないしは直線的に世界の中にはいって生きている自我が実際に行なった自然な存在定立を、ともに行なうことはしない。もちろんこのようにして、根源的体験に代わって、それとは本質的に異なる体験が現われるのであり、それゆえそのかぎりにおいて、この反省は根源的体験を変様するといえよう。しかしこのことは、あらゆる反省について、したがって自然的反省についてもいえることである。

自然的反省は、それに先だつ素朴な体験をまったく本質的に変様する。すなわち自然的反省は、以前は体験であって対象ではなかったものを対象にするという、まさにこの事実によって、体験から直線的という、それの根源的様相を完全に失わせることになる。しかし、反省の役割は、根源的体験を反復することでは決してなく、その体験を観察し、その体験の中に含まれているものを解明することである。このような観察への移行は、当然、ある新しい指向体験を生み出すが、この新しい指向体験は、以前の体験に遡って関係するという指向的特性によって、他の体験ではなくてまさに以前のその体験そのものを意識させるのであり、しかもときには、その体験を明証的に意識させるのである。まさにこのことによって、経験についての——最初は記述的——知識が可能になる。われわれは、みずからの指向的生についての、およそ可能なあらゆる知識や認識を、そのような知識に負っているのである。

このことは先験的、現象学的反省に対しても同じく妥当する。反省する自我は、直線的な家の知覚が行なう存在に対する態度決定を、ともに行なわなくとも、その自我の反省的経験がまさしく、家の知覚についての経験であること、すなわち以前その家の知覚に属していた諸契機や今後形成される諸契機のすべてを含めた家の知覚についての経験であることには、少しも変わりはない。そしてそれらの諸契機には、われわれのあげた例でいえば、流動的体験としての知覚作用そのものの諸契機と、純粋に知覚されたかぎりでの家の諸契機とが含まれている。そのさい、一方の知覚作用の側には、〔正常な〕知覚作用に固有な存在定立〔知覚の信憑〕が、確信という様相で含まれており、他方の現われている家の側には、端的な現存の性格が属している。現象学的見方をとる自我が、存在定立をともに行なわないということ、存在定立を行なうことをみずからにさし控えるということは、その自我自身の行なうことであり、それは自我によって反省的に観察される知覚作用の行なうことではない。さらに、存在定立をともに行なわないというそのことは、それに対する反省によってとらえられることであり、そして反省によってのみわれわれは、存在定立をともに行なわないことについて何ごとかを知るのである。

われわれは、上述したことを次のように述べることもできる。すなわち、世界の中へはいって自然的なしかたで経験したり、その他の何らかのしかたで生きている自我を、世界に関心をもつ自我と呼ぶとすると、現象学的に変更された見方をとり、しかもそのような見方をたえず固持している態度の特質は、その態度においては自我分裂が起こっており、世界に素朴な関心をもつ自我の上に現象学的自我が、世界に関心をもたない傍観者として位置していることにある、と。しかし、そのような自我分裂が起こっていること自体は、ある新しい反省によってとらえられるのであり、この反省は、先験的反省として、その自我分裂に対しても、まさにあの関心をもたない傍観者の態度をとることを要求する。もっとも、関心をもたない傍観者である自我にも、その自我分裂を観察して、それを十全に記述するという唯一の関心だけは残されている。[1]

こうして、世界に向けられた生のあらゆる営みは、その生の行なう単純な存在定立や基底づけられた存在定立、およびそれらの存在定立に対応する存在様相――確実、可能的、蓋然《がいぜん》的、さらには美しい、善い、有用などのような存在様相――のすべてを含めて、観察者のあらゆる付随的思念や予測的思念から離れて、純粋に記述されるのである。そして、意識生命の営みは、そのように純粋に記述されてはじめて、哲学に対するわれわれの意図が必然的に要求する普遍的な意識批判の主題となることができるのである。

われわれは、哲学をとことんまで必当然的に基礎づけられた普遍的学問にしようとするデカルトの哲学理念の徹底主義を思い起こそう。そのような哲学理念は、絶対的に普遍的な批判を要求するが、その批判を行なうためには、われわれはまず、何らかのものを存在するものとしてあらかじめ定立するようないかなる態度をとることもさし控え、絶対に偏見のない世界をつくらねばならない。普遍的な先験的経験と記述がそのことを達成するのは、その普遍的な先験的経験と記述が、それと気づかれずにあらゆる自然的態度を貫いている世界経験の普遍的偏見〔つねに自然的態度を貫いている世界信憑〕に与《くみ》することを禁じ、こうして、純粋に偏見のない状態へ還元された思念の領域として、そこなわれることなく存続している絶対的な自我論的存在領域のうちで、普遍的な記述に努力することによってなのである。

いまやこの普遍的記述が、徹底的にして普遍的な批判の基礎としての役割を担うことになる。もちろん、何よりも肝要なことは、この記述の絶対に偏見のない性格を厳密に保持し、それによって、前述のあの純粋な明証の原理の要求に応えることである。このことは、先験的反省に与えられる純粋所与から離れないということを意味する。したがっておれわれは、それらの所与を、厳密にそれらが、端的な明証において純粋に直観的に与えられるがままに受けとり、純粋に直観された以上のものをその所与の中に読み込むようなあらゆる解釈から、遠ざけておかねばならない。

われわれが、意識作用と〔意識されたものとしての〕意識対象という二つの主題に関して、このような方法的原理に従ってゆくとき、まず最初に現われてくるのは、そのような個々の意識について、そのつど相関的な二方向において行なわれるべき一般的な記述である。それゆえ、一方においては、次のような記述が現われてくる。それは、指向対象そのものを、その対象に関係する意識様態の中でわれわれがその対象に与えている諸規定、およびその意識様態に注意を向けるとき現われてくるところの、その対象に帰せられている諸様相〔したがって、確実な存在、可能的または蓋然的な存在などのような存在様相、あるいは現在的、過去的、未来的存在のような主観的、時間的様相〕に関しての記述である。記述のこの方向は、ノエマ的方向といわれる。これに、ノエシス的方向が対立する。この方向は、意識作用そのものの様態、たとえば知覚、想起、過去指向などのような意識様態に関係するが、それらの意識様態は、明晰とか判明といった様相的区別をそなえている。

いまやわれわれは、世界の存在あるいは非存在に関していっさいの判断中止を行なっても、この世界は現象学にとって、実は単純に消失してしまったわけではないことを知るのである。われわれは、世界をまさしく意識対象として保持しているのである。しかもこのことは、意識のそれぞれの個々の作用の中で思念されたところの、あるいはもっとはっきりいえば、とり出して思念されたところの、またそのかぎりでのそれぞれの個別的実在に関してばかりではない。なぜなら、実在の個別化は、統一的世界の内部での個別化であり、したがってわれわれが個別的なものの把握をめざすばあいでさえ、その統一的世界はいつもわれわれに統一的に現われているからである。いいかえれば、統一的世界は、意識の統一の中でいつもともに意識されており、しかもその統一的意識自体が、把握する意識になりうるし、またきわめてしばしばそうなるのである。そのばあい、世界全体は、空間時間的無限性というそれに固有な形式において意識される。意識のあらゆる変転を通じて、世界――それの個別的なものが、経験されたり、とり出して思念されたりなどして、さまざまな姿をとるにもかかわらず、同一にして唯一のものである世界――が、自然的生全体の存在地盤として存続している。それゆえ、現象学的還元が徹底的に遂行されると、われわれにとっては、ノエシスの側面には、開放的に無限で純粋な意識生命が残存し、それの相関項としてのノエマの側面には、純粋に思念されたかぎりでの世界が残存する。したがって、現象学的に省察する自我は、個別的にだけでなく全体的にも、自己自身の公平な観察者となることができ、また――そのことの中に含まれていることであるが――自己自身に対して存在するところの、かつ存在するかぎりでのあらゆる対象の、公平な観察者となることができるわけである。

明らかにわれわれは、次のようにいうことができる。すなわち、自然的見方をする自我としてのわたしは、同時につねに先験的自我でもあるが[2]、しかしわたしは、現象学的還元を行なうことによってはじめてそのことを知るのである、と。このような新しい見方によってはじめて、わたしは、次のことを理解するのである。それはすなわち、世界全体、したがって一般に自然的に存在するあらゆるものは、それらのそなえているそれぞれの意味によってわたしに妥当するものとしてのみ、すなわち変化するがその変化の中でも互いに結び合わされているわたしの意識の意識対象としてのみ、わたしに対して存在するということ、そしてこのようなものであるかぎりでのみ、わたしは存在するものに妥当性を認める、ということである。したがって、先験的現象学者であるわたしが、わたしの普遍的な記述的確定——これは個別的なものにかかわることもあれば普遍的全体にかかわることもある——の主題とするのは、ひとえに、意識様式の指向的相関項としての対象だけである。

① 日常われわれは「自分はいま家を知覚している」というように反省することなく、直線的に家に向かって知覚している。これが自然的見方に立っての直線的知覚である。それはわれを忘れて対象に向かい、没入している状態であり、美しい音楽に聞き入っているようなばあいがその典型的状態であろう。ところが音楽が終わるとわれに返り、「自分はいま音楽に聞きほれていた」というように反省する。ここに直線的に知覚していた自我と、そのような自我を見出す自我、すなわち反省する自我とが分裂する。前者は「世界に関心をもつ自我」であるが、後者の反省する自我は、先験的現象学においては、直接世界にかかわるのではなく、「世界に関心をもつ自我」における、世界と自我との関係を解明しようとするのであり、したがってそれは、「世界に関心をもたない傍観者」

であるが、世界と自我との関係を解明しようとする関心だけはもっている。こうして「世界に関心をもつ自我」と「傍観者としての自我」との自我分裂が起こるが、この自我分裂が起こっていること自体、さらに行なわれる反省によって知られる。フッサールはこの第二回目の反省を先験的反省と呼んでいるが、第一回目の反省もすでに先験的反省であるというべきであろう。

② 自然的見方をする自我が同時に先験的自我でもある、というフッサールの表現の意味は、必ずしも明白でない。自然的見方をする自我、すなわち、世界や事物を存在するものと予想してそれにかかわっている自我の根底には、世界や事物を構成するものとしての先験的自我がすでに機能しているという意味であろうか。それとも自然的見方をする自我、すなわち「世界に関心をもつ自我」と、それを反省して「公平な傍観者」となる先験的自我とは、自我として同一であるという意味であろうか。

第十六節　付論。先験的反省と同様に、純粋心理学的反省もわれ思うからはじめることが必要なこと

上述したように、先験的なわれ思うは、その普遍的生の中に、個々の具体的体験の、開放的で無限な多様性を包含している。それらの多様な具体的体験を、それらの変化するさいの構造に関して解明し、記述的に把握することが、最初の大きな課題である。しかし他面においてまた、そ

れらの具体的体験が互いに結合して、具体的な自我自身の統一を形成するにいたるまでの結合のしかたをも解明し、記述的に把握せねばならない。その具体的自我は、もちろん、みずからの結合統一された指向的生の開放的で無限な普遍性と、意識対象としてその生の中に包含されていて、それ自身全体的普遍性にまで統一されている相関項——これには現象する世界そのものも含まれる——とにおいてのみ具体的である。この具体的自我自身が、記述の普遍的主題である。あるいは、もっと明確にいえば、省察する現象学者としてのわたしは、先験的自我としてのわたし自身を、その完全な具体性において、したがってわたしの中に含まれているすべての指向的相関項とともに、解明するという普遍的課題をみずからに課するのである。すでに触れたように、わたし自身のそのような先験的な自己解明に並行するのは、わたし自身の心理学的自己解明であるが、後者のばあいのわたし自身とは、わたしの心的生におけるわたしの純粋な心的存在のことであり、かつそのさい、その心的生は自然的なしかたで、わたしの精神物理的〔動物的〕実在性の構成要素として、したがってまた、わたしにとって自然的に妥当する世界の構成要素として把握されている。

先験的‐記述的な自我論にとってと同様に、〔実際にもっぱら〕内部経験から汲みとったものを記述する純粋な内部心理学〔これは心理学の基礎部門なので、どうしても遂行されねばならない〕にとってもわれ思う以外のものからはじめることはできない、ということは明白である。心理学的な意識理論と、哲学的な意識理論とを区別しようとする近代のあらゆる試みの失敗をかえりみるなら、この注意はきわめて重要である。すなわち、人がもし、いまなおきわめて支配的な感覚主義の伝統に誤りみちびかれて、感覚論から出発するなら、上述の二つの学問への通路がふさがれることになろう。感覚論から出発するということには、次のことが含まれている。それはすなわち、そのさい人は、あたかも自明なことでもあるかのように、意識生命を、あらかじめ外部感覚の与件、さらに〔都合のよいばあいには〕また、内部感覚の与件の複合体として解釈し、次いでそれらの与件を結合して全体を形成するという役割を形態の性質に帰する、ということである。原子論を回避するために、人はさらに、それらの与件の根底には必然的に形態が横たわっており、全体は本来部分に先だつものである、という説をつけ加える。しかし、根本的に新たに出発しようとする記述的な意識理論は、そのような与件とか全体を、偏見としてしか見ないのである。

出発点は、純粋な、いわばまだ無言の経験であり、いまやまず第一に、その経験の本来の意味が純粋に表現されねばならない。しかし、それの実際上の最初の表現は、われ思うというデカルト的表現、たとえば、わたしは――この家を――知覚する、わたしは――ある町の雑踏を――思い出す、などの表現である。そして、それらの記述において、第一に一般的なことは、意識作用と、意識されたものとしての意識対象との区別である。次いでおそらくは、それぞれの感覚与件はいかなるばあいに、かついかなる異なった意味において、表現の構成要素となるかが、正しく示されうるが、これは解明的で記述的な研究に特有な成果である。

このような研究をまったく欠いていたことが、伝統的な意識理論の欠陥であった。伝統的な意識理論は、みずからの方法的原理について無自覚であったので、意識されたものとしての意識対象を記述するという広大な主題領域を完全に見失っただけでなく、さまざまな意識様式としての意識そのものを記述することの、本来の意義と特殊な課題をも見失ったわけである。

第十七節　相関的問題設定としての意識研究の二面性、記述の方向、意識の根本形式としての総合

しかし、出発点と課題の方向とがはじめからわれわれに明らかであるとすれば、われわれにとって、ただし先験的見方に立つわれわれにとって、今後の問題設定に対する重要な指導的思想が生まれてくる。すなわちわれわれは、意識研究の二側面〔同一の自我に関する問題には、いまはまだ触れないでおく〕を不可分に連関するものとして、また意識と意識を結びつける結合の様式を、総合という意識にのみ固有なものとして、記述的に性格づけることができる。

たとえば、わたしが、このさいころの知覚を記述の主題とするとき、わたしは純粋な反省によって、このさいころは、それに特有な現われ方のさまざまに変化する多様性の中で、連続的に、

対象的統一として与えられる、ということを知るのである。それらの多様な現われ方の経過は、体験の連関のない継起ではない。むしろ、それらの現われ方は、総合統一のうちで経過するのであり、その総合統一によって、それらのさまざまな現われ方の中で、一つの同じものが、現われるものとして意識されるのである。この一つの同じさいころが、あるときは近く、あるときは遠くに現われる。すなわち、さいころは、とくに注意されていなくても、つねにともに意識されている絶対的ここ〔ともに現われているわたしの身体における〕に対して、そことかあそことかいうさまざまな様態で現われる。そのような様態の一つに固定された現われ方、たとえば身近なここにあるさいころは、それ自身また、そのさいころに属する多様な現われ方の総合統一として現われる。すなわち、同一のこの身近な事物が、あるときはこの側面において、またあるときは別の側面において、現われる。このように、視覚的側面が変わるばかりでなく、触覚的、聴覚的、およびその他の現われ方もまた変わるのであり、われわれはその変化に応じて注意の方向を変えて、観察することができる。さらにわれわれが、さいころの知覚の中で現われるそのさいころのどれか一つの特徴にとくに注意を向けるばあいにも、たとえば、さいころの形とか色、あるいは表面、あるいはその表面の正方形、またはその表面の色などのどれか一つにだけとくに注意を向けるばあいにも、同じことがくり返されるのである。すなわちわれわれは、いつもそれらの特徴を、流れゆく多様さの統一として見出すのである。

われわれは、直線的見方においては、たとえば、変化せずに同一にとどまっている形や色を所有するのであるが、反省的見方においては、それらに帰属するさまざまな現われ方を、すなわち方向や側面などの互いに連続的に結びついてゆくさまざまな現われ方を所有するのである。そのさい、それらの現われ方のそれぞれは、たとえば形とか色の変化は、それ自身、さいころの形や色などの現われなのである。こういうわけで、それぞれの意識作用は、みずからの意識対象を、差別のない空虚さにおいて意識するのではなくて、まさしくこの同一の意識対象が本質的にそなえている完全に規定されたノエシス・ノエマ的組織をもつ多様な記述的構造のもとに意識するのである。

　われわれは、上述したことで示されるようなきわめて広範囲にわたる並行的な記述を、感性的知覚に対してばかりでなく、あらゆる直観に対して、それゆえ、他の直観様式〔過去のことをあとから直観する想起や、未来のことをあらかじめ直観する期待〕に対しても、同様に行なうことができる。たとえば、想起された事物もまた、さまざまな側面や展望などにおいて現われる。しかし、直観の諸様式を区別するもの、たとえば、想起の所与と知覚の所与とを区別するものを明らかにするためには、記述の新しい次元が問題になってこよう。しかし、意識とは一般に、何ものかについての意識であるということが、あらゆる種類の意識にとっての最も一般的な特性なのである。この何ものか、すなわち意識のうちにおけるそれぞれの指向対象そのものは、直観的な意識様式においてであれ、非直観的な意識様式においてであれ、ノエシスとノエマの側面において変化するさまざまな意識様式の同一的統一として意識されているのである。

われわれが、意識を具体的に記述するという現象学的課題をひとたび引き受けるや否や、われわれには、現象学以前にはいまだ探究されたことのない事実の真に無限な領域が開けてくる。それらの事実はすべて、総合的構造をもつ事実としてあらわすこともできる。というのは、それらの事実は、〔具体的な総合的全体としての〕個々の意識に対して、また他の意識との関係においても、ノエシス・ノエマ的統一を与えるからである。そのような総合の特性を解明することによってはじめて、意識作用、すなわち指向体験を、何ものかについての意識として提示することが可能になり、したがってまた、指向性という性格が心的現象の記述的な根本性格であるというフランツ・ブレンターノの重要な発見が実を結ぶことになり、かつまた、記述的な先験的哲学の意識理論の方法だけでなく、当然記述的な心理学の意識理論の方法もまた、実際に切り開かれることになるのである。

第十八節　総合の根本形式としての同一化、先験的時間の普遍的総合

総合、すなわち同一化の根本形式を考察してみると、それは最初は、連続的な内部時間意識の

形式のもとにいっさいのものを支配しながら受動的に流れてゆく総合として、現われる。それぞれの体験は、それぞれの体験時間性をもっている。もしも体験とは、その中において〔さいころの知覚におけるように〕世界に属する対象が意識対象として現われる意識体験であるとすれば、われわれは、現われるもの〔たとえばこのさいころ〕の客観的時間性と、現われ〔たとえばこのさいころの知覚作用〕の内部時間性とを区別せねばならない。この現われは、それの時間的長さと局面のもとで流れてゆくが、その時間的長さと局面は、一つの同じさいころの、それ自身連続的に移り変わりゆく現われなのである。それらの現われの統一が、総合による統一であるが、その総合統一とは、一般に意識の単なる連続的結合〔いわば外面的に互いにくっつけられた状態〕ではなくて、一つの意識を形成する結合であり、その一つの意識において、多様な現われ方を通して同一のものとしての指向対象の統一が構成されるわけである。

世界の存在は、したがってここにあるこのさいころの存在も、判断中止によって括弧に入れられているが、しかし一つの同一のものとして現われるさいころは、流れゆく意識にたえず内在している。そして、その一つの同一のものは、たとえ記述的にとはいえ、意識のうちにあるのである。この意識のうちにということは、まったく特殊な内在である。それは、実的な構成要素としての内在ではなくて、指向的内在、あるいは現われる観念的内在としての内在、あるいは同じことであるが、そのものの内在的な対象的意味としての内在なのである。体験の流れの中で自己同一性を保っている意識対象は、外から意識のうちにはいってくるのではなくて、意識そのもののうちに、意味として、すなわち意識の総合による指向的産物として含まれているのである。

ところで、同一の——意識にとって同一の——さいころが、互いに分離したきわめて異質な意識諸様式において、たとえば孤立的な知覚、想起、期待、価値評価などにおいて、同時に、または相次いで、意識されることもある。そのようなばあいにも、それらの孤立的な体験を包括する統一的意識としての同一性の意識を生み出し、それによって、同一性についてのあらゆる知識を可能にするものは、総合なのである。

しかし最後に、同一でないものを統一的に意識するあらゆる意識もまた、すなわち多数とか関係などについてのあらゆる意識もまた、この意味において、一種の総合であり、それらの意識は、それらに特有な意識対象〔多数、関係など〕を、総合的に、あるいはここでは文章論的にといってもよいが、構成するのである。なおこのばあい、この文章論的能作が、自我の純粋な受動性として性格づけられようと、自我の能動性として性格づけられようと、かまわない。矛盾や不調和でさえ、もちろん別の種類の総合であるにしても、やはり総合の形成物である。

しかし総合は、あらゆる個々の意識体験のうちにのみあって、ただときおり個々の体験を互いに結びつけるだけではなく、われわれがすでに述べたように、むしろ、意識生命全体が総合的に統一されているのである。したがって、意識生命とは、そのつどきわだってくる個々のすべての意識体験を、総合的にみずからのうちに包含していると同時に、みずからの普遍的な意識対象をももつ普遍的な意識作用である。そして、それのもつ普遍的な意識対象は、さまざまな段階において、多様な個々の意識対象にもとづいている。しかし、この、もとづいているということは、発生の時間的経過における発生順序を意味するのではない。なぜならむしろ、考えうるあらゆる個々の体験は、いつもすでに前提されている統一的な全体意識の内部においてのみ、きわだってくるからである。普遍的な意識対象は、開放的に無限な統一性と全体性とをそなえた普遍的生そのものである。普遍的な意識対象は、いつもすでに全体的統一として現われているからこそ、注視し把握する作用という卓越したしかたで観察されることができ、かつまた普遍的認識の主題となりうるのである。

他のあらゆる意識総合を可能にするこの普遍的総合の根本形式は、いっさいを包括する内部時間意識である。それと相関するものは、内在的時間性そのものであり、反省によってそのつど見出されうる自我のあらゆる体験は、その内在的時間性に従って、時間的に秩序づけられたものとして、時間的に始まり終わるものとして、同時的または継起的なものとして、内在的時間のつねに無限な地平の内部において、現われねばならない。時間意識と時間そのものとの区別は、内部時間的体験ないしその体験の時間形式と、それに対応する多様性としての体験の時間的な現われ方との区別としてあらわすこともできる。内部時間意識のこの現われ方は、それ自身指向体験であり、そしてそれは、反省の中で再び必然的に、時間的なものとして与えられざるをえないから、われわれは、無限遡行にまとわれているようにもみえる意識生命の逆説的な根本特性に出会うわけである。このような事実を理解し解明する仕事には、非常な困難が伴う。しかし、その事実がいかに逆説的であろうとも、それは事実であり、しかも必当然的に明証的な事実でさえある。かつまたその事実は、自我の不思議な対自存在の一側面を、すなわちここではさしあたり、自己自身へ指向的に振り返って関係するという形式における、自我の意識生命の存在の一側面を示している。

第十九節　指向的生の顕在性と潜在性

それぞれの意識作用には、多様な指向性が含まれている。すなわち、世界に関係するそれぞれの意識作用には、それが単に世界に属するものを意識しているばかりでなく、意識作用としての自己自身をも内部時間意識の中で意識しているということにおいて、すでに多様な指向性が含まれている。しかし、それらの多様な指向性は、単に、顕在的体験としての意識作用を考察するだけでは、研究主題として汲み尽くされない。むしろあらゆる顕在性は、それの潜在性を含んでいる。そしてその潜在性は、空虚な可能性ではなく、内容を有しており、しかもそれぞれの顕在的体験そのもののうちで指向的にあらかじめ描かれており、さらにそれは、自我によって現実化されうるもの、という性格をそなえている。

これによって、指向性のもう一つの基本的特徴が示唆されている。それぞれの体験は、その体験の属する意識連関の変化、およびその体験自身の流れの局面の変化に応じて変化する地平をもっている。この地平は、その体験自身に属しているところの、意識の多くの潜在性を指示する指向的地平である。たとえば、それぞれの外部知覚には、知覚対象の実際に知覚されている側面から、ともに思念されている側面、すなわち、なお知覚されずに単に期待されていて、さしあたり非直観的な空虚さにおいて――今後知覚されるものとして――予測されている側面を指示する、ということが含まれている。すなわち、それぞれの外部知覚には、知覚のそのつどの局面に応じて新しい意味をもつ前指向（未来指向）がつねに含まれている。さらに知覚は、そのような可能性とは異なった別の知覚の可能性の地平も、もっている。それは、われわれがみずから知覚の方向を変えるばあい、たとえば眼をこの方向から別の方向へと動かすばあい、あるいはわれわれが前または横に歩くようなばあいなどに、われわれがもちうる知覚の可能性の地平である。このような地平は、知覚の場面の想起において、変様された形で再び現われる。というのは、その想起においてわれわれは、たとえば、もしもあの知覚のさいに、わたしの知覚のはたらきを別の方向に向けていたなら、そのときには当然わたしは、実際に見た側面の代わりに、別の側面を知覚することができたであろう、という意識をもつからである。

さらに、これは補足であるが、それぞれの知覚にはつねに、想起可能な記憶という潜在性としての過去の地平が属しており、そしてまたそれぞれの記憶には、そのつどの現実的知覚の現在にいたるまでの〔わたしがみずから現実化することのできる〕記憶の連続的な間接的指向性が地平として含まれている。このばあいつねに、わたしができるとか、わたしが行なうということ、あるいはわたしはわたしが行なうのとは別のしかたで行なうことができるということが――この自由もあらゆる自由と同様に、妨害の可能性にいつもさらされているにしても――、それらの可能性の中ではたらいているのである。

地平とは、あらかじめ描かれた潜在性である。それゆえわれわれは、それぞれの地平を、その中に含まれているものに関して問い、解明し、こうして意識生命のそのつどの潜在性をあらわにすることができる、ともいうのである。しかしわれわれは、まさにそうすることによって、顕在的な意識作用の中で、いつもただ暗示程度においてのみ、ばく然と思念されている対象的意味をあらわにするのである。この対象的意味[1]、すなわち意識されたものとしての意識対象は、決して完結的所与として現前しているのではない。その意味は、(現に与えられている)地平、およびたえず新たに生起してくる地平の解明によってはじめて明瞭にされるのである。

たしかに、あらかじめ描かれたものはそれ自身、いつも不完全であるが、しかしそれは、未規定ではありながらも規定性の構造をそなえている。たとえばさいころは、見られていない側面に関しては、なお多くのことが未規定であるにもかかわらず、そのものは、すでにさいころとして把握されており、さらに色がついており、くぼみがあるなどの特性に関しても、あらかじめ把握されている。もっとも、そのさい、それらの規定のどれも、それらの特殊性に関してはつねになお未規定にとどめられている。この未規定にとどめられているということは、現実に詳細に規定される――おそらくこれは、決して完全には行なわれないであろう――以前に、それぞれの意識そのもののうちに含まれている契機であって、これがとりもなおさず、地平というものを形成するものなのである。予測的な表象による単なる説明によってではなく、現実に進行する知覚によって、(思念を)充実する詳細な規定や、ときには(思念とは)異なった別の規定が行なわれるが、しかしそれらの規定もまた、未規定な新しい地平を伴っているのである。

したがって、何ものかについての意識としてのあらゆる意識が、一般にたえず新たな意識様式へと移行しながらも、同一の対象についての意識であることが可能であるという本質的特性をそなえているのは、その対象が総合統一において、同一の対象的意味としてそれらの意識様式に、指向的に内在しているからだけではなく、意識があの地平指向の様式をもそなえているからであり、否それだからこそである。対象とは、いわば、つねにあらかじめ思念されていて、いずれ実現されるべき意味によって意識されている同一性の極であり、意識のそれぞれの瞬間において、意味上その対象に所属するノエシス的指向性の指標である。われわれは、そのようなノエシス的指向性を問うことができ、また解明することができる。このようなことはすべて、研究によって具体的に明らかになることである。

(1) 意識によって思念されたかぎりでの意識の対象が、対象としてもつ意味。

(2) さいころの知覚において、われわれは、ある側面から見ただけでまだ見ていない側面があるにもかかわらず、それをさいころとして把握する。そしてまだ見ていない側面に、それぞれくぼみがあり、色がついていることなどを予想している。しかし見ていない側面については、まだ予想しているだけで、どの面にいくつのくぼみがあるかなどの特殊性に関しては、いまだ具体的にとらえておらず、未規定にとどまっているわけである。

第二十節　指向的分析の特色

指向的分析としての意識分析が、通常の自然的意味での分析とはまったく異なるものであることは、明白である。すでに一度述べたように、[1]意識生命とは、意識与件の単なる全体ではなく、したがって、それの自立的あるいは非自立的な諸要素に単純に分析——最も広い意味においては分割——できるものではない。もしもそのような要素に分割できるとすれば、そのさいは、統一の諸形式〔形態性質〕は非自立的要素とみなされるべきであろう。指向的分析はたしかに、ある特定の主題に視線を向けるさいに、そのような分割にみちびくこともある。そのかぎりにおいて、分割ということばは、なお有効である。しかし、指向的分析のつねに行なう独特な能作は、意識の顕在性の中に含まれているその潜在性を解明することであり、そのような解明によって、ノエマの側面においては、意識によって思念されているもの、すなわち対象的意味が解明され、説明され、そしておそらく明瞭にされるであろう。

指向的分析は、次のような根本的認識によってみちびかれている。それはすなわち、あらゆる意識作用は、意識であるかぎり、最も広い意味においてはたしかに、みずからの思念しているものへの思念作用であるが、しかしこの思念されているものは、それぞれの瞬間において、それぞれの瞬間に顕在的に思念されているものとして現前しているものよりも、より多くのものを含んでいる〔より多くのものをもって思念されている〕、という認識である。われわれのあげた例において、そのつどの知覚の局面は、知覚によって思念されているものとしての対象の単なる一側面であった。あらゆる意識のうちに含まれているこのみずからを超えて思念するということは、意識の本質的契機とみなされねばならない。しかし、意識は、対象についてのより多くのものの思念といわれること、またそういわれねばならないということは、その対象の可能的な明瞭化による明証によってはじめて示されることであり、そして究極的には、それは、われわれの行ないうるものとしての現実的および可能的な知覚の進行、あるいは可能的な想起の形式での、その対象の直観的顕示による明証によって示されることとである。

しかし現象学者は、純粋に指向対象そのものに単純素朴に身を委《ゆだ》ねて研究をするのではない。すなわち現象学者は、指向対象を単に直線的に観察し、それの思念された特徴や部分や性質を解明するだけではない。なぜなら、そうするばあいには、直観的および非直観的な意識作用や解明する観察作用そのものを形成している指向性は、知られないままにとどまるであろうからである。いいかえれば、そのばあいには、意識のノエシス的多様性や、その多様性の総合統一は、かくされたままであろう。

ところがわれわれは、その総合統一によって、すなわち意識の多様性に本質的に属する統一的能作であるその総合統一によって、一般に、ある指向対象を、あるいはそのつど特定の対象を、たえず思念しているのであり、いわばその総合統一によって、それらの対象を、かくかくに思念されたものとして、われわれの眼前にもつわけである。また、〔もし上述したように、指向対象を単に直線的に観察するだけなら〕おそらく次のような構成能作もかくされたままであろう。すなわち、〔観察がただちに引き続いて解明として行なわれるならば〕われわれがそれによって、特徴、性質、部分のようなものを、思念されたものの構成要素として、直線的に見出すところの、あるいは、最初はばく然と思念し、そのあと直観的に明らかにすることのできるところの、構成能作もかくされたままであろう。

現象学者は、あらゆる対象的なもの、およびその中で見出されるものを、もっぱら意識の相関項として研究するのであるが、そのさい彼は、それらを単に直線的に観察し、記述するだけではなく、また一般に、それらを、それらに対応する自我、すなわちそれらを自己の意識対象とするわれ思うへの関係にひきもどして観察し、記述するだけではない。むしろ彼は、みずからの反省的まなざしをもって、知られないままではたらいている意識生命の中へ解明しつつはいってゆき、こうして彼は、多様な意識様式の特定の総合過程と、それらの意識様式のさらに背後にある自我の態度の諸様態を解明するのである。その自我の態度の諸様態は、対象的なものが自我にとって単に思念された存在であること、すなわち直観的または非直観的に思念された存在であることを理解させるのである。いいかえればそれは、意識は、いかにしてそれ自身において、かつそれのそのつどの指向的構造によって、意識のうちで、そのような存在と様態をもつ対象が意識され、そのような意味として現われうることを必然的にするか、ということを理解させるのである。

こうして現象学者は、たとえば、空間的事物の知覚のばあい、〔さしあたりは意味をあらわすあらゆる述語を捨象し、純粋に延長物である点に、考察を限定して〕変化する視覚的事物やその他の感覚的事物が、いかにしてこの同一の延長物の現われという性格をそれ自身のうちにもつかを、研究するのである。すなわち現象学者は、それらの空間的事物のそれぞれについて、それらの事物の変化する局面を研究し、さらに、それらの事物の時間的な与えられ方に関しては、現在の意識から過去指向的意識へと沈下してゆくその変化を研究し、自我の側面においては、注意の諸様態などを研究するのである。

　そのさい、次のことが注意されねばならない。それはすなわち、知覚されたものそのものを現象学的に解明することは、知覚の進行中に行なわれるところの、知覚されたものをそれの特徴に関して知覚によって解明することに限られるのではない、ということである。現象学的解明は、見えていないものを見えるようにするであろう潜在的知覚を現前化することによって、意識対象の意味の中に含まれているものや、単に非直観的にともに思念されているもの〔裏側のようなもの〕をも明瞭にするのである。このことは、一般にあらゆる指向的分析に対して妥当する。そのようなものとして指向的分析は、分析されるべき個々の体験の範囲を超え出る。すなわち指向的分析は、個々の体験に相関的な地平を解明することによって、それぞれの意識対象のもつ対象的意味に対して構成的に機能している主題的な体験領域の中に、きわめて多様な知られないではたらいている体験を加えるのである。それゆえ指向的分析は、顕在的体験だけでなく、潜在的体験をも主題的な体験領域の中に加える。というのは、潜在的体験は、顕在的体験の意味構成的指向性の中でばく然とあらかじめ描かれていて、それが明らかにされると、ばく然とした対象的意味が解明されることになる、という明証的性格をもつからである。

現象学者は、このようにしてはじめて、次のことを明らかにすることができる。すなわち、恒常的で持続的な対象的統一のようなものが、意識生命の内部においていかにして意識されうるのか、またそのようなものは、このたえざる意識の流れのうちにあるいかなる性質の意識様式において意識されうるのか、とくに同一の対象の構成という この不思議な能作は、それぞれの対象の範疇《はんちゅう》のばあいにいかにして起こるのか、すなわちそれぞれの対象の範疇のばあいに、構成的な意識生命は、同一の対象のノエシス的側面とノエマ的側面との相関的変化に応じて、どのように現われ、またどのように現われねばならないか、これらのことを明らかにすることができるのである。

それゆえ、あらゆる指向性のそなえている地平構造が、現象学的分析と記述に、まったく新しい種類の方法を課するわけである。その方法は、意識と対象、思念と意味、実在的現実性と観念的現実性、可能性、必然性、仮象、真理、さらにまた経験、判断、明証などが、〔純粋に心理学的問題に並行した〕先験的問題をあらわす名称として現われ、そしてそれらが、主観における「起源」に関する真の問題として取り扱われるべきときには、いつもとられる方法なのである。[1]

もちろん最初は、純粋な意識現象学の可能性はきわめて疑わしいようにみえる。すなわち、意識現象の領域が、まさしくヘラクレイトス的流れ[2]の領域であるという事実を考慮すると、そのようにみえる。事実ここでは、客観的学問にとって基準となっているような概念形成、および判断形成の方法に従って行なおうとしても、むだであろう。意識体験を経験にもとづいて、同一の対象として、自然的対象と同様のしかたで、したがって結局は、固定的概念によって把握しうる同一的諸要素によって説明できるという理想的推定のもとに規定しようとすることは、もちろんまちがっている。意識体験は、固定的概念によって規定しうるという理念に適合するような、いかなる究極的要素も、関係も、もっていない。このことは、この種の対象に対して、われわれの認識能力が、単に不完全であるからではなくて、それはアプリオリな理由によるのである。だがそれにもかかわらず、指向的分析という理念は正しく成立する。なぜなら、あらゆる意識のうちに統一をつくり、また対象的意味の統一をノエシス的およびノエマ的に構成する指向的総合の流れの中には、厳密な概念によって把握できる本質的な構造が支配しているからである。

(1)　第十六節（七七ページ）参照。

(2)　ギリシアの哲学者ヘラクレイトスは、「汝は同じ流れに二度とはいることができない」ように、あらゆるものはたえず流れてやまないという「万物流転」の説を述べたといわれるが、フッサールは、意識現象の領域は、ヘラクレイトスの説いたような流動の領域であるというのである。

〔1〕　しかるべき変更を加えれば、このことは内部心理学に対しても、あるいはわれわれが構成的にして同時に先験的な現象学に並行するものとして示唆しておいた純粋に指向的な心理学に対しても、明らかに妥当する。心理学の唯一の徹底的な改革は、指向的心理学の純粋な形成にある。すでにブ

レンターノがそのような心理学を要求したが、しかし残念ながら彼はまだ、指向的分析の根本的意義を認識しておらず、したがってそのような心理学をはじめて可能にする方法の根本的意義を認識していなかった。そもそも指向的心理学には、指向的分析の方法によってはじめて、それの真正にして真に無限な問題領域が開示されるのである。

第二十一節　「先験的手引き」としての指向対象

形式として、あらゆる特殊なものを包括する最も普遍的な構造は、自我は——意識対象を——意識するという、われわれの一般的図式によってあらわされる。われわれが、指向性や、それのそなえている総合などについて試みた最も一般的な記述は、その構造に関係している。この構造の特殊化、およびそれの記述のばあいには、容易に理解されるいろいろな理由から、意識対象の側に立つ指向対象が、意識の類型的多様性を開示するための先験的手引きの役割をはたす。というのは、意識は、みずからの行なう総合において、指向対象を、思念された同一のものとして、意識に特有なしかたでみずからのうちに有しているからである。出発点はたしかに、そのつど直線的に与えられる対象でなければならないが、しかしわれわれは反省によって、その対象から、そのつどの意識様式や、その意識様式のうちに地平として含まれている潜在的な意識様式に立ち帰るのであり、さらには、その対象を、意識生命の統一のうちで、異なったしかたでやはり同一のものとして意識することのできる意識様式に立ち帰るのである。

　われわれがなお、形式的一般性の範囲内にとどまって、対象を一般に、それの内容にかかわりなくすべて意識対象と考え、そしてそのような一般性における対象を手引きとするとき、同一の対象についての多様な意識様式――形式的な全体的構造――は、互いに鋭く区別されるノエシス・ノエマ的な特殊的類型の系列に分けられるのをわれわれは見出す。たとえば、知覚、過去指向、想起、期待、意味指向、類比的例示は、指向性のそのような特殊的類型である。およそ考えうるあらゆる対象には、そのような特殊的類型とともに、それらの類型に属する総合的組み合わせの類型もまた含まれている。これらのすべての類型は、われわれが指向対象の内容空虚な一般性を特殊化するや否や、それのノエシス・ノエマ的組織全体にわたって再び特殊化される。特殊化の規定は、最初は、形式論理学的〔形式的、存在論的〕なものである。すなわち、単一と究極的個物、普遍、多数、全体、事態、関係などのような、或るもの一般の諸様態がそれである。ここで、〔広い意味での〕実在的対象と範疇的対象との根本的区別もまた現われてくる。そして範疇的対象は、能作、すなわち一歩一歩生産的に構成してゆく自我の能動的活動性を、実在的対象は、単なる受動的総合の能作を、それぞれその起源として示している。他方においてわれわれは、実質的、存在論的特殊化の規定をもっているが、これは実在的個物の概念に結びついており、この実在的個物の概念は、実在的諸領域、たとえば〔単なる〕空間的事物や動物的存在などの領域に分けられ、それらの諸領域に関連する形式論理学的変化に対しては、その変化に対応する特殊化〔実在的性質、実在的多数、実在的関係など〕をみずからひき起こす。

こうした手引きによって明らかにされるあらゆる類型は、それらのノエシス・ノエマ的構造に関して問われ、それらの指向的流れの諸様式、類型的地平、およびその地平の含みなどに関して、体系的に解明され、基礎づけられねばならない。もしわれわれが、ある任意の対象を、それの形式あるいは範疇において確保しており、かつその対象についての意識様式の変化の中で、その対象の同一性をたえず明証的に保持しているとすれば、それらの意識様式は、それらがどんなに流動的であり、それらの究極的要素がいかに把握しがたいものであろうと、決して恣意《しい》的なものでないことは明白である。それらの意識様式は、つねに一つの構造に結びつけられており、そしてその構造は、この対象が、まさしくかくかくの内容をもったかくかくのものとして意識されているかぎり、また意識様式の変化の中でも同一性の明証のもとに持続することができるかぎり、変わることなく同一である。

まさしくこの構造を体系的に解明することが、先験的理論の課題である。この先験的理論は、それが対象の一般性を手引きとすることにみずからを限定するばあいには、その当の形式あるいは範疇の、最高のばあいには、領域の、対象としての対象一般についての先験的構成の理論といわれる。このようにして、最初は区別される多くの先験的理論が生ずる。すなわち、知覚やその他の直観類型の理論、意味指向の理論、判断の理論、意志の理論などが生ずる。しかしそれらの理論は、統一的に、すなわち包括的な総合的連関との関連において結びつけられる。それらの理論は、機能の点で結合されることによって、対象一般についての、ないし可能な意識の対象としての可能な対象一般の開けた地平についての、形式的で普遍的な構成の理論となる。

次にさらに進んで、いまや、もはや形式的ではない構成の先験的理論が生ずる。この理論は、たとえばそれだけ単独にとらえられた、あるいは自然の普遍的連関の中でとらえられた空間的事物一般や、精神物理的存在、人間、社会的共同体、文化的対象、最後には客観的世界一般――すなわち、純粋に見れば、可能な意識によって指向される世界であり、先験的にいえば、純粋に先験的自我のうちで意識に特有なしかたで構成される世界である客観的世界一般――に関係する。もちろん、そのようなものとの関係はすべて、首尾一貫して徹底的に遂行された先験的な判断中止のもとに行なわれるわけである。

しかしわれわれは、次のことを見逃してはならない。というのは、客観的なものとして意識される実在的対象、および観念的対象の類型だけが、構成の研究に対する手引きとなるのではないということ、すなわち、それらの対象についての可能な多くの意識様式の、普遍的な構造に関する問題設定に対する手引きとなるのではない、ということである。すべての内在的体験自身のような、単なる主観的な対象の類型もまた、それらが内部時間意識の対象として、個別的にも全体的にも、構成されたものであるかぎり、構成の研究の手引きになるわけである。

あらゆる点において、それぞれ個別的に観察された対象の種類に関する問題と、普遍性に関する問題とは、区別される。後者の問題は、その存在と生との普遍性のもとでの自我、およびその対象的相関項の相関的普遍性との連関における自我に関する問題である。われわれが、統一的な客観的世界を先験的手引きとするなら、そのような世界は、生全体の統一を貫いているところの、客観的知覚やその他の現われてくる多くの客観的直観の行なう総合へとわれわれを立ち帰らせる。なぜなら、統一的な客観的世界は、つねにそのような総合によって、統一として意識され、主題となることができるからである。したがって、世界は、自我論の普遍的問題なのである。同様に、われわれが純粋に内在的な方向にまなざしを向けると見えてくる、内在的時間性における意識生命全体もまた、自我論の普遍的問題である。

第二十二節　あらゆる対象の普遍的統一の理念と、対象の構成の解明の課題

われわれは、この（対象の構成の解明という）課題に関する先験的研究の手引きとして、対象の類型——これは現象学的還元によって純粋に意識対象として把握されたものであって、妥当なも

のと予断されている学問的概念性の偏見のもとでとらえられたものではない——を見出した。構成する多様な意識が、現実的あるいは可能的に、一つに総合統一されうるということは、決して偶然のことではない。構成する多様な意識は、ある本質的根拠にもとづいて、そのような総合の可能性という点で、結合されているのである。したがって、それらの多様な意識は、ある原理に支配されており、その原理によって、現象学的研究は連関のない記述に迷い込むことなく、本質的根拠にもとづいて組織されるのである。

あらゆる客観、あらゆる対象一般は、〔あらゆる内在的対象を含めて〕先験的自我のもつ規則的な構造をあらわしている。あらゆる対象は、どのようなしかたで意識されたものであろうとも、それが自我によって表象されたものであるかぎりは、同じ対象について可能な、すなわちその本質があらかじめ描かれている類型に従って可能な、その他の意識を支配する普遍的規則を直ちに示す。そしてこのことはもちろん、想定しうるあらゆる対象、表象されたものと考えうるあらゆる対象において同様である。先験的主観性は、指向体験のカオスではないのである。またそれは、構成の類型のカオスでもない。構成のすべての類型は、指向対象の種類や形式への連関によって、それ自体組織づけられているのである。いいかえれば、わたしにとって、先験的にいえば先験的自我としてのわたしにとって、およそ考えうる対象や対象の類型の全体は、カオスではなく、またそれと相関的に、対象の類型に対応する無限に多様な（意識の）類型の全体もまたカオスではない。これらの類型は、つねにそれらの可能な総合「によって」、ノエシス的およびノエマ的に結合されているのである。

このことは、次のような普遍的な構成の総合を予示している。すなわち、あらゆる総合がその中において一定の秩序に従ってともに行なわれているところの、したがって、先験的自我の対象であるあらゆる現実的および可能的な対象と、それと相関するそれらの対象についてのあらゆる現実的および可能的な意識様式とが、そのうちに包含されているところの、普遍的な構成の総合を予示している。われわれは、次のようにいうこともできる。すなわち、ここに先験的現象学全体の課題である或る大きな課題が示唆されている、と。その課題というのは、可能な意識のあらゆる対象の段階的に明らかにされるべき体系と、その体系の中に含まれている対象の形式的および実質的範疇の体系とを、研究を進める手引きとして、対象の構成の研究であるあらゆる現象学的研究を、体系的にして包括的な秩序の統一のもとに、したがって厳密に体系的に互いに基礎づけ、互いに連関づけつつ完遂する、という課題である。

だが、むしろこういったほうがよいであろう。すなわち、ここで問題なのは、無限の統制的理念である、と。可能な意識の対象としての可能な対象の、明証的予測によって前提されうる体系それ自体が、一つの理念であろう〔しかしそれは、つくりごととか「虚構」とかではない〕。そしてそれは、次のような実践的原理をわれわれに与えるであろう。それは、意識の対象に内面的にそなわっている地平だけでなく、（対象相互の）連関の本質形式を指し示している（対象の）外面的地平をもたえず解明することによって、相対的に完結しているそれぞれの構成の理論を互いに連結する、という原理である。もっとも、対象の個別的類型という制限された手引きにおいて提示される課題でさえ、きわめて複雑であることが知られるが、それがより深く立ち入って研究されるばあいには、それはつねに、われわれを大きな学問分野にみちびいてゆくのである。たとえば、空間的対象や、さらに自然一般、動物性や人間性一般、文化一般などの構成の先験的理論が問題になるばあいがそうである。

第三省察　構成の問題、真理と現実

第二十三節　「理性」および「非理性」という名称のもとでの先験的構成のいっそう精確な概念

現象学的構成とは、われわれにとってこれまでのところ、指向対象一般の構成のことであった。それは、意識作用‐意識対象という名称で呼ばれる領域全体を包含していた。ところでいまやわれわれは、その領域を構造上から区分し、構成についてのいっそう精確な概念を準備することにとりかかろうと思う。いままでわれわれは、取り扱われている対象が、真に存在する対象なのか、それとも存在しない対象なのか、あるいは可能な対象なのか、それとも不可能な対象なのか、というようなことを問題にしなかった。しかし、世界の〔したがってその他の眼前に与えられた対象の〕存在ないし非存在に関する決定がさし控えられているからといって、この区別が放棄されたわけではない。それどころか、この区別は、存在および非存在に対する相関的名称である理性および非理性という広い意味をもつ名称のもとにおいて、現象学の普遍的主題なのである。

判断中止によってわれわれは、〔現実的対象を〕純粋な思念作用〔意識作用〕と、純粋に思念されたものとしての思念対象とに還元する。後者したがって対象そのものにではなくて、対象的意味には存在とか非存在という述語、およびそれらの様相的変様が関係する。前者、すなわちそれぞれの思念作用には、最も広い意味に解された真理〔正当性〕とか虚偽という述語が関係する。これらの述語は、思念する体験、ないしは思念された対象そのものにおいて、現象学的与件として直ちに与えられるのではないが、それにもかかわらず、それらは現象学的起源をもっている。いかなる範疇によって思念されたいかなる対象に対しても、総合的に結びついている多様な意識様式が可能であり、これらの多様な意識様式は、それの現象学的構造に関して研究されうるが、このような多様な意識様式には、次のような総合もまた含まれている。すなわち、それぞれの最初の思念に関して、その正当さを確認する、とくに明証的に確認するという類型をもつ総合、あるいは逆にそれを否認する、とくに明証的に否認するという類型をもつ総合もまた含まれている。そのような総合が行なわれるときには、それと相関的に、思念された対象は、存在する、あるいは存在しない〔その存在が否定され、打ち消された〕という明証的性格をもつことになる。このような総合の営みは、より高次の指向性の行なうことであるが、この指向性は、本質的に先験的自我の行なう理性の作用、およびそれの相関項として、あらゆる対象的意味に必ず含まれている。理性というのは、決して偶然的な事実的能力ではない。それは、可能な偶然的事実をあらわす名称ではなくて、むしろ先験的主観性一般の普遍的で本質的な構造形式をあらわす名称なのである。

理性は、確証の可能性を示し、そして確証とは、究極において、明証的にすること、および明証的に所有することにほかならない。

明証については、われわれはすでに、われわれの省察のはじめに、すなわち最初の素朴な見方において方法上の方向をはじめて求めたときに、それゆえまだ現象学的地盤の上に立っていなかったときに、触れざるをえなかったが、いまや明証は、われわれの現象学の主題となる。

第二十四節　自己所与性としての明証とその変化

明証とは、最も広い意味においては、指向的生の一般的な根源的現象をあらわす。すなわち、他の意識様式がアプリオリに空虚であり、予期的、間接的、非本来的でありうるのに対して、明証は、そこにおいて事物、事態、普遍性、価値などが、それ自身そこにあり、直接に直観されており、根源的に与えられているという究極的様態において自己をあらわし、自己自身を提示し、自己自身を与えているというまったく卓越した意識様式なのである。自我の側でいえば、そのことは、まとまりなく空虚に、予測的に或るものを思念するのではなく、或るもの自身のもとにあり、そのもの自身を観察し、直観し、認識することを意味する。普通の意味での経験は、一つの特殊な明証なのである。一般に明証とは、最も広く、しかも本質的に統一ある意味での経験である、といえよう。たしかに或る対象に関して明証の起こることは、意識生命にとって偶然にすぎないが、しかし明証は一つの可能性をあらわしており、しかもそれは、指向が何らかのすでに思念したものや、これから思念しうるもののために、それに向かって努力し、それを実現しようとする目標としての可能性である。したがって明証は、指向的生一般の本質的な根本的特徴をあらわしているのである。

あらゆる意識は一般に、それ自身すでに明証という性格をもっているか、すなわち自分の指向対象それ自身を与えているか、それともその指向対象それ自身を与えることへ移行することを本質的にめざしているか、したがって本質的にわたしができるという領域に属している確証の総合をめざしているか、そのいずれかである。われわれは、先験的還元の見方において、あらゆるばく然とした意識に向かって、次のように問うことができる。すなわち、そのような意識に対して、思念された対象は、それの同一性を保持したままで、それ自身というありさまで対応しているか、ないしは対応しうるか、またそれはどの程度に対応しているか、また対応しうるか、あるいは同じことであるが、予想された対象がそれ自身というありさまで現われてきて、そのさい同時に、いまだ無規定に予測されていたものがさらに詳しく規定されるためには、それはいかなるしかたで現われてこなければならないか、と。確証の過程において、確証が否認に逆転し、思念されていたもの自身の代わりに、別のものが、しかもそれ自身というありさまで現われてくることがある。そのばあいに、その別のもののために、思念されていたものはその地位を失い、それ自身は非存在という性格をとることになる。

非存在は、端的な存在、すなわち存在の確実性の一様相——論理学においては、ある理由から特別の権限が与えられている——にすぎない。しかし、最も広い意味での明証は、単に存在と非存在という概念にだけ相関する概念ではない。明証は、端的な存在のその他の様相的変化、たとえば可能的存在、蓋然的存在、疑わしい存在のような変化にも相関的に、それみずから様相的に変化するのである。さらに明証は、そのような系列に属さず、価値存在とか善存在のように、その起源を心情領域や意志領域にもつ変化とも、相関的に変化するのである。

第二十五節　現実性と疑似現実性

さらに、それらすべての区別は、意識の領域全体にわたってあるところの、またそれと相関的に、存在のすべての様相を通じてあるところの、現実性と仮想性〔「かのような」という現実性〕との区別に応じて、それと並行的に分岐する。そして仮想性の側に、可能性の新しい一般的概念が生ずる。可能性のこの新しい概念は、端的な存在の確実性からはじまるあらゆる存在様相を、単に想定されうる〔あたかもそうであるかのように考えられる〕という形に変様して、再現する。この概念は、あらゆる存在様相を、現実性の諸様相〔現実的存在、現実的に蓋然的な存在、現実的に疑わしい存在あるいは非存在など〕に対立する純粋に仮想的な非現実性の諸様相として再現する。

こうして、それと相関的に、定立性の意識様相と疑似定立性〔あたかも、かのように仮想すること――これはもちろんきわめて多義的な表現ではあるが〕の意識様相とが区別される。そして、それら二つの意識様相のそれぞれの定立の特殊なしかたには、それらの意識様相によって思念された対象、しかもそのつどの存在様相において思念された対象にそれぞれ固有な明証の様式、およびそれとともに、明証的にすることの可能性が対応する。この明証的にすることには、われわれがしばしば明瞭化とか明瞭にすることと呼んでいるものが含まれている。明瞭にするとは、つねに、明証的にすることの一様態をあらわしており、その明証的にすることとは、不明瞭な思念からそれに対応する予示的直観へと進む総合の道を歩むことである。その予示的直観とは、もしもその直観が対象それ自身を直接的に与える直観に到達するならば、その直観は、あの不明瞭な思念を、それの存在の意味において確証しつつ充実するであろうという意味を、みずからのうちに含んでいる直観である。このように、確証しつつ充実する予示的直観は、それぞれの内容の存在についての現実的明証を与えるわけではないが、それらの内容の存在可能性についての現実的明証は与えるのである。

第二十六節　明証的確証の相関項としての現実性

これらの簡単な注意によって、さしあたり、指向的分析の形式的‐一般的な問題と、それと関連している形式論理学の根本概念や原理の現象学的起源に関する、きわめて包括的にして困難な研究がすでに示唆されている。しかし、それだけでなく、それらの注意によって、次のような重要な認識がわれわれに開けてくる。それは形式的、存在論的普遍性のもとでのそれらの概念は、意識生命一般のそなえている普遍的構造の合法則性を指し示している、という認識である。真理とか現実性とかがわれわれにとって意味をもつのは、また意味をもちうるのは、その意識生命一般のそなえている普遍的構造の合法則性のゆえである。事実、最も広い意味での対象〔実在的事物、体験、数、事態、法則、理論など〕がわれわれにとって存在するということは、さしあたりはもちろん、明証的な何ごとも意味しておらず、そのことが意味しているのはただ、そのような対象が、わたしに対して妥当するということ、いいかえれば、そのような対象がそのつど、ある信憑の定立的様相において意識されている意識対象として、わたしの意識にとって存在する、ということにすぎない。

しかし、明証的な同一化の総合の歩みが、明証的所与との矛盾におちいるばあいには、われわれは、対象のわたしに対するその妥当性を直ちに放棄せねばならないであろうということ、また正しいあるいは真の現実それ自身を与える明証的確証の総合によってのみ、われわれは、現実的存在を確信することができるということ、これらのこともわれわれは、確実に知っている。対象の真理、あるいは真の現実性は、明証からのみ汲みとることができるということ、また現実的に存在する、真の、正しく妥当する対象は、それがいかなる形式あるいは種類のものであっても、明証によってのみわれわれに対して意味をもつということ、このことは、真の性質という名称のもとに対象に属するとわれわれがみなす、あらゆる規定に関しても同様であること、これらのことは明白である。あらゆる正当性は明証から生じ、したがって、われわれの先験的主観性そのものから生ずる。すなわち、考えうるあらゆる完全性は、われわれの確証として出現し、したがってそれは、われわれの行なう総合であり、その究極的な先験的基礎を、われわれのうちにもつのである。

第二十七節　「存在する対象」という意味に対して構成的機能をもつ習性的で潜在的な明証

あらゆる思念された対象そのものの同一性と同様に、真に存在する対象の同一性や、さらにはその思念された対象そのものと、真に存在する対象とのあいだの完全な同一性もまた、もちろん流動的な明証体験や確証体験に属する実的要素ではない。ここでわれわれのもつのは、観念的内在であり、この観念的内在は、総合に本質的に属しているいっそう進んだ連関をわれわれに指し示す。

あらゆる明証はわたしに対して、ある永続的所有を創出する。最初の明証の再生としての新しい一連の明証によって、わたしは、それ自身観取された現実に何度でも立ち帰ることができる。たとえば、内在的所与の明証のばあいには、おそらく開放的に無限な一連の直観的想起という形式において、その明証的所与に立ち帰るであろう。想起のその開放的無限性ということが、潜在的地平として、わたしは何度でも立ち帰ることができるということを可能にする。そのような可能性がないなら、存立し永続する存在、すなわち実在的世界も観念的世界も、わたしにとって存在しないであろう。これらのものはすべて、明証にもとづいて、あるいは明証的にすることができ、かつ獲得された明証を反復することができるという推測にもとづいて、わたしに対して存在するのである。

すでに上述したことから明らかになるように、個々の明証は、われわれに対していまだ永続的存在を与えていないのである。存在するものはすべて、最も広い意味においては、「それ自体において」存在しているのであり、個々の作用においてわたしに対して存在することは、存在するものにとっては偶然的なことである。それと同様に、あらゆる真理は、この最も広い意味においては、「それ自体における真理」である。それゆえ、「それ自体」ということのこの最も広い意味は、明証を参照すべきことをわれわれに命ずるが、しかしその明証とは、体験的事実としてのある特定の明証ではなくて、先験的自我とその生とにもとづくある諸可能性なのである。それはまず最初には、一つの同一のものに総合的に関係する思念一般の無限性を、さらにそれらの思念の確証の無限性をも、したがって体験的事実として無限に反復されうる潜在的明証をも、参照すべきことをわれわれに命ずるのである。

第二十八節　世界経験の推測的明証、経験の完全な明証の相関理念としての世界

明証は、なお別のしかたにおいても、しかもきわめて複雑なしかたにおいて、同一の対象に関

する無限に多くの明証を参照すべきことを命ずる。このことは、明証が、その対象それ自身を、本質的な一面性において与えるばあいには、いつも起こることである。それは、実在的な客観的世界を、全体として、また何らかの個別的対象に関して、直接的かつ直観的に、われわれに対してそこに存在させる全体的明証のばあいにほかならない。

そのような対象にかかわる明証は、外部経験であり、そしてそのような対象にとっては、みずからを与える別のしかたは考えられないということが、本質必然性として洞察される。しかし他面において、次のこともまた洞察される。それは、この種の明証には、本質的に一面性が属しているということ、さらに正確にいえば、充実されていないが、しかし充実されることを求めている予測の多様な地平が属していること、したがって、それに対応する可能的明証へとわれわれを向かわせる単に思念されたにすぎない内容が属している、ということである。この不完全な明証は、（完全な明証を）実現する明証から明証への総合的な推移過程において、次第に完全にされてゆくが、そのようないかなる総合も、決して十全な明証に到達せず、むしろたえず、いまだ充実されていない予測的思念と付随的思念を必然的に伴っている。それと同時に、予測の中にまでおよんでいる存在信憑が充実されないという可能性、すなわち「それ自身」というありさまで現われているものが、そのようなありさまで現われているにもかかわらず、存在しない、あるいは別ものであるという可能性が、つねに開かれているのである。しかしそれにしても、外部経験は、本質上、（実在的対象を）確証する唯一の力である。ただしそれはもちろん、受動的あるいは能動的に進行する経験が、（経験相互の）一致を実現する総合という形式をとるかぎりにおいてである。世界の存在は、このようなしかたで、世界それ自身を与える明証においてさえも、意識にとっては超越的であり、また必然的に超越的なものとしてとどまるが、このことは、あらゆる超越的なものは意識生命のうちにおいてのみその意識生命から不可分なものとして構成されるという事実、また意識生命は、とくに世界についての意識としては、世界という意味、および現実に存在するこの世界さえも自分から不可分なものとして、みずからのうちに有しているという事実を少しも変えはしない。

結局、経験の地平を解明することによってのみ、世界の現実性と超越性とが明瞭にされ、さらに世界の現実性と超越性は、意味と存在の現実性とを構成する先験的主観性から不可分であることが立証されるのである。もしも、現実に存在する対象は、意識連関のうちで思念された統一、または思念されうる統一としてのみ意味をもちうるとすれば、またそのような統一は、経験の完全な明証の中でそれ自身というありさまで与えられるとすれば、世界についての個々の経験から出発して、さらにそれと一致するその他の無限に多くの可能的経験を参照せねばならないということは、明らかに次のことを意味する。それはすなわち、世界に属する現実的対象は、まして世界自身はなおさらのこと、一致的に結合されうる経験の無限性に関係する無限の理念であるということ、すなわち経験の完全な明証という理念、いいかえれば可能的経験の完全な総合という理念に対応する相関理念である、ということである。

第二十九節　明証の先験的体系の指標としての実質的および形式的存在論の領域

いまやわれわれは、自我ないし自我の意識生命の先験的な自己解明という大きな課題は、その意識生命そのもののうちにおいて定立された、または定立されうる対象に関して生じてくる、ということを理解する。真の存在および真理〔あらゆる様相における〕という名称は、先験的自我としてのわたしが思念した対象、およびいつか思念しうる対象一般のそれぞれに対して、それらの対象に関係していて、何らかのしかたで互いに結合して同一化的総合の統一を形成しうる現実的および可能的な意識の無限な多様性の内部における構造の区別をあらわしている。現実的に存在する対象は、そのような意識の多様性の内部における一つの特殊な体系を指し示しているのである。すなわちそれは、その対象に関係する多くの明証が互いに結合して、おそらくは無限な一つの全体的明証を形成するというしかたで総合的に連関している明証の体系を指し示しているのである。

そのような全体的明証は、結局、対象それ自身を、そのすべての内容に関して与える一つの絶対的に完全な明証であろう。そのような明証の総合の中において、その総合の基礎にある個々の明証においてはまだ充実されていないすべての予測的指向が、完全な充実に到達するであろう。そのような全体的明証を現実につくり出すことではなく——上述したように、絶対的明証が、あらゆる客観的で実在的な対象にとって理念であるかぎり、そのような明証を現実につくり出すということは、そのような対象にとって無意味な目標であろう——、むしろそのような明証の本質構造を、あるいはそのような明証の理念的な無限の総合を体系的に建設する無限性の次元の本質構造を、そのあらゆる内的構造にわたって明瞭にすること、このことは、きわめて明確でしかも強力な課題であり、これが、〔構成という〕ことばの厳密な意味での、存在する対象の先験的構成という課題なのである。したがってわれわれは、形式的で一般的な研究のほかに、すなわち対象一般の形式論理学的〔形式的、存在論的〕概念に固執する〔そのため対象のさまざまな特殊的範疇の実質的特殊性には無関心な〕研究のほかに、対象のもはや形式論理学的ではない最高の範疇〔領域〕のそれぞれに対して生ずる、それらの領域の構成という上述のような強力な課題をもっており、この課題は、客観的世界という名称のもとに総括される諸領域に対しても生ずるのである。

　したがって、恒常的に存在するものとして与えられている、また同時に——このことは与えられているということの中に含まれているが——そのようなものとしていつも予想されている物理的自然、人間、人間社会、文化などに関する構成の理論が必要である。これらの名称のそれぞれは、素朴な存在論的部分概念〔実在的空間、実在的時間、実在的因果性、実在的事物、実在的性質などの概念〕に対応するさまざまな研究方向を含む大きな学問分野をあらわしている。もちろん、いつも問題なのは、先験的体験としての経験そのもののうちに含まれている指向性を解明すること、すなわち、下図をあらかじめ描いている地平から、それを充実する明証へ移ることによって、その地平を体系的に解明し、さらにその中で一定の型に従ってたえず生じてくる新しい地平をも、同様にたえず体系的に解明することである。もっともそのような解明は、指向的相関関係のたえざる研究のもとにおいて行なわれるのである。

そのような解明を進めてゆくと、対象を構成するさまざまな明証の総合統一は、きわめて複雑な指向的構造をもつことが、対象との関係において明らかになる。たとえばその構造は、最低の対象的基礎からはじまって、客観的でない〔単に主観的な〕対象にまでいたる対象の多くの階層にもとづいて成り立っている。その最低の対象的基礎としての役割をはたしているのは、つねに内在的時間性、すなわちみずからをみずからのうちで、みずからに対して構成する生の流れである。そのような生の自己構成を解明することが、時間的与件をみずからのうちで構成する根源的な時間意識の理論の主題なのである。

第四省察　先験的自我の自己構成の問題の展開

第三十節　先験的自我はそれの体験と不可分なこと

対象は、現実的および可能的な意識の対象としてのみ、わたしに対して存在し、かつわたしに対してそのようなものとしてある。ところでこれを、空虚な言表や空虚な思弁の主題にとどめないためには、この、対象がわたしに対して存在するということや、そのようなものとしてあるということを可能にするのは具体的には何であるのか、あるいはどのような種類のどのような構造をそなえた現実的および可能的な意識が問題になるのか、そのばあい、可能性とは何を意味するのか、というようなことが明らかにされなくてはならない。これらのことは、最初には前述の広い意味における、次にはいま述べた狭い意味における、構成に関する研究によってのみ明らかにすることができる。しかしそのさい、その研究は、指向性とその地平との本質によって要求される唯一の可能な方法に従って行なわれねばならない。

問題の意味を理解させるための予備的分析①によってすでに明らかなように、先験的自我〔心理学においてこれに並行するのは心〕は、指向対象への関係においてのみ先験的自我なのである。しかし、その自我にとっては、存在する対象もまた、必然的に、指向対象に含まれる。すなわち、世界に関係するものとしての自我にとっては、自我の完全に確証されうる内在的時間領域のうちに存在する対象だけでなく、不完全で単に推測的な外部経験の中にあって、その経験の一致した経過においてのみ存在するものとして立証される世界内部の対象もまた、指向対象に含まれるわけである。

それゆえ自我は、たえず指向性の体系を、さらには指向性の一致の体系をも、一部は自己のうちで経過するものとして、一部は固定的な可能性としてあらかじめ下図を描く地平を通して解明できるものとして、自己のうちに保持しているという本質的性格をもっている。自我によってそのつど思念され、思惟され、評価され、取り扱われるそれぞれの対象や、さらには想像される対象や想像可能な対象もまた、それの相関項として、自我の指向性の体系を指し示している。それらの対象は、指向性の体系の相関項としてのみ存在しているわけである。

(1) 意識とは何ものかについての意識であり、意識によって指向される指向対象は意識によって構成されたものであるという、これまでの意識と対象との指向的関係の分析全体が予備的分析である。

第三十一節　体験の同一な極としての自我

しかしいまやわれわれは、われわれの叙述の大きな空隙《くうげき》に注意を向けねばならない。自我自身は、たえざる明証の中で、自己自身に対して存在しているものであり、したがって自我は、自己を存在しているものとして自己自身のうちでたえず構成しているものである。これまでのところわれわれは、自我のこのような自己構成の一側面に触れたにすぎない。すなわちわれわれは、流動的な意識作用だけを注視してきた。しかし自我は、自己を、単に流動的な生として把握するばかりでなく、あれこれを体験する自我として、すなわち、あれこれの意識作用を同一のものとして生き抜く自我としても把握するのである。これまでわれわれは、意識と対象との、すなわち意識作用と意識対象との指向的関係の解明に専念していたので、われわれには、現実的および可能的な意識の多様性を、同一の対象のほうへ極化する、すなわち極あるいは総合的統一体としての対象への関係において極化する、総合だけが現われていた。いまやわれわれには、第二の極化が、すなわち第二の種類の総合が現われてくる。その総合とは、意識の特殊な多様性をすべて、しかも特有のしかたで、すなわち同一の自我のもつ多様性として包括する。その同一の自我というのは、意識の能動的および受動的な主体として、あらゆる意識体験のうちに生き、あらゆる意識体験を通してあらゆる対象の極に関係しているものである。

第三十二節　習性の基体としての自我

しかしいまや、次のことに注意せねばならない。それはすなわち、この中心となる自我は、空虚な同一性の極ではなくて〔それは、いかなる対象もそうではないのと同様に〕、むしろその自我は、先験的発生の法則に従って、その自我から発し、新しい対象的意味をもつそれぞれの作用によって、新しい持続的な個性を獲得する、ということである。たとえば、もしわたしが判断作用において、存在や様態に関して最初に何らかの決定をしたとすれば、その流動する作用は流れ去るが、しかしわたしは、その後も持続的に、かくかくの決定をした自我であり、わたしはその決定を確信しているわけである。

しかしこのことは単に、わたしはその作用を思い出すとか、あるいはのちになってそれを思い出すことができる、ということを意味するだけではない。思い出すだけなら、わたしがそのあいだにわたしの確信を捨てたばあいにもできることである。打ち消されたあとでは、その確信はもはやわたしの確信ではないが、しかし打ち消されるまでは、その確信は持続的にわたしの確信であったのである。その確信が、わたしに対して効力をもつあいだは、わたしは何度でもその確信に立ち帰ることができ、そしてその確信をくり返しわたしの確信として、すなわち、わたしの習性的所有となった確信として見出すのであり、あるいは（それと相関的に）わたし自身を、確信を所有している自我として、すなわち、その確信を持続的な習性として所有することによって恒常的な自我として規定されている自我として、見出すわけである。このことは、あらゆる種類の決定において、すなわち価値の決定や意志の決定においても同様である。わたしは決心する。その決心の作用体験は流れ去る。しかしその決心したことは持続する。わたしが受動的になって不明瞭な眠りにおちいったり、あるいは別の作用を体験したりするばあいにも、その決心したことは持続的に効力をもっている。それと相関的に、わたしは、決心したのちはそのように決心しているものであり、そしてわたしがその決心を放棄しないかぎり、そうである。決心が、それを実現する行為へと向かうばあいにも、その決心はおそらく、その実現によって放棄されないであろう。その決心は、実現されたという様相において、その後も効力をもっている。わたしはその後もわたしの行為をしているわけである。しかし、持続的意志を堅持しているものとしてのわたし自身は、わたしが決心あるいは行為を打ち消し、放棄するときに、みずから変化するのである。

そのような自我の規定の堅持や時間的持続、あるいはそれらの規定に特有な自己変化が、体験による内在的時間の連続的充実を意味するものでないことは、明らかである。なぜなら、持続的な自我が持続的な自我規定の極であるかぎり、その自我それ自身は、何ら体験でも体験の連続でもないからである。もっともそれにもかかわらず、持続的な自我は、そのような習性的規定をもって、本質的に、体験の流れに帰向的に関与するのである。自我は、みずからの能動的な発生にもとづいて、自己をみずからの持続的個性の同一的基体として構成することによって、さらに進んで、自己を固定的で持続的な人格的——人間以下の人格といういい方もできるような最も広い意味での——自我としても構成する。たとえ、確信が一般に、単に相対的に持続するにすぎず、したがって、〔能動的定立の様相的変化——この中には打ち消しや、否定、すなわち確信の無効化が含まれる——による〕変化のさまざまなしかたをもつにしても、自我は、そのような変化のうちにあって、そのような変化を通じて変わらない同一性の統一をそなえたある持続的な型を、すなわちある人格的性格を保持しているわけである。

第三十三節　モナド[1]としての自我の豊かな具体性と、その自我の自己構成の問題

われわれは、同一な極としての自我、および習性の基体としての自我から、豊かな具体性にお

いてとらえられる自我〔われわれはこの自我を、ライプニッツの用語に従って、モナドと名づけようと思う〕を区別する。しかしそのためにわれわれは、その自我に、その自我がまさに具体的であるためには不可欠であるものをつけ加える。すなわち自我は、自我の指向的生の流動的多様性と、その生のうちにおいて思念され、そして、あるばあいには、その生に対して存在するものとして構成される諸対象とをそなえているものとして、はじめて具体的でありうるのである。そのようにして構成された対象の持続的な存在とか様態とかのそれぞれの性格は、極としての自我自身のうちにおいて構成される、自我の態度決定の習性の相関項である、ということは明らかである。

このことは、次のように理解されねばならない。すなわち、自我としてのわたしは、持続的にわたしに対して存在している環境世界をもっており、その環境世界の中において、わたしは、わたしに対して存在しているものとしての諸対象をもっている。そしてそれらの対象には、わたしがすでにそれの分節構造②において認識している対象と、それの分節構造において認識できると単に予測しているにすぎない対象とがある。前者、すなわち第一の意味においてわたしに対して存在している対象は、根源的な獲得にもとづいて、すなわち根源的な知識の獲得にもとづいてわたしに対してそのように存在しているのであり、いいかえれば、最初は決して観取されていなかったが、個々の直観で顕示されることによって、わたしに対してそのように存在しているのである。そのような顕示によって、対象は、わたしの総合的なはたらきのうちにおいて、多様な性質をもって同一であるものという明白な意味形式において構成されるのである。したがって対象は、自己同一であるものとして、すなわちみずからの多様な性質によって規定されるものとして、構成される。

このような存在定立、および存在解明というわたしのはたらきによって、わたしの自我の習性がつくられ、そしてその習性によって、諸規定をもつものとしてのこの対象は、いまやわたしの持続的な所有物となるわけである。このような持続的獲得物が、わたしに知られているわたしのそのつどの環境世界を構成する。もっともそれらの環境世界はいまだ知られておらず、今後獲得されねばならないが、それの形式的な対象的構造によってあらかじめ予測されている対象の地平をもっているのである。

わたしは、わたし自身に対して存在しており、そしてたえず経験の明証によって、わたしに対してわたし自身として与えられている。このことは、先験的自我に対してだけでなく〔それと並行して心理学的に純粋な自我に対しても〕、またあらゆる意味での自我に対しても妥当する。モナドとしての具体的な自我は、現実的および可能的な意識生命の全体を含んでいるのであるから、このモナド的自我の現象学的解明の問題〔自我の自己自身に対する自己構成の問題〕は、あらゆる構成の問題を残らずみずからのうちに含まねばならない、ということは明白である。さらにのちになると、自我のこの自己構成に関する現象学が、現象学一般と合致することが明らかになるであろう。

①　モナド Monade は、ライプニッツ形而上学の根本概念であり、万物の実在性を担う構成要素として、不可分の単純実体であるが、物的、延長的な原子とはちがって、非物的、精神的な本性をもち、表象と欲求とからなる。各人もそれぞれモナドであり、各モナドは自発的に変化し独立自存し、互いに影響し合うことはないが、いわば「生ける鏡」としてそれぞれの視点から宇宙全体を表現している。モナドが一つの生ける統一体であり、しかもそれぞれが宇宙全体を表現しているとされる点から、フッサールは、モナドということばを具体的な先験的主観性をあらわす名称として用いたものと思われる。

②　対象のもつ多様な性質や構造を指す。

第三十四節　現象学的方法の原理の形成、形相的分析としての先験的分析

作用の極としての自我と、習性の基体としての自我とに関する理論によって、われわれはすでに、重要な点においては、現象学的発生の問題に、したがって発生の現象学の層に触れてきた。その発生の現象学のいっそう正確な意味を説明する前に、われわれは、現象学的方法について、改めて反省してみる必要がある。すなわち、一度把握されれば、先験的現象学の方法論全体を

〔また自然的地盤においては、真正にして純粋な内部心理学の方法論全体をも同様に〕規定することになる方法論上の基本的見解を、最終的に有効なものとしておかなくてはならない。

われわれがこれほど遅くなって、方法論上の問題をとりあげるのは、現象学にはいることを容易にするためにほかならない。きわめて多様な新しい種類の事実や問題を〔それらは先験的な経験領域においてのみ記述されるのであるが〕、われわれは最初は、単に経験的記述という比較的単純な装いのもとに呈示せねばならなかった。経験的記述に対して、形相的記述の方法は、そのようなあらゆる経験的記述を、ある新しい次元、すなわち原理的次元へ移し入れる、という意味をもっている。そのような形相的記述の方法が最初からとられたなら、それを理解することはきわめて困難であったであろうが、多くの経験的記述のあとでは、それは容易に理解されるであろう。

デカルト的に省察するものとしてのわれわれ各自は、現象学的還元の方法によって、各自の先験的自我へつれもどされたが、その各自の先験的自我は、この事実的自我として、すなわちこの一《いつ》にして唯一の絶対的自我として、当然、そのつどの具体的でモナド的な内容をもっている。このような自我としてのわたしは、さらに省察を進めてゆくうちに、記述的に把握でき、指向的に解明できる類型を見出すであろう。そしてわたしのモナドを、次第に明らかになってくる基本的方向において、指向的に解明する歩みを一歩一歩進めることができるであろう。記述を進めてゆくさい、本質必然性とか本質上という表現がしばしば現われるであろうが、それにはじゅうぶんな理由がある。というのは、そのような表現において、現象学によってはじめて明らかにされ、確定されるアプリオリという特定の概念が、あらわされているからである。

ここで、何が問題となるかは、例をあげると直ちに理解できるであろう。われわれは、何らかの類型の指向体験、たとえば知覚、過去指向、想起、言表、あるものを好む、あるものを得ようと努めるなどの体験をとりあげて、それらをそれらの指向的能作の本性に関して考察し、したがってそれらをノエシスとノエマとに関して解明し、記述するのである。このことは、次のように理解することができるし、事実われわれは、これまでそのように理解してきた。すなわち、問題なのは、事実的な先験的自我の事実的できごとの類型であり、それゆえ先験的記述は経験的意味をもたねばならない、[1]と。しかし、それにもかかわらず、われわれの記述は、知らずしらずのうちに、普遍性をそなえていて、そのため、記述の成果は、先験的自我の経験的事実がどのようであろうとも、そのことによって影響されることはないのである。

われわれは、この点を明らかにし、それを方法上、実り多いものにしよう。われわれは、この机の知覚の例から出発して、知覚の対象である机を、まったく自由な任意によって変様させるが、しかしそのさいわれわれは、知覚をあるもの、任意のあるものの知覚として保持しておく。たとえばわれわれは、その机の形や色などを、それらが知覚的現象であるという点だけを同一なこととして保持しながら、想像によってまったく任意に変様させることからはじめる。いいかえればわれわれは、知覚のこの事実を存在するものと認めることをさし控え、それをある純粋な可能性に、とくにまったく任意な純粋可能性、しかも知覚の純粋可能性に変える。

われわれは、いわば現実的知覚を非現実性の領域に、すなわちこの事実およびあらゆる事実一般に付着しているあらゆるものから純化された純粋可能性をわれわれに提供する「かのような」という領域に移す。このような観点に立ってわれわれはまた、それらの可能性を、ともに定立されている事実的自我と結びついているものとしてではなく、まさに想像による完全に自由な想定可能性として保持する。したがってわれわれは、はじめから、われわれのその他の事実的生に少しも関係することなく、知覚作用の中へ想像によって立ち入ることを、出発における事例とすることもできたであろう。そのようにして獲得された知覚という一般的類型は、いわば虚空《こくう》——絶対的に純粋な想定可能性の虚空——に浮かぶことになる。

こうして、あらゆる事実性から解放されたその類型は、知覚の形相になる。その形相の理念的外延[2]をなすのは、純粋に想定可能なものとしての、可能なあらゆる理念的知覚である。そのさい、知覚の分析とは、知覚の本質の分析のことである。したがってわれわれが、知覚という類型に属する総合や、潜在性の地平などに関して、これまでに論述したすべてのことは、容易に理解されるように、このような自由な変様において形成されうるすべてのものに対して、それゆえ想定しうるすべての知覚一般に対して、本質上妥当するのである。いいかえれば、それらのことは、とりあげられたあらゆる個々のばあいに対して、したがってまたそれぞれの事実的知覚に対しても、それぞれの事実が純粋可能性の単なる事例と考えられうるかぎり、絶対的な本質普遍性と本質必然性をもって妥当するのである。

　そのような変様は、明証的な変様として、したがって純粋直観において、可能性を可能性としてそのままに与える変様と考えられるから、その変様の相関項は、直観的にして必当然的な普遍性の意識である。形相それ自身は、それに固有な直観的意味に従って、観取された、あるいは観取されうる普遍的なもの、純粋な無制約的なもの、すなわちいかなる事実によっても制約されないものである。形相は、そのことばの意味上、あらゆる概念に先だつものであり、むしろあらゆる概念は、純粋な概念であるかぎり、形相に適合するように形成されねばならない。

　このようにしてとり出された個々のあらゆる類型が、経験的で事実的な先験的自我の領域から、純粋な本質領域へと高められるとしても、それらの類型が自我のうちにもっている解明可能な連関を指し示す指向的な外部地平が消失するわけではない。ただこの連関地平自身が、形相的な連関地平になるだけである。いいかえれば、われわれは、たしかに事実的な自我のうちにおいてではなく、形相としての自我のうちにおいて、形相的に純粋なそれぞれの類型と関係するのである。すなわち、多くの純粋な可能性の中の真に純粋な一つの可能性を構成することはすべて、それの外部地平として、純粋な意味において可能な自我を、すなわち、わたしの事実的な自我の純粋に可能な変様態を含み、伴っているのである。われわれは最初から、事実的な自我を自由に変様させて考え、こうして先験的自我一般の明瞭な構成の本質研究という課題を、設定することもできたであろう。

新しい現象学は、最初からそのように行なってきた。したがって、これまでわれわれが行なった記述あるいは問題の確定は、実際には、根源的な形相的形態を経験的類型の形態の中へもどし入れることであった。それゆえ、もしもわれわれが、現象学は純粋に形相的な方法に従って、直観的でアプリオリな学問として形成されると考えるとすれば、現象学の行なうあらゆる本質研究は、わたしの事実的自我にとって純粋に可能なあらゆる変様態と、この事実的自我それ自身とを、可能性としてそれ自身のうちに含む先験的自我一般の普遍的形相の解明にほかならないわけである。したがって、形相的現象学とは、わたしおよび先験的自我一般が、それなしには考えることのできない普遍的でアプリオリなものを研究するものである。いいかえれば、あらゆる本質普遍性は、打ち破りえない合法則性という価値をもつから、形相的現象学は、先験的なものに関するあらゆる事実的言表に、それの可能的意味〔反対のばあいは無意味〕を予示する普遍的な本質法則性を探究するわけである。

絶対的に厳密に基礎づけられた普遍的学問——この学問の可能性をわたしは試みに根底に置いた——という哲学の理念にみちびかれて、デカルト的に省察する自我としてのわたしにとって、以上のような考察を行なうことによって、次のことが明らかになる。それはすなわち、わたしはまず最初に、純粋な形相的現象学を展開せねばならないということ、そして、その形相的現象学においてのみ、哲学的学問——「第一哲学」という学問——がはじめて実現されるし、また実現可能である、ということである。

わたしは、先験的還元のあとでは、わたしの本来の関心を、わたしの純粋自我、および純粋自我によるこの事実的自我の解明に向けているが、しかしその解明は、自我一般としての自我に属する必当然的原理に、すなわち本質普遍性と必然性とに依拠することによってのみ、真に学問的になることができる。事実というものは、本質普遍性と必然性とによって、みずからの合理的基礎に、すなわちみずからの純粋可能性に遡って関係づけられることによって、学問的〔論理的〕に把握されるのである。

ここで、次のことは、じゅうぶんに注意されなくてはならない。それは、わたしの自我から自我一般への移行のさい、他我の範囲の現実性も可能性も前提されていない、ということである。このばあい、形相としての自我の範囲は、わたしの自我の自己変様によって規定されているのである。わたしは、あたかもわたしが他我であるかのようにみずからを想定するだけであって、他我を想定するのではない。こうして、純粋可能性に関する学問が、「本来」、現実性に関する学問に先行し、前者が後者を、一般に学問としてはじめて可能にするのである。こうしてわれわれは、次のような方法上の洞察に到達する。それは、現象学的還元と並んで、形相的直観が、あらゆる特殊な先験的方法の根本形式である〔先験的現象学の正しい意味は、その両者によって完全に規定される〕、という洞察である。

① 先験的記述、いいかえれば形相的記述は、「事実的な先験的自我の事実的できごとの類型」の記述、すなわち対象を指向し、構成する事実的な先験的自我の事実的な指向体験の構造、種類、本性の記述、つまり経験の本質の記述として、当然、経験的な意味をもつ。

② 知覚の形相によって理念上包括されるものは、単に事実上の現前の知覚であるだけでなく、知覚という本性をもつあらゆる知覚、すなわち知覚一般であるという意味。

第三十五節　形相的内部心理学のための付論

われわれは、ここでも再び、次のような注意を無視しないなら、われわれを先験的現象学に結びつけているわれわれの自己閉鎖的な省察の範囲を超え出るのである。その注意とは、もしわれわれが自然的な世界観察の地盤の上に立って、実証科学としての心理学を得ようと努め、しかもそのさい何よりもまず、その実証科学としての心理学にとって必要な、本来最初の心理学を、すなわち純粋に内部経験にもとづく心理学、つまり純粋に指向的な心理学を獲得しようと努めるさいには、方法に関する上述の根本的考察の内容全体が、わずかに変更されるだけで――もっともそのわずかの変更が、その考察のもつ先験的意味を失わせることにはなるが――いぜんとして有効である、ということである。

　そのさい、具体的な先験的自我には、人間としての自我、具体的には、純粋にそれ自身単独に把握された心としての自我、心に極化された自我、すなわちわたしの習性や性格の極としての自我が対応する。そのばあいには、形相的な先験的現象学の代わりに、形相としての心に関係する形相的な純粋心理論[1]が現われるが、しかしこの心理論はもちろん、心の形相的地平を問うことはしない。しかし、心の形相的地平が問われるときに、そのような実証性の克服の道が、すなわち絶対的現象学、つまり先験的自我の現象学への移行の道が開かれるであろう。その先験的自我は、その自我の先験的存在領域のかなたへとその自我をつれてゆくような、それゆえその自我を相対化しうるような、いかなる地平ももはや決してもたないのである。

(1)　ここでのフッサールの、「形相的な純粋心理論」の欠陥の指摘は、必ずしも明らかでない。この心理論の欠陥は、「それ自身単独に把握された心としての自我」「形相としての心」を問題にはするがその心としての自我の対象指向的関係を見ないという点にあるのか、それともこの心理論はすでに「指向的な心理学」ではあるが、まだ実証的段階にとどまっていて、「心の形相的地平」を問う本質学になっていないという点にあるのか、この点明らかでない。一般的にいって、フッサールの主張する「先験的自我の現象学」の心理学に対する特徴は、自我を対象指向的なものとしてとらえることと、その対象指向的関係における自我の形相を記述することにある。

第三十六節　可能な体験形式の世界としての先験的自我、共存と継起における体験の共存可能性の本質法則的規則

われわれが、先験的現象学の理念に関して、形相的方法に従って重要な新しい把握をしたあとで、再び現象学的問題の解明に立ち帰るとすれば、われわれは今後は当然、純粋に形相的な現象学の領域内に身を置くことになる。その形相的な現象学においては、先験的自我の事実、およびその自我の先験的経験において与えられる個々の所与事実は、純粋可能性に対する事例という意味をもつにすぎない。われわれは、これまでにあげた諸問題をも、形相的問題として理解する。つまり、それらの問題を純化して形相をとり出すという、これまでに例をあげて示した可能性が、それらのどの問題のばあいにも実現されるものと考える。具体的自我一般を、その本質的内容に関して真に体系的に開示するという理念的課題をじゅうぶんにはたすこと、あるいは問題を真に体系的に提出し、研究を体系的に進めてゆくこと、これらのことはきわめて困難なことである。

なぜなら、何よりもまずわれわれは、先験的自我の構成という特殊な普遍的問題に対して新しい端緒を獲得しなくてはならないからである。

先験的自我そのものにそなわる普遍的でアプリオリなものは、無限に多くの形式をみずからのうちに含む本質形式である。それは、みずからのうちにおいて現実的存在として構成されうる諸対象を伴った、生の可能な顕在性と潜在性との無限に多くのアプリオリな類型をみずからのうちに含む本質形式である。しかし、自我は統一をもつことによって可能となるので、自我にとっては、可能な個々のあらゆる類型が共存しうるわけではない。すなわち、それらのあらゆる類型が、自我自身の時間性の任意の秩序、任意の場所において共存しうるのではない。わたしが何かの学問の理論を形成するばあい、その複雑な理性のはたらきと、そのはたらきによって形成される理性的存在者とは、ある本質類型をそなえているが、しかしその本質類型は、あらゆる自我において可能なのではなくて、自我が人間〔理性的動物〕という本質形式をとって、世界の存在となったときに現われる特殊な意味での理性的自我においてのみ可能なのである。わたしが、わたしの事実的な理論的はたらきを形相的に類型化するとき、わたしが、それを意識するとしないとにかかわらず、わたしは、わたし自身をもともに変様させるのである。ただし、まったく任意にではなく、理性的存在という相関的な本質類型の範囲内において変様させるわけである。

明らかにわたしは、いま行なった、また行ないうる理論的はたらきを、わたしの生の統一の中へ任意に移し入れられたものと考えることはできない。そして、このできないということもまた、形相的領域に移されるわけである。わたしの幼時の生と、その生のもつ構成の諸可能性との形相的把握が、次のような類型を明らかにする。それは、学問的な理論的はたらきという類型は、わたしの生の発達につれて現われてくるが、幼時の生そのものの連関のうちにおいては現われることができない、という類型である。

そのような制限は、その根拠を、一つのアプリオリな普遍的構造の中に、すなわち自我の時間性のうちでの共存および継起の普遍的な本質法則の中にもっている。なぜなら、わたしの自我の中で現われるもの、また形相的にいえば、自我一般の中で現われるものはいかなるものでも、指向体験でも、構成された統一体でも、自我の習性でも、それぞれの時間性をもっており、この点においてそれらは、普遍的な時間性の形式体系に関与しているからである。およそ可能なあらゆる自我は、その普遍的な時間性の形式体系をもって、自己を自己自身に対して構成するのである。

第三十七節　あらゆる自我発生の普遍的形式としての時間

共存可能性の本質法則〔事実としては、互いに同時的または継続的に存在すること、および存在しうることの規則〕は、最も広い意味においては、因果性の法則、すなわち、原因と結果の法則である。しかしここでは、因果性という、偏見にまとわれている表現は避けて、この先験的領域においては〔純粋心理学の領域におけると同様に〕動機づけ①といういい方を使用するほうがよいであろう。

先験的自我の実的な存在内容をなす体験世界は、（多くの体験がその）流れの普遍的統一形式のうちにおいてのみ共存しうる世界である。すなわち、あらゆる個々の体験そのものは、流れの普遍的統一形式のうちで流れるものであるから、その流れの普遍的統一形式のうちで秩序づけられるわけである。したがって、具体的体験と、その体験の流れそのもののうちで流れつつ構成される形成物との、あらゆる特殊な形式に含まれているこの最も普遍的な形式がすでに、あらゆるものを結びつけ、そして個々のあらゆるものをそれぞれに支配している動機づけの形式である。われわれは、この動機づけの形式を、普遍的発生の形式的法則と呼ぶこともできる。この普遍的発生の形式的法則に従って、過去、現在、未来が、流れゆく所与様式のあるノエシス・ノエマ的形式構造において、たえず一つに構成されるのである。

しかし生は、この最も普遍的な形式の内部において、個々の多様な動機づけと動機づけの体系とによって動機づけられた、特殊な構成的能作の過程として経過する。そして、それらの個々の動機づけと動機づけの体系とは、発生の普遍的な法則に従って、自我の普遍的発生の統一を形成するのである。自我は、いわば、歴史の統一において、自己を自己自身に対して構成するのである。われわれは、自我に対して存在するあらゆる対象、すなわち、内在的対象および超越的対象、観念的対象および実在的対象のあらゆる構成が、自我の〔自己〕構成の中に含まれるといったが、いまやそれに加えて、それぞれの対象や対象の範疇を、自我に対して存在させる構成の諸体系は、それ自身、合法則的発生の枠内《わくない》においてのみ可能である、といわねばならない。それらの構成の諸体系は、そのさい同時に、具体的自我〔モナド〕を、統一体として、すなわち共存可能な個々の存在内容をそなえているものとして可能にする普遍的な発生形式によって結びつけられている。

わたしに対して、自然や、文化世界や、社会的形式をもつ人間世界などが存在するということは、それらについての経験の可能性が――わたしが、まさしくそのような対象を、現実に経験しようがしまいが、わたしがいつでも開始することができ、ある総合の型に従って自由に継続することのできる可能性として――わたしに対して成立している、ということを意味している。さらにそのことは、それらについてのその他の意識様式、すなわちあいまいな思念などが、可能性としてわたしに対して存在しているということ、そしてまた、それらの意識様式には、以前に述べた類型の経験によって、充実されたりあるいは無効にされる可能性も含まれている、ということを意味している。それには、確固として形成された習性、すなわち、本質法則に従うある発生にもとづいて形成され獲得された習性が含まれている。

ここで人は、空間表象、時間表象、事物表象、数の表象などの心理学的起源という古くから知られている問題を思い出すであろう。それらの問題は、現象学においては、先験的問題として、そして当然、指向的問題という意味をもって、しかも普遍的発生の問題の中に組み入れられる問題として現われる。

形相的現象学の問題設定の中に含まれている究極的普遍性に到達することは、きわめて困難なことであり、したがってまた、発生の究極に到達することも、同様にきわめて困難である。現象学の初心者は、自分自身を範例として出発したという事情によって、無意識のうちに拘束されている。彼は、まず自己を、先験的分析において自我として見出し、次いで自我一般として見出す。この自我は、すでに一つの世界、すなわち、われわれの周知の存在論的類型をそなえた世界、すなわち自然、文化〔学問、美術、技術など〕、高次の人格性〔国家、教会〕などをそなえた世界に関する意識をもっている。最初に形成される現象学は、単に静態的な現象学であり、それの記述は、個々の類型を追い、せいぜいそれらを秩序づけて体系化する博物学の記述に似ている。そこでは、普遍的発生の問題と、時間的形成を超えている自我一般の発生の構造とは、まだ触れられていない。実際それらの問題は、まさしく高次の問題なのである。しかし、それらの問題が提出されるさいでさえ、それは、ある制約のもとで行なわれるのである。というのは、最初は、本質考察でさえ、自我に対して、すでに一つの構成された世界が存在しているという制約のもとで、自我一般に固執するからである。

しかしながら、これも必要な段階なのである。われわれはその段階から出発して、その段階に属する発生の法則形式を開示することによってはじめて、最も普遍的な形相的現象学の可能性を洞察することができるのである。この最も普遍的な形相的現象学においては、自我はきわめて自由にみずから変様する。したがって自我は、われわれにとって自明的な存在論的構造をもつ世界が、自我に対して本質的に構成されているということを理念的で制約的な前提として、それに固執するようなことは決してないのである。

(1)「あらゆるできごとは原因をもつ」という原則は、自然のできごとに関していわれるばあい「因果性の法則」であり、人間の心的できごとに関しては、心理学において「動機づけ」と呼ばれる。その「動機づけ」とは、人間の心や行動をひき起こす原因および条件の総体のことである。フッサールはこのような意味での「動機づけ」の概念を使用する。先験的自我およびその実的な存在内容をなす体験世界は、さまざまな形式に従って発生する。それらの形式が動機づけの形式である。すなわち、「動機づけ」の探究は、自我およびその体験はいかなる形式や法則に従って発生するかということの探究になる。

第三十八節　能動的発生と受動的発生

　ところで、まずわれわれが、世界に関係づけられている主観としてのわれわれにとって重要な意味をもつ、構成による発生の普遍的原理を問うとすれば、その原理は、二つの根本形式に従って、能動的発生の原理と受動的発生の原理とに区別される。能動的発生のさいには、自我は、自我の特別な作用によって、産出的に構成するものとしてはたらく。その自我の作用には、最も広い意味での実践的理性のあらゆる能作が含まれる。この意味においては、理論的理性もまた、実践的である。その理論的理性において特有なことは、次のことである。それは、共同化によって社会性〔もちろん、これの先験的意味がまず明らかにされねばならないが〕の中に結合されている自我の諸作用が、特殊な能動的なはたらきによる多様な総合において、互いに結びつけられつつ、〔対象をあらかじめ与える意識の諸様式の中で〕すでにあらかじめ与えられている対象の基礎の上に、新しい対象を根源的に構成する、ということである。そのばあい、その新しい対象は、産出されたものとして意識に現われる。こうして、集合作用において集合が、数える作用において数が、分割作用において部分が、陳述作用において述語あるいは述語的事態が、推論作用において推論などが、産出されたものとして現われる。

　根源的な普遍性の意識もまた、普遍的なものを対象として構成する一つの能動的なはたらきである。その結果として、自我の側面には、持続的妥当性をもつ習性が構成され、その習性はいまや、自我に対して単純に存在するものとしての対象を構成することにともに参加する。それゆえわれわれは、範疇的直観において再び与えられるような同一の対象を、総合的意識をもって再産出するようなさいにも、また総合的に連関するばく然とした意識のさいにも、対象にくり返し立ち帰って把握することができるのである。相互主観的な能動的はたらきに関係するような種類の対象〔たとえば、文化的対象〕の先験的構成は、先験的相互主観性の構成があらかじめ行なわれていることを前提するが、その先験的相互主観性の構成については、のちにはじめて語ることになろう。

特別な意味での理性のそのような種類の能動的はたらきと、それと相関する理性の産物〔観念的対象〕——これはすべて非実在という性格をもつ——との高次の形成を、われわれは、すでに述べたように、直ちに、あらゆる具体的自我そのものに属するものとみなすことはできない〔このことは、われわれの幼時を思い起こしてみるとすでに明らかである〕。もっとも、経験的な把握作用とか、経験したものをその要素に分解したり、総合したり、互いに関係づけるといった作用のような最底層の作用に関しては、事情はおのずから別であろう。

しかしながら、いかなるばあいにも、能動的はたらきによるあらゆる構成は、必然的に、対象をあらかじめ与える受動的はたらきを、最底層として前提している。したがって、能動的はたらきによる構成を追跡すると、われわれは、受動的発生による構成にゆきあたるのである。生活において、そこにある単なるもの〔そのものを、たとえば槌《つち》として、机として、芸術作品としてわれわれに知らせるいっさいの精神的性格を捨象した単なるもの」としてわれわれに対して現われているいわば既成の対象は、受動的経験の総合の中で、それ自身という根源的ありさまにおいて与えられているのである。対象は、能動的把握作用とともにはじまる精神的なはたらきに対して、既成の対象として、あらかじめ与えられているのである。

　精神的なはたらきが、それの総合的能作を遂行しているあいだ、それにあらゆる材料を提供する受動的総合が、たえず行なわれているわけである。受動的直観においてあらかじめ与えられる事物は、統一的直観の中においても引き続き現われる。そしてそのさい、その事物が、部分や特徴に従って個別的に把握する解明の能動的はたらき「によって」どれほど変様されようとも、その事物は、その能動的はたらきのあいだも、そのはたらきの中にあっても、いぜんとしてあらかじめ与えられたものであることに変わりない。すなわち、事物は、多様な現われ方において、いいかえれば、統一的な視覚的あるいは触覚的な知覚像として現われるが、それらの明らかに受動的な総合において、一つの事物とか、その事物における一つの形態などが現われるのである。

　だが、まさにこのような総合は、このような形式をもつ総合として、総合それ自身の中で示されるみずからの歴史をもっている。わたし、すなわち自我が、すでに最初の一瞥《いちべつ》において事物を経験することができるのは、本質的発生によるのである。このことはさらに、現象学的発生に対してと同様に、普通の意味での心理学的発生に対しても妥当する。

われわれが、幼時の初期に、一般に事物を見ることをまずもって習得せねばならなかったということ、また事物を見ることが、発生の順序からいって、事物を意識するそのほかのあらゆる様式に先行せねばならなかったということも、じゅうぶんに理由のあることである。それゆえに、幼時の初期においては、対象をあらかじめ与える知覚領域には、一瞥しただけで事物として把握されうるようなものはまだ何も含まれていないのである。しかし、われわれ省察する自我は、受動性の地盤に立ち帰らなくても、あるいは心理学の行なう精神物理的な外部観察をまったく使用しなくても、経験という現象そのもののもつ指向的内容、すなわち事物経験とかそのほかのあらゆる経験という現象のもつ指向的内容に立ち入ることによって、われわれを一つの歴史へとみちびく指向的指示を見出すことができる。したがって、それらの現象を、ほかの〔構成されたまさに同一の対象に関係づけられていなくとも〕それらに本質上先だつ以前の形成物にもとづいて、そのあとで形成されたものとして知らせる指向的指示を見出すことができるのである。

　しかしそのときわれわれは、直ちに、一部はあらゆる能動的はたらきに先行しながら、また一部はあらゆる能動的はたらきそのものを再び包括しながら、たえず新たな総合を行なう受動的形成の本質的法則に出会う。すなわち、自我の習性の中で持続している形成物としての多様な把握作用の行なう受動的発生に出会う。それらの把握作用は、中心的自我に対しては、あらかじめ形成されて与えられているものとして現われ、それらが実際にはたらくときには、中心的自我を触発し、はたらきへと動機づける。自我はいつも、そのような受動的総合〔これには能動的総合の能作も参加する〕のおかげで、対象の環境をもつわけである。

発達した自我としてのわたしを触発するすべてのものが、対象として、すなわち知りうる述語の基体として把握されているということが、すでにそのような受動的総合によることなのである。なぜなら、その受動的総合は、対象を認識させるものとしての解明、すなわち対象を恒常的所有物として、つまり何度でも近づくことのできるものとして構成する解明を可能にするあらかじめ知られている目標形式であるからである。この目標形式があらかじめ知られているのは、それが発生によって生じたものであるからである。その目標形式はそれ自身、その形式を生み出した根源的創造作用を遡り示している。すべての知られているものは、根源的な習得作用を指し示している。われわれが未知なものと呼ぶものも、すでに知られている構造形式を、すなわち対象という形式、さらに詳しくは空間的事物、文化的対象、道具などの形式をもっているのである。

第三十九節　受動的発生の原理としての連合①

能動的形成物に完全に先だって与えられているあらゆる対象を構成する受動的発生の普遍的原理は、連合という名称で呼ばれる。連合とは、指向性をあらわす名称であることにじゅうぶん注意せねばならない。連合はそのようなものとして、それの根源的形態において記述的に示されうるし、またそれの指向的能作は、あらゆる受動的構成を、すなわち内在的時間対象としての体験の構成、および客観的な空間時間的世界に属する実在的なあらゆる自然的対象の構成を、理解させることのできる本質法則に従っている。連合とは、先験的現象学の根本概念である〔それは、先験的現象学と並行関係にある心理学としての純粋な指向的心理学にとっても、連合が根本概念であるのと同様である〕。

連合、および連合法則に関する古い概念は、たとえヒューム以来、一般に純粋な心的生の連関に関係するものとして考えられてきたとはいえ、やはりそれは、連合に関する真の指向的概念の自然主義的歪曲《わいきょく》にすぎない。現象学が、連合の探究への通路を発見したのは非常に遅かったが、連合という概念は、現象学によってまったく新しい意義を獲得し、新しい根本形式によって本質的に新たに確定されるのである。その新しい根本形式には、たとえば、共存と継起のさいの感性の形成法則が含まれている。伝統にとらわれている人には、奇妙に思われるかもしれないが、現象学的には明らかに、連合とは、心の与件を総括するさいの単なる経験法則をあらわす名称ではなく、すなわち、古い見方に従った心の内部にある引力のようなものをあらわす名称ではなく、純粋自我の行なう構成の指向的本質法則をあらわすための、したがって自我を自我として考えうるためには不可欠な、自我に固有なアプリオリの領域をあらわすための、一つのしかも最も包括的な名称なのである。

　発生の現象学によってはじめて、自我は、総合的に結びついた諸能作の、普遍的発生の統一のもとに結合された無限の連関として理解されるのである。そのさい、それらの諸能作は、各段階において、時間性という普遍的な持続的形式に完全に合致せねばならない。なぜなら、この時間性それ自身が、本質上すべての新しいものを包括するつねに受動的で完全に普遍的な発生において、構成されるからである。この階層構造は、把握の恒常的な形式体系として、またそれとともに、固定した存在論的構造をもつ客観的世界をも含めた多くの構成された対象の恒常的な形式体系として発達した自我のうちに保持されている。また、この保持されているということ自体も、発生の一形式にすぎない。それらの構成全体において、それぞれの事実は不合理である。しかし、それぞれの事実は、自我における事実としてのそれらの事実に属するアプリオリの形式体系のうちにおいてのみ可能である。しかしそのさい、事実と、それの非合理性それ自身が、具体的なアプリオリの体系のうちにおける一つの構造概念であることを見逃してはならない。

(1) 連合 Assoziation は、連想ともいう。感覚や観念などの要素的経験が、ある法則に従って結びつくこと、およびこのような要素的経験のあるものがほかのものを断続的または同時的に呼び起こすことを連合という。連合の事実を最初に指摘したのはプラトンであり、これを定式化したのはアリストテレスであるが、近世にはいってイギリス連想学派がおこり、すべての心的現象は連合によって説明しうるとして、その法則を詳しく研究した。連合の概念は、その要素性のゆえに、ゲシュタルト心理学によって激しく攻撃されたが、現代心理学においても決してその勢力が死滅したわけではなく、ある意味においては、条件反射学や新行動主義の主要概念になっている。フッサールも、従来の連合概念の要素性は批判しながらも、連合を新しくとらえることによって、受動的総合や他我認識や他の文化の認識の原理としている。

第四十節　先験的観念論の問題への移行

現象学のすべての問題は、意識による対象の〔静態的および発生的〕構成という統一的な全体的名称に還元されるから、現象学を先験的認識論と呼ぶことも正しいように思われる。われわれは、この意味での先験的認識論を、伝統的認識論と対比してみよう。

伝統的認識論の問題は、超越の問題である。伝統的認識論は、経験論的認識論として、普通の心理学を基礎とするばあいでも、認識に関する単なる心理学であることで満足するのではなくて、認識の原理的可能性を究明しようとするのである。そのような伝統的認識論にとっては、問題は、自然的見方において生じ、そしてその後も自然的見方において取り扱われる。その見方においては、わたしは、わたしを、世界のうちにある人間として見出し、そして同時に、世界を経験し、わたしを含む世界を学問的に認識するものとして見出す。

いまやわたしは、自分に対して次のようにいう。わたしに対して存在するすべてのものが、そのようにわたしに対して存在するのは、認識するわたしの意識によってである。すなわち、それらはわたしにとって、わたしの経験作用によって経験されたものであり、わたしの思惟作用によって思惟されたものであり、わたしの理論活動によって理論づけられたものであり、わたしの洞察作用によって洞察されたものである、と。人がフランツ・ブレンターノに従って、指向性というものを承認するなら、人は、次のようにいうであろう。わたしの心的生の根本特性としての指向性は、すべての人間にとってと同じく、人間としてのわたしにとって、わたしの純粋に心的な内面に属する一つの実在的な特性をあらわしており、そして、すでにブレンターノが、指向性を、人間に関する経験的心理学の中心に移し入れた、と。

しかし、自我に関するこの最初の見解は、自我に関する自然的見解であり、またそれにとどまる。その見解は、与えられた世界の地盤の上に立っているだけでなく、問題の展開全体をも、引き続きその地盤の上に引きとどめるのである。したがって、次のようにいわれるのは、まったく当然なことである。人間にとって、あるいはわたしにとって存在し、また妥当するいっさいのものは、わたし自身の意識生命のうちにおいて存在し、妥当するのであり、そしてわたし自身の意識生命は、それが世界をどのように意識しようとも、またどのような学問的はたらきをしようとも、自分自身のもとにとどまる、と。

わたしが、真の経験と偽りの経験とのあいだに、また経験において、存在と仮象とのあいだに行なうすべての区別は、わたしの意識領域そのものの内部において行なわれるわけである。わたしがより高次の段階において、洞察的思惟と非洞察的思惟とのあいだに、またアプリオリに必然的なものと不合理なものとのあいだに、経験的に正当なものと経験的に虚偽なものとのあいだに、区別を行なうさいも同様である。明証的に現実的、思惟必然的、不合理的、思惟可能的、蓋然的などのすべては、わたしの意識領域そのもののうちにおいて現われるそれぞれの指向対象における性格なのである。真理や存在のあらゆる基礎づけやあらゆる証明は、完全にわたしのうちで行なわれるのであり、その基礎づけや証明の結果は、わたしの意識作用のもつ意識対象における性格なのである。

ところで、人々は、このことの中に、大きな問題をみるのである。わたしが、わたしの意識領域のうちで、したがって、わたしを規定する動機づけの連関の中で確信に、否、さらには、異論のない明証にさえ到達するということは、理解できる。しかしながら、内在的な意識生命のうちにおいて行なわれるそのようなはたらきの全体は、いかにして客観的意義を獲得することができるのか。明証〔明晰判明な表象〕は、いかにしてわたしのうちでの一つの意識性格であること以上のことを要求しうるのか。これこそ〔世界の存在妥当性の排除という、おそらくは決して瑣末《さまつ》ではない問題を別とすれば〕デカルトの問題としたことであるが、彼は、それを神の誠実ということによって解決せざるをえなかったのである。

第四十一節　「先験的観念論」としての「われ思う」の真の現象学的自己解明

現象学の行なう先験的自己省察は、上述の問題に対して、どう答えるか。その答えは、上述の問題全体が不合理である、ということにほかならない。デカルト自身、その不合理におちいらざるをえなかったが、それは、彼が、彼の行なった先験的判断中止と純粋自我への還元の真の意味を見誤ったからである。ところが、デカルトの後継者たちの普通の思惟態度は、デカルトの行なった判断中止をまさしく完全に無視しているので、なおはるかに粗雑なものになっている。

われわれは問おう。あのような先験的問いを正しく提出することのできる自我とは、いったいどのようなものなのか、と。わたしは、自然的人間として、真剣に、しかも先験的に、次のように問うことができるであろうか。わたしは、わたしの意識の島[1]からいかにして脱出することができるか、わたしの意識のうちにおいて明証体験として現れるものは、いかにして客観的意義を獲得しうるか、と。わたしが、わたし自身を自然的人間として把握するときには、わたしはまぎれもなくすでに、それに先だって空間の世界を把握しており、そしてわたしを空間の中にあるものとして把握しているわけである。空間の中において、わたしはすでにわたしの外部をもっている。したがって、世界把握の妥当性が、すでに問題設定の中で前提されており、問いの意味の中にひきいれられているのではないか。だが、客観的妥当性一般の正当性は、その問いに対する解答によってはじめて与えられるべきものであろう。超越的なものに関する認識の可能性への問いとしての先験的問いを設定することのできる自我と意識生命とを獲得するためには、現象学的還元を意識的に遂行せねばならないことは明白である。

しかしわれわれが、現象学的判断中止を軽率に行なわず、むしろ、体系的な自己省察において、純粋自我としての自己の意識領域全体を解明しようとするとき、純粋自我に対して存在するすべてのものは、その自我自身のうちで構成されるものであること、さらに、何らかの意味においての超越的という性格をもつすべての存在を含めてあらゆる種類の存在が、それぞれに特有なしかたで構成されたものであるということが、直ちに認識される。あらゆる形式における超越性は、自我の内部で構成される内在的な存在の性格である。およそ想定しうるあらゆる意味、あらゆる存在は、それが内在的といわれようと超越的といわれようと、意味や存在を構成するものである先験的主観性の領域内に属するのである。真の存在の世界を、可能な意識や認識や明証の世界の外部にある或るものとしてとらえ、そして、その二つの世界を、硬直した法則によって、単に外面的に相互に関係づけようとすることは、無意味である。その二つの世界は、本質的に連関しており、そして本質的に連関しているものとして、具体的にも一つである。すなわち、先験的主観性の唯一で絶対的な具体性のうちにおいて、一つなのである。

先験的主観性が、およそ可能な意味を包括する世界であるとすれば、先験的主観性の外部というようなことは、そもそも無意味である。あらゆる無意味でさえ、意味の一様相であり、したがってその無意味性も、自我による洞察可能な領域に含まれるのである。しかしこのことは、単に事実的自我や、そのような自我に対して存在するものとして、その自我が事実として近づくことのできるものに妥当するだけでなく、さらに――これは自我が事実として近づくことのできるものに含まれるものであるが――そのような自我に対して存在するものとしての無数に多数の他の自我や、それらの構成能作にも妥当する。より正確にいえば、それは次のようなことである。もしも先験的自我としてのわたしのうちにおいて、実際に行なわれているように、他の自我が先験的に構成され、そしてそのような構成の結果、わたしに対して生じてくる先験的な相互主観性によって、一つの共通な客観的世界が構成されるとすれば、前述のすべてのことは、わたしの事実的自我に対してだけでなく、わたしの自我から意味と存在妥当性とを獲得するこの事実的な相互主観性と世界に対しても妥当する、ということである。

わたしの自我がみずからのうちで遂行する現象学的自己解明、すなわち、わたしの自我の行なうあらゆる構成と、わたしの自我に対して存在するあらゆる対象との解明は、まさしく必然的に、アプリオリな自己解明という方法的形態をとる。そのアプリオリな自己解明とは、事実を、それに対応する純粋〔形相的〕な可能性の世界の中へ組み入れ、秩序づける自己解明のことである。

したがって、そのようなアプリオリな自己解明は、わたしの事実的自我が、その事実的な自我自身を、思惟〔想像〕において自由に変様することによって、その自我から獲得することのできる純粋な可能性の一事例であるかぎりにおいてのみ、わたしの事実的自我に関係する。それゆえ、アプリオリな自己解明は、形相的な自己解明として、自我一般としてのこのわたしの可能性の世界に、すなわち任意の他のものでありうるというこのわたしの可能性の世界に妥当する。したがって、その自己解明は、相関的変様において、このわたしの可能性に関係するあらゆる可能的な相互主観性にも、さらにまた、そのような相互主観性のうちで相互主観的に構成されたものと考えられる世界にも妥当するわけである。

したがって真の認識論は、先験的、現象学的認識論であってはじめて意味をもつ。その先験的、現象学的認識論とは、仮定の内在から仮定の超越への、いわゆる原理的に認識不可能な「物自体」というようなものへの不合理な推論に従事するものではなく、それはひたすら認識能作の体系的解明に従事するものなのである。そしてその認識能作は、先験的、現象学的認識論においては、あくまでも、指向的能作として理解されなくてはならない。まさにこのことによって、存在するものはいかなる種類のものでも、実在的なものでも観念的なものでも、それ自身、まさしく先験的主観性のこの指向的能作のうちで構成された形成物として理解されることになる。このような理解が、合理性に関して考えうる最高の形式である。

まちがったあらゆる存在解釈は、存在の意味をともに規定している地平と、その地平の中に含まれている指向性の解明という、その地平に属している課題とに対する素朴な盲目性から生ずる。地平と指向性の問題が、洞察され把握されるならば、その結果として、たえず明証的に、しかも同時に具体的に遂行される自我の自己解明としての普遍的現象学が生じてくる。さらに正確にいえば、その普遍的現象学とは、まず第一には、厳密な意味での自己解明としての現象学である。すなわち、自我はいかにして、自己自身を、みずからに固有な本質をもってみずからのうちで、またみずからに対して存在するものとして構成するかを体系的に示す自己解明としての現象学である。第二には、それはより広い意味での自己解明としての現象学である。すなわち、第一の自己解明から出発して、さらに、自我は、自我に固有な本質によって、みずからのうちで、いかにして他のもの、したがって客観的なものをも構成するのか、さらには一般に自我はいかにして、そのつど自我に対して、自我のうちで、非‐自我として存在妥当性をもっているいっさいのものを構成するのかを示す、自己解明としての現象学である。

現象学が、このような体系的具体性において完遂されたばあいには、その現象学は、根本的、本質的に新しい意味においてではあるが、当然、先験的観念論となる。その先験的観念論とは、心理学的観念論、すなわち、意味をもたない感覚与件から、意味をもった世界をみちびき出そうとする観念論ではなく、またそれは、物自体の世界の可能性を、少なくとも限界概念として保留しておくことができると信ずるカント的観念論でもない。むしろそれは、あらゆる可能な認識の主体としてのわたしの自我の自己解明にほかならない観念論である。しかもその自己解明は、自我に関する体系的学問という形式のもとで首尾一貫して行なわれるものであり、さらに自我としてのわたしに対して、まさに意味をもちうるはずの存在者のあらゆる意味を考慮して、行なわれるものである。この観念論は、遊び半分の議論による産物でもなければ、また実在論との弁証論的論争によって獲得される戦利品でもなく、これは、自我としてのわたしが想定することのできるあらゆる類型の存在者の意味、とくに〔経験によってわたしに現実にあらかじめ与えられている〕自然、文化、世界一般の超越の意味を、現実的研究によって解明するものなのである。しかし、そのような解明とは、構成を行なう指向性そのものを、体系的に解明することを意味する。したがって、この観念論を実証するものは、現象学自身なのである。

指向的方法の最深の意味か、先験的還元の最深の意味を誤解する人、あるいはそれらのいずれをも完全に誤解する人だけが、現象学と先験的観念論とを分離しようとすることができる。指向的方法の最深の意味を誤解している人は、その指向的心理学〔およびその中に含まれている指向的心理学的認識論〕の独特な本質を、また真に学問的な心理学の根本となり、中心となるというその心理学の役割をも、理解するところまで決して達していないのである。他方先験的、現象学的還元の意味と能作を見誤っている人は、いぜんとして先験的心理主義の中に立っているのである。その人は、見方の変更の本質的可能性から生ずる二つの並行するもの、すなわち、指向的心理学と先験的現象学とを混合し、自然的地盤に立ちどまっている先験的哲学という矛盾におちいっているのである。

われわれの省察は、すでに、哲学は必然的に先験的現象学という型の哲学でなければならないということ、またそれと相関的に、われわれに対して現実的および可能的に存在するものの世界の意味の唯一可能な解釈の型は、先験的、現象学的観念論である、ということを明証的にするところまで達した。そしてまた次のことも明証的になっている。それは、われわれの最も一般的な見取り図によって開かれた無限の課題、すなわち、省察する自我としてのわたしがみずからの構成作用と構成の産物とに関して行なう自己解明は、個々の省察の連鎖として、総合的に無限に遂行される統一的省察の普遍的な枠組のうちに組み入れられる、ということである。

われわれは省察をこれで終えて、これ以上のことはすべて個々の分析にゆだねてよいであろうか。獲得された明証は、明証のあらかじめ描かれた目的意味をすでにじゅうぶん満足させているであろうか。またその目的意味は、自己解明というこの省察的方法において生まれてくる哲学に対して、あの大きな信頼をわれわれにいだかせ、その結果われわれが、その哲学をわれわれの生命意志の中へとりいれ、喜ばしい確信をもって研究に着手することができるにじゅうぶんなまで描かれているであろうか。

　われわれは、われわれのうちで、否、省察する自我としてのわたしのうちで、一般に世界あるいは存在全体として構成されたものを一瞥したときにすでに、他我および他我の構成について言及することを避けることができなかった。わたし自身の自我のうちで構成された他我の行なう構成作用を介して、わたしに対して、〔すでに述べたように〕われわれすべてにとって共通な世界が構成されるのである。そしてまた、この共通な世界の構成には、当然、相ともに省察するものとしてのわれわれすべてに共通なものとしての哲学――唯一の永遠な哲学への理念――の構成も含まれている。しかし、われわれの明証、すなわち現象学的哲学と現象学的観念論とを可能な唯一のものとするわれわれの明証は、いまなお保持されうるであろうか。

　この明証は、われわれが、われわれの省察的直観の進行に身をゆだねつつ、その直観の中で現われてくる本質的に必然的なものを言表するかぎりにおいては、われわれにとって完全に明白であり、確実であった。しかし、われわれに対して他我というものが存在することの〔われわれすべてが感じている非常に不思議な〕可能性とそれの正確な様式とを、本質普遍性において理解するのにじゅうぶんなまで、方法上の見取り図が描かれておらず、またそれらに関する問題も解明されていないので、あの明証は、いまや動揺するのではあるまいか。

われわれの行なうデカルト的省察が、哲学者となろうとするわれわれにとって、哲学への正しい手引きであるべきだとすれば、またそれが、必然的に実践的な理念としての哲学の実現ということに基礎を与える端緒であるべきだとすれば〔したがってその端緒には、無限の研究を遂行するために歩むべき道程が、理念上必然的なものとして構成されねばならないということの明証もまた含まれている〕、われわれの省察自身、その目標と道程とに関して、少しも不審な点を残さないところまで進められなくてはならない。

われわれの省察は、かつてのデカルトの省察が意図したのとまったく同様に、哲学の目的理念に属する普遍的問題〔われわれにとっては、構成の問題〕を、あますところなく明瞭に解明しておかなくてはならない。そしてこのことの中には、次のことが含まれている。それはすなわち、われわれの省察は、存在するものの一般の真の普遍的な意味と、それの普遍的な構造とを、最大の、しかも厳密に確定された普遍性において、すでに明らかにしているのでなければならない、ということである。その普遍性は、まず最初は存在論的研究を、具体的なものと結びついた現象学的哲学という形態において、さらに次いでその結果として、哲学的な事実学[2]という形態において行なうことを可能にするものなのである。なぜなら、存在するものは、哲学にとってと同様に、現象学の相関的研究[3]にとっても、理論的に規定してゆくという無限の研究のめざす実践的理念であるからである。

① 意識を対象から切り離し、主観と客観という形で対立させるなら、意識は孤立的で閉鎖的な島のようなものとなり、意識はいかにしてその島から脱出し、もう一つの島あるいは陸地である対象、あるいは客観に到達しうるかという認識論的な問題設定が生じてくる。
② 一般に存在するものが、われわれにとって存在するといわれるのは、いかなる意味においてであるかを探究するのが「現象学的哲学」であり、それは一般的存在論に相当し、それに対して個々の特殊的存在者を研究するのが哲学的な事実学である。たとえば、哲学的人間学もその一つであり、これは一般的存在論に対して、特殊的存在論といえるであろう。
③ 現象学は、意識と対象、ノエシスとノエマの相関関係においてその両面を解明するのであるが、現象学にとっても、あらゆる哲学と同様、「存在するもの」はいかなる意味で存在するといえるのか、ということが究極の課題なのである。

第五省察　モナド論的相互主観性としての先験的存在領域の解明

第四十二節　独我論という非難に対して他我経験の問題を呈示すること

　われわれは、われわれの新しい省察の端緒として、重大であると思われる一つの非難をとりあげることにする。その非難というのは、みずからをすでに先験的哲学であると主張し、したがって、客観的世界に関する先験的問題は、先験的に還元された自我の範囲内で行なわれている構成についての問題設定と理論という形式のもとに解決することができるとする、先験的現象学の主張に向けられているものにほかならない。省察を行なう自我としてのわたしが、現象学的判断中止によって、わたしをわたしの絶対的な先験的自我に還元するとき、わたしは孤立することになるのではないであろうか。そしてわたしが、現象学という名称のもとで一貫して自己解明を行なうかぎり、わたしはいつまでも孤立しているのではないであろうか。それゆえ、客観的存在に関する問題を解決しようとし、かつみずからすでに哲学として現われようとする現象学は、先験的独我論という烙印《らくいん》を押されるべきではないであろうか。

しかし、このことをさらに詳細に考察しよう。先験的還元は、わたしを、わたしの純粋な意識体験の流れと、その顕在的および潜在的な意識体験によって構成される統一体とに結びつける。いまや、そのような統一体がわたしの自我から不可分であること、したがってそれがわたしの自我の具体性そのものに属するということ、これらのことはまったく自明なことのように思われる。しかしそのばあい、他我はどうであろうか。他我はたしかに、わたしのうちにおける単なる表象でもなければ、表象されたものでもない。すなわち他我は、単にわたしのうちにおける可能な確証の総合統一体ではなく、それの意味からいって、まさしく他者なのである。してみれば、われわれはこれまで、先験的実在論を不当に取り扱ってきたのではあるまいか。先験的実在論には、現象学的基礎づけが欠けているとしても、それが、自我の内在から他我の超越へといたる道を求めるかぎり、原理的には正しいのである。

しかし、現象学者としてのわれわれは、先験的実在論に従って、次のようにしかいえないであろうか。すなわち、自我のうちにおいて内在的に構成された自然および世界一般は、何よりもまずそれの背後に、それ自体において存在している世界そのものをもっているので、まさしく、その世界へといたる道が、まず求められねばならない。ところが、現実に超越的なものに関する認識の可能性の問題、とくに、わたしはわたしの絶対的自我から出発して、他我に、すなわち他者であるかぎりどうしても現実にわたしのうちにあるのではなくて、わたしのうちにおいて単に意識されているにすぎない他我に、いかにして到達できるかという問題からしてすでに、純粋に現象学的に提出されることはできないであろう、と。それというのも、わたしの先験的認識の範囲が、わたしの先験的経験の領域、およびその中に総合的に含まれているものを超えて、そのかなたにまではおよばないということは、はじめから自明なことではあるまいか。先験的経験においては、すべてのものが等しくわたし自身の先験的自我によってあらわされ、またそこから汲みとられるということは、自明なことではあるまいか。

しかしそれにしても、おそらくそのような考え方によって、すべてのことが正しく把握されているとはかぎらないであろう。われわれは、そのような考え方や、そのような考え方に使われている「自明なこと」を承認する前に、また弁証法的議論や、いわゆる「形而上学的」仮説[1]――それらが、可能なものと憶測するものは、おそらく完全に不合理なものとして明らかになるであろう――にかかわり合う前に、まず、いま他我という概念によって示唆されている現象学的解明の課題を、具体的研究において体系的にとりあげ、完遂することのほうが当然より適切であろう。ともかくわれわれは、われわれの先験的自我の地盤の上で、他我を知らせ、確証する、顕在的および潜在的な指向性に対する洞察を手にいれねばならない。すなわち、他我という意味は、いかにして、いかなる指向性によって、いかなる総合において、そしてどのような動機づけにもとづいて、わたしのうちで形成され、一致する他我経験という名称のもとに存在するものとして、さらに、それに特有なしかたで、それ自身そこに存在するものとして確証されるかを、明らかにしなくてはならない。このような能作をそなえた経験のあることは、わたしの現象学的領域に属しているまぎれもない先験的事実である。このような経験に問いかけずして、他のどこにおいて、他我の存在の意味を、全面的に解明することができようか。

(1) 世界や事物や他我は、それ自体において存在するということを「自明なこと」として前提する、マルクスの弁証法的唯物論における実在論やカントの「物自体」の仮説を指す。

第四十三節　他我経験の構成理論に対する先験的手引きとしての他我のノエマ的 - 存在的な与えられ方

さしあたりわたしは、わたしが他我を直線的に経験するさいに、また他我のノエマ的 - 存在的な内容に深く立ち入るさいに、わたしに与えられ経験される他我〔純粋にわたしの意識作用の相関者としての他我――その意識作用の詳細な構造こそ明らかにされねばならないのであるが」を、（他我経験の構成理論に対する）先験的手引きとする。他我のノエマ的‐存在的な内容の特異性と多様性とがすでに、この現象学的課題の多面性と困難さとを示唆している。たとえばわたしは、他我を、変化するが、しかし互いに一致している多様な経験において、現実的に存在するものとして経験し、しかも他方において、世界内部の対象として経験する。もっとも他我は、単なる自然物として経験されるのではない〔一面においてはすでに自然物としても経験されているが〕。

他我はたしかに、他我につねに属している自然的身体を、心によって支配しているものとしても経験される。他我は、そのような独特なしかたで身体と結びついている精神物理的対象として、世界の内部に存在している。しかし他方において、わたしは、他我を同時に、この世界に対する主観として経験する。すなわちわたしは他我を、この世界、つまりわたし自身が経験するのと同一のこの世界を経験し、そのさいわたしをも、すなわち世界を経験しそしてその世界の中において他我を経験するものとしてのわたしをも経験するものとして、経験する。このようにしてわたしは、この方向に研究を進めて、さらに多くのことをノエマ的に解明することができる。

したがって、いつのばあいにも、わたしは、わたしのうちにおいて、すなわち先験的（領域）に還元されたわたしの純粋な意識生命の範囲内において、他我を含んでいる世界を経験するわけである。しかしその世界は、それの経験的意味に従えば、わたしのいわば個人的な総合による形成物ではなくて、わたしだけの世界とは異なった相互主観的世界、すなわち、すべての人に対して現存していて、その中にある対象を通してすべての人がそれに接することのできる世界である。したがって、たしかに各人は、（世界についての）各人の経験、各人に対する世界の現われと現われの統一、つまり各人の世界現象をもっているが、しかし他方において、経験される世界は、経験するあらゆる主観、およびそれらの主観に現われるすべての世界現象に対立して、それ自体において存在しているのである。

このことは、どのように理解したらよいであろうか。次のことは、迷うことなく堅持しておかねばならない。それは、およそ存在するものがその「本質」、およびその「存在と現実的存在」に関して、わたしに対してもち、またもちうるいっさいの意味は、わたしの指向的生のうちにおいて、ないしそれにもとづいて、つまりわたしの指向的生の行なう構成的総合にもとづいて、意味として存在するということ、それらのいっさいの意味は、（経験の）一致によって確証する体系の中で、わたしに対して明瞭になり、あらわになる、ということである。したがって、一般に意味があると考えられるあらゆる可能な問題に対して、解決の地盤を提供するためには、さらに、そのような問題自体を一歩一歩提出し、かつ解決するためにも、顕在的および潜在的な指向性を体系的に解明することからはじめることが必要である。というのは、他我の存在も、そのような指向性において、わたしに対して形成され、かつそれの正しい内容、すなわち（他我指向を）充実するそれの内容に関して解明されるからである。

したがって問題は、最初は、他我のわたしに対する現存という、まさしく一つの特殊な問題として、したがっていわゆる感情移入[1]という、他我経験に関する先験的理論の問題として提出される。しかし、そのような理論のおよぶ有効範囲は、最初に見えるよりもはるかに大きいということ、すなわちその理論は、客観的世界に関する先験的理論の基礎づけにも有効であること、しかもこのことは、とくに客観的自然に関してもまったく同様であること、これらのことが直ちに明らかになるであろう。世界の存在の意味、とくに客観的なものとしての自然の存在の意味には、われわれがすでに述べたように、たしかに、すべての人に対して現存するということが含まれており、そしてこのことは、われわれが客観的現実について語るとき、いつも同時に念頭に置いていることである。さらに経験的世界には、精神をあらわす述語をそなえた対象が含まれているが、それらの対象は、その起源と意味を、主観に、しかも一般には、他の主観、およびそれらの主観の能動的に構成する指向性に負っているのである。

すべての文化的対象〔書物、道具、何らかの種類の製作物など〕がそのような対象であるが、それらの文化的対象はまた同時に、すべての人に対して〔すなわち、それぞれの文化社会、たとえばヨーロッパ文化社会、あるいはもっと狭くフランス文化社会などのような、それぞれの文化社会に属するすべての人に対して〕現存するという経験的意味をそなえているのである。

(1) 自然界や他人に自分の感情を知らずしらずのうちに移し入れて、それら自身が感情をもっているかのように感ずること。フッサールは、連合による感情移入を他我認識の根本原理とし、さらにそれを他の文化の認識の原理とする。

第四十四節　先験的経験をそれに固有な領域に還元すること

いまは、他の主観の先験的構成、およびそれの先験的意味が問題であり、そしてつづいては、内面から発して、客観的世界をわたしに対してはじめて可能にする普遍的な意味の歴史が問題なのであるから、当面問題になっている他の主観は、まだ客観的な他我、すなわち世界のうちに存在する他我という意味をもつことはできない。[1] ここで、正しく歩むために、方法上最初に要求されることは、さしあたり、普遍的な先験的領域の内部において、研究主題を確定するための特別な判断中止を行なうことである。われわれはまず最初に、他の主観性に現在問題となっているすべてのものを、研究主題の領域から排除する。すなわちわれわれは、他の主観性に直接的にあるいは間接的に関係する指向性のすべての構成能作を捨象する。そしてわれわれは、さしあたり次のような指向性の全体的連関を確定することにする。すなわち、それによって自我がみずからの固有領域のうちにおいてみずからを構成するところの、またそれによって自我が総合統一体——これは指向性から不可分であり、したがってそれ自身指向性の固有領域に所属するものとみなされねばならない――を構成するところの、顕在的および潜在的な指向性の全体的連関を確定することにする。

先験的構成が、わたしに他我に関係するものとして呈示するいっさいのものを捨象して、わたしに固有な先験的領域、あるいは先験的で具体的なわたしの自我自身に還帰することは、ここではある特別な意味をもっている。世界を認める自然的見方においては、わたしは、わたし自身と他我とを区別し、両者を対立している形態として見出す。わたしが、普通の意味で、他我を捨象すると、わたしだけがあとに残る。しかし、そのような捨象は、徹底的なものではない。なぜなら、そのようにして、わたしだけが存在するということは、あらゆる人にとって経験可能であるという世界の自然的意味を少しも変えないからである。世界のそのような自然的意味は、ペストが流行して、わたしだけが生き残ったさいにも、自然的なしかたで理解された自我に付着していて、失われることはない。

しかし、先験的見方をとり、そして同時に、上述したような、他我を構成する能作を捨象したばあいには、省察を行なうものとしてのわたしの自我は、その先験的特性からいって、世界の現象全体の内部における、単なる相関現象に還元された普通の意味での人間としての自我ではない。むしろいま問題なのは、客観的世界を構成するものとしての先験的自我が、そのうちにおいて生きている普遍的構成の本質構造なのである。

自我としてのわたしにとくに固有なもの、すなわち純粋にわたし自身のうちで、かつわたし自身に対して、完結した固有領域をもって存在しているモナドとしてのわたしの具体的存在は、あらゆる指向性を含んでおり、したがって他我へ向かう指向性をも含んでいる。たださしあたりは、方法上の理由から、他我へ向かう総合的能作〔したがってわたしに対する他我の現実性〕を当面の主題範囲から除外しておかなくてはならない。このような特別の指向性において、わたしのモナド的自我の固有領域を超え出る新しい存在の意味が構成され、そしてわたし自身としての自我ではなくて、わたし自身の自我、つまりわたしのモナドの中に自分を反映するものとしての自我が構成されるのである。

しかし、この第二の自我は、単純にそこに存在していて、本来の意味でそれ自身がわれわれに与えられるのではなくて、その自我は、他の自我として構成されるのであり、そのばあい、他の自我という表現において契機として示唆されている自我とは、わたしの固有領域内におけるわたし自身なのである。他我は、構成されたものというその意味からして、わたし自身を指し示す。他我は、わたし自身の反映なのである。だがそれも、わたし自身の本来の反映ではなくて、わたし自身の類似者であり、しかもまたその類似も、普通の意味での類似ではない。

したがってまず最初に、自我がその固有領域において確定され、そしてその内容に関して――単に体験に関してだけでなく、具体的には自我から不可分な、妥当性をもつ意味の統一体に関しても――見渡され、解明されねばならない。そしてそれにつづいて、次のような問いが立てられねばならない。すなわち、わたしの自我は、みずからの固有領域の内部において「他我経験」といわれる経験によって、まさしく他我を構成することはいかにして可能であるか、したがってわたしの自我は、構成された他我を他我の意味を構成する具体的な自我自身の具体的内容から排除する（存在の）意味をもって、しかも何らかのしかたで、自我の類似者として構成することはいかにして可能であるか、という問いが立てられねばならない。この問いは、さしあたっては、一般に他我といわれるものに関係するが、しかしそれはさらに、他我から意味上の規定を獲得するいっさいのもの、要するに本来の完全な意味での客観的世界に関係するのである。

この問題は、われわれが自我の固有領域の性格づけに、あるいはそのような領域を与えてくれる捨象的な判断中止を明瞭に遂行することに着手するとき、よく理解されるであろう。他我経験の構成能作、およびそれとともに、他我に関係するあらゆる意識様式を当面の主題範囲から排除するということは、いまや単に、素朴で直線的にわれわれに対して存在するあらゆる対象に関して行なったと同様に、他我の素朴な存在妥当性に関して現象学的判断中止を行なう、ということを意味するのではない。ここでは、先験的見方がまさにいつも前提されているのである。その先験的見方に従えば、それまで直線的にわれわれに対して存在していたいっさいのものは、もっぱら現象として、すなわち思念されたものであり、したがって確証されねばならない意味としてとらえられる。すなわちそれらいっさいのものは、解明されるべき構成体系の相関項として、われわれに対して、存在の意味を獲得しているものとして、また獲得するものとして、純粋にとらえられる。われわれがいま、新しい種類の判断中止によって、そしてより詳しくは、次のようなしかたで準備するものは、まさに存在の意味のそのような解明と明瞭化なのである。

先験的見方をとるものとして、まずわたしは、わたしの先験的な経験の地平の内部において、わたしに固有なものを確定しようと試みる。さしあたりわたしは、自分に向かって、わたしに固有なものとは、他我に属するのではないものである、といおう。こうしてわたしは、わたしの先験的な経験の地平を、あらゆる他我に属するもの一般から抽出し、解放することからはじめる。世界という先験的現象には、世界は、経験の一致において直線的に与えられている、ということが含まれている。したがって、世界を見渡しながら、他我に属するものが世界の意味をともに規定するものとして現われてくることに注意していて、それがそのようなものとして現われてきたら、それを捨象し、排除することが肝要である。

こうしてまずわれわれは、人間と動物にいわゆる自我をもった生物という特殊な意味を与えるものを捨象し、さらには、それらの意味を自我主観としての他我に負い、したがって、他我を予想する現象世界のあらゆる規定を捨象する。こうしてわれわれは、文化をあらわすあらゆる述語を捨象する。いいかえればわれわれは、ここで問題になっている他我に属するものの特殊な意味を可能にするものとしての、他我のいっさいの精神的なものを捨象する。現象世界のあらゆる対象には、それらの他我性を形づくるものとして、すべての人に対して環境を形成するという性格、すべての人に対して現存していてすべての人が近づくことができるという性格、すべての人がその生と努力において関与することもしないこともできるというような性格が属しているが、このような性格も見逃すことなく、捨象され、除去されなくてはならない。

われわれはそのさい、一つの重要なことを確認する。それは、そのような捨象ののち、われわれには、連続的に一致して進行する世界経験の先験的相関項としての、世界現象という統一的に連関した一つの層が残存する、ということである。われわれは、そのような捨象にもかかわらず、もっぱらその層の中にとどまりながら、経験的直観において連続的に進んでゆくことができる。この統一的な層は、さらに、本質的に基底となる層であるという特徴をもっている。すなわちわたしは、この層を現実的経験において所有することなしには、他我を経験することができず、したがってまた、客観的世界という意味を経験的意味として所有することができない、ということは明白である。しかしその逆に、世界現象というこの層を経験するためには、他我や客観世界の経験を必要とする、というのではない。

われわれは、上述の捨象の結果を、すなわち捨象ののちに、われわれに残存しているものを、いっそう詳しく考察しよう。客観的意味をもって現われる世界現象において、一つの底層が、わたしに固有な自然としてとり出される。この自然は、もちろん、純粋で単純な自然、すなわち自然科学者の対象とする自然からは区別されねばならない。自然科学者の対象とする自然も、たしかに捨象によって、すなわち、あらゆる心的なものや、客観的世界に関する、人格に由来する述語を捨象することによって、生じたものである。しかし、自然科学者の行なうそのような捨象によって獲得されるものは、客観的世界そのものに〔先験的見方からいえば、「客観的世界」という対象的意味に〕属するものであり、したがってそれは、捨象されるものが客観的なものである〔客観的な心的なもの、客観的な文化的述語など〕と同様に、それ自身客観的な層である。

それに比べて、われわれの捨象においては、相互主観的に構成されたものとか、すべての人が経験しうるものというような、世界に属するすべてのものにそなわっている「客観的」という意味は、完全に消滅する。それゆえ、他の主観性に由来するあらゆる意味から純化されたわたしの固有領域には、単純な自然という意味が含まれているが、この単純な自然もまた、まさしくあの、すべての人に対してという性格を完全に失っており、したがってそれは決して、世界そのものの、あるいは世界の意味の一つの抽象的な層[2]と解されてはならない。

わたしの固有領域に属するものとして把握されたこのような自然の物体の中で、次いでわたしは、唯一の特殊性をそなえたものとして、わたしの身体を見出す。わたしの身体は、それらの物体の中にあって、単なる物体ではなくて、まさしく身体としての唯一の物体である。すなわち、わたしの身体とは、わたしの抽象的な世界層の内部にあって、わたしが経験に従って、さまざまな感覚域〔触覚域、冷温の感覚域など〕を、たとえ異なった帰属のさせ方においてであれそれに帰属させる、唯一の対象である。

　またわたしの身体は、わたしが直接に自由に支配することができ、それの諸器官に関してはとくにそうであるところの、唯一の対象なのである。わたしは手を動かし、その運動感覚によってものに触れることによって、また同様に目で見ることによって、ものを知覚するし、またいつもそのようにして知覚することができる。そのさい、そのような感覚器官の運動感覚は、わたしがするという形で起こっており、またそれは、わたしはできるということの基礎になっているのである。さらにわたしは、この運動感覚をはたらかせることによって、ものを突いたり、押したりなどすることができる。こうしてわたしは、最初は直接的に、次いで間接的に、身体をもって行動することができる。

　わたしは、知覚のはたらきによって、あらゆる自然を、したがって自然の中に含まれているわたし自身の身体をも経験する〔あるいは経験することができる〕。そのような経験において、わたし自身の身体は、振り返って自分自身に関係するわけである。そのようなことが可能になるのは、わたしがいつも、一方の手をもって他方の手を、手をもって目などを知覚することができるからである。そのさいには、知覚する器官が対象になり、対象が知覚する器官にならなくてはならない。そしてこのことは、一般に身体が自然および自分自身を根源的に取り扱うばあいにも同様である。したがって身体は、実際上も、自分自身に関係しているわけである。

わたしの固有領域に還元されたわたしの身体を明らかにすることは、すでに、この人間としてのわたしという客観的現象の固有な本質を明らかにすることの一部である。わたしが、他の人間を、わたしの固有領域に還元するときには、わたしは、わたしの固有領域に還元された物体を獲得する。しかし、わたしが、人間としてのわたしを還元するときには、わたしは、わたしの身体と心を、あるいは精神物理的統一体としてのわたし、あるいはその統一体の中にあるわたしの人格的自我を獲得する。その人格的自我とは、わたしの身体において、またわたしの身体を介して、外界にはたらきかけ、逆に外界からはたらきかけを受け、こうして一般に、自我ならびに生と有形の身体との、そのような独特な関係をたえず経験することによって、精神物理的統一体として構成されている自我なのである。しかしもしもわたしが、外界、身体、および精神物理的統一体のそれぞれに関して、わたしの固有領域への純化還元を遂行したとすれば、そのときには、可能なわれわれとのあらゆる意味連関が排除され、また同様に、自然的意味でのわたしのあらゆる世界所属性が排除されているから、そのかぎりにおいて、わたしはもはや、自然的意味での自我ではなくなっているわけである。だが、それにもかかわらず、わたしは、わたしの精神的固有領域の中においては、わたしの多様な純粋体験の同一の極である。すなわち、わたしの受動的および能動的な指向性と、その指向性によってつくられた、またつくられうるいっさいの習性との同一の極なのである。

このような独特なしかたで他我の意味を捨象し、排除したあとに、われわれは、なお残存する一種の世界を保持している。その世界というのは、わたしの固有領域に還元された自然のことである。身体と心および人格的自我をそなえている精神物理的自我は、有形の身体のおかげで、その世界の中に位置づけられているのである。精神物理的自我は、この還元された世界のまったく独特な構成員なのである。もちろん、この世界においては、その精神物理的自我から意味を得ているような述語もまた現われる。たとえばそれは、（対象を）「価値」とか「作品」として規定する「述語」である。したがって、そのような述語はすべて、自然的な意味における世界に属するものではまったくなくて〔それゆえ、それらにはいつも引用符をつけている〕、それらは、もっぱら、世界についてのわたしの経験に属するものであり、いつもわたしの世界経験のすみずみまで浸透していて、その経験の中で統一的で直観的に連関しているものにすぎない。したがって、わたしの固有領域に還元されたこの世界という現象において、われわれが、それの構成要素として分節し、区別するものは、具体的には連結しているのである。このことは、空間時間的形式――ただし、わたしの固有領域に還元された空間時間的形式――が、わたしの固有領域に還元されたこの世界現象の中にともに含まれている、ということにも示されている。したがってまた、還元された「対象」「事物」「精神物理的自我」などは、互いに並存して存在しているわけである。

しかしここで、次のような注目すべき事実に、われわれは驚かされる。それは、連続していることが逆説的に思えるような一連の明証がある、という事実である。他我は排除されたにもかかわらず、わたしのこの精神物理的自我の心の生全体、およびその中に含まれている世界を経験するわたしの生は排除されず、したがって、他我に関するわたしの現実的および可能的な経験も排除されない。それゆえ、わたしに対して存在する世界の構成全体が、わたしの心の存在に含まれており、さらには、その構成全体を、わたしに固有なものを構成する構成体系と、他我に属するものを構成する構成体系とに分かつことも、わたしの心の存在に含まれている。

したがって、還元された人間＝自我〔精神物理的自我〕としてのわたしは、世界の一員として、しかも多様なわたしの外部をもつものとして、構成されている。しかし、わたしの心のうちにおけるわたし自身は、それらのすべてを構成するものであり、それらすべてを指向的にみずからのうちに担っているものなのである。わたしの固有領域のうちで構成されたすべてのもの、それゆえ還元された世界もまた、構成する主観から不可分な内的規定として、その主観の具体的本質に属するということが完全に明らかにされうるはずであるとすれば、自我の固有領域に属する世界は、自我の自己解明において、自我の内部にあるものとして見出されるであろうし、また他面において、自我は、この世界を直線的に遍歴しながら、自己自身を、世界の外部を構成する一員として見出し、そして自己と外界とを区別するであろう。

① 当面の問題は、自我に対して存在する他我であり、その他我は自我から出発していかにして先験的に構成されるかということであり、したがってその他我は、自我の対象としてあるかぎりでの他我であって、「客観的な他我」「世界のうちに存在する他我」ではない。

② フッサールは、「すべての人に対して」共通に存在する客観的世界をあらかじめ前提するのではなく、自我にとってのみ存在する「単純な自然」から出発して、この単純な自然から他我や客観的世界がいかにして構成されるかを解明しようとする。したがって、自我にとってのみ存在する「単純な自然」は、「すべての人に対して」存在する客観的世界から抽出された「抽象的な層」ではなく、それの基底なのである。

第四十五節　先験的自我と、わたしの固有領域に還元されて統覚された精神物理的人間としての自我

われわれは上述した省察を、この省察全体と同様に、先験的還元の見方に立って行なってきた。したがって、省察を行なうわたしは、先験的自我としてのわたしであった。ところでいまや、われわれは、次のように問わなくてはならない。すなわち、わたしの純粋な固有領域に還元されて

いて、しかも、それと同様に還元されている世界という現象の中に含まれている人間＝自我としてのわたしと、先験的自我としてのわたしとは、どのような関係にあるのか、と。この先験的自我は、客観的世界全体、および〔観念的対象をも含めて〕その他のすべての対象を括弧に入れた結果現われてきたものである。そのように、いっさいのものを括弧に入れることによって、わたしは、わたし自身を、先験的自我として自覚することになったが、この先験的自我とは、およそわたしの対象となるいっさいのものをみずからの構成する生のうちにおいて構成するものであり、あらゆる構成を行なう自我である。先験的自我は、みずからの顕在的および潜在的な体験と、みずからの習性のうちに生きていて、そのような体験と習性のうちにおいて、あらゆる対象を構成するだけでなく、自己自身をも、同一の自我として構成するものである。

いまやわれわれは、次のようにいうことができる。すなわち、この先験的自我としてのわたしは、わたしに対して存在する世界を〔相関項として〕構成したのであり、また今後も引き続き構成するのであるが、他方においてわたしは、その世界構成に対応する構成的総合によって、自己を、構成された世界全体の内部にある人間的で人格的な自我という、普通の意味での自我という名のもとに、世界内部の存在とする自己統覚を行なったのであり、そしてまた、そのような自己統覚の妥当性を主張しつづけ、そのような自己統覚を行ないつづけるのである、と。先験的に見て、この究極的な自我としてのわたしに固有ないっさいのものは、そのように、わたしを世界内部の存在にすることによって、心的なものという形において、わたしの心の中に移される。わたしは、わたしを世界内部の存在とするこのような自己統覚が、すでに行なわれているのを見出すのであるが、しかし、いまやわたしは、人間という現象としての心、あるいは、その現象の一部としての心から、普遍的で絶対的な先験的自我としてのわたしに立ち帰ることができる。したがって、この先験的自我としてのわたしが、客観的世界というわたしにとっての現象を、わたしの固有領域へと還元し、そしてさらに、わたしが、わたしに固有なものとして見出すその他のすべてのものをそれにつけ加えるなら〔そのような還元ののちは、わたしの固有領域はもはや、わたしにとって他なるものを含むことはできない〕、このわたしの自我に固有なすべてのものが、わたしの心に固有なものとして、還元された世界現象のうちにおいて再び見出される。ただし、このばあいは、わたしの自我に固有なすべてのものは、わたしの世界把握の要素であるかぎり、先験的には、第二次的なものである。

　ところでいま、われわれが、究極的な先験的自我と、その自我のうちにおいて構成されたものの全体をよく見れば、その自我には、その自我の先験的経験領域全体を二つに区分することが直接に含まれていることを、われわれは見出す。その区分とは、自我の先験的な経験領域全体を、自我に固有な領域——そこには、自我の世界経験の連関ある層が含まれており、自我にとって他なるいっさいのものが排除されている——と、自我にとって他なるものの領域とに分かつ区分である。しかし、そのような区分にもかかわらず、他なるものについてのあらゆる意識、すなわち他なるもののあらゆる現われ方は、あの第一の領域の中にともに含まれている。先験的自我が、あの第一の領域内において、他でないもの——すなわち自我に固有なもの——として構成するすべてのものは、のちに示されるような、その自我の固有な具体的存在の構成要素として、実際にその自我に属している。すなわち、そのようなすべてのものは、先験的自我の具体的存在から分かつことはできない。しかし、先験的自我は、それに固有なものの内部において、かつそれを使って自我にとって他なる存在の全体としての客観的世界を構成するのであり、その客観的世界の構成の最初の段階においては、他我という様態をもつ他なるものを構成するのである。

第四十六節　体験の流れの顕在性と潜在性の領域としての自我の固有領域

われわれは、これまでのところ、わたしに固有なものという基本的概念を、わたしにとって他でないものとして、単に間接的に性格づけてきたが、わたしにとって他でないものというこの概念自身は、他なるものという概念にもとづき、したがって、その概念を前提していた。わたしに固有なものという概念の意味を明らかにするためには、いまやこの、わたしに固有なものないしわたしの固有領域における自我の、積極的性格をも浮き彫りにすることがたいせつである。前節の最後のいくつかの文章においては、その積極的性格が単に示唆されているにすぎない。そこでわれわれは、もっと一般的なことから出発することにしよう。

ある具体的対象が、経験において、単独に存在するあるものとして、われわれにきわだってきて、いまわれわれが注意しながら把握するまなざしをそのものに向けるとすれば、その対象は、その単純な把握作用においては、経験的直観の単に無規定な対象としてとらえられる。その無規定な対象が、規定された対象、あるいは今後規定される対象となるのは、最初は単に、対象自身を、対象それ自身のうちに含まれているものにもとづいて解明することによって規定するような経験、すなわち純粋な解明の進行においてである。

そのような純粋な解明は、分節した総合的進行において、連続的で直観的な同一化の総合において、自己同一なものとして与えられる対象にもとづいて、個々の直観の連鎖のうちで、対象それ自体に固有な規定、すなわち対象の内的規定を展開するのである。そのさい、その内的規定は、同一なものそのものとしてのその対象を、それの本質、しかもそれ自体におけるそれの本質に関して規定するものとして、またその対象の同一存在をそれの特殊な固有性において、すなわちそれの特殊性に関して解明するものとして根源的に現われる。対象に固有なそのような本質内容は、解明以前には、単に一般的にかつ地平として予測されているにすぎないのが、解明によってはじめて、〔内的でそれに固有な本質的特徴、特殊的部分、性質などの意味をもって〕根源的に構成されていることがわかるのである。

このことを、当面の問題にも適用しよう。わたしが先験的還元において、先験的自我としてのわたしを反省するとき、わたしは、わたしに対して、先験的自我として、知覚によって与えられる。さらにいえば、知覚によって把握される。そのばあいわたしは、次のことをも知ることになる。それはすなわち、わたしは、そのように把握される以前から、把握されてはいないが、根源的に直観されて〔広い意味で知覚されて〕、すでにいつも、わたしに対して現存していた、つまりあらかじめ与えられていた、ということである。しかし、わたしはいつのばあいにも、まだ開示されていない内的固有性の開放的で無限な地平をもったものとして、わたしに与えられているのである。わたしに固有なものもまた、解明によって開示され、かつ解明の能作にもとづいてそれの根源的意味を獲得するのである。わたしに固有なものは、わたし自身へ、すなわち知覚において、しかも必当然的なものとして与えられるわたしの、われ在り、および根源的な自己経験の連続的で統一的な総合の中で持続するところの、そのわれ在りの自己同一性へ、経験し解明するまなざしを向けることによって、根源的にあらわになるのである。この同一存在に固有な本質は、現実的および可能的に解明されるもの、という性格をもっている。そして、このような解明可能なものの内部においてのみ、わたしは、わたし自身の同一存在を、とくに同一なものとしてのその存在の、それ自身における本質に関して展開するわけである。

ところで、このばあい、次のことが注意されなくてはならない。それは、わたしが自己についての知覚、しかも、わたしの具体的自我としての自己についての知覚に関して語ることは正しいとしても、そのさい、その知覚ということによって、わたしは、知覚に与えられる視覚的事物の解明のさいと同様に、つねに本来の意味での個々の知覚の中で動いており、したがって知覚によって解明されるものだけを獲得し、その他の何ものも獲得しない、ということが意味されているのではない、ということである。なぜなら、わたしに固有で本質的な存在の地平を解明するさいに、わたしが最初に出会うものは、わたしの内在的時間性と、開放的に無限な体験の流れという形式をもち、そしてその体験の流れの中に何らかのしかたで含まれている、わたしのあらゆる固有性をそなえているわたしの存在であるからである。わたしの固有性の中には、自己を解明するということが、ともに含まれているのである。

自己解明は、いきいきとした現在において行なわれるのであるから、本来の知覚によっては、いきいきと現在生起しているものしか把握できない。自己解明が、わたし自身の過去を、可能なかぎり最も根源的にあらわにするのは、想起によってである。したがって、わたしはたえず、根源的にわたしに与えられており、またわたしは、わたしに固有な本質を、次々と解明することができるとしても、その解明の多くの部分は、わたしに固有で本質的なそれぞれの要素に対応する、知覚ではない他の意識作用において、行なわれるわけである。わたしはそのようにしてのみ、わたしがその中で同一な自我として生きているわたしの体験の流れに近づくことができる。すなわち、最初は顕在的な体験の流れに、次いで、明らかにそれと同様にわたしに固有で本質的な潜在的体験の流れに、近づくことができる。わたしは、さまざまな一連の体験をすることができる、あるいはできるであろう、というような種類のあらゆる可能性が、したがってまた、わたしは未来のことを予見したり、過去のことを振り返ってみることができるとか、わたしはわたしの時間的存在の地平の中にはいっていって、それを解明することができる、とかいうような可能性もまた、明らかにわたしに固有で本質的なものとして、わたし自身に属しているのである。

　しかし、解明が、まさしく根源的な自己経験の地盤の上に立って、経験されたものそれ自身を展開し、そしてそのさい、考えうる最も根源的しかたで、その経験されたものそれ自身を与えるときには、その解明はつねに根源的である。以前にすでに述べた制限内においてではあるが、〔われ在りについての〕先験的自己知覚がそなえている必当然的明証は、そのような解明に根ざしている。自己解明によって、絶対に必当然的な明証をもって現われてくるのは、わたしがその中において自我として存在しているところの、すなわち、わたしがその中においてのみ、自我としての普遍的本質をそなえて存在し、それなしには自我として存在することのできない、普遍的な構造形式だけである。そのような構造形式には、ある普遍的な生一般という形式をもつ存在様式、すなわちその生が、自己自身の体験を、普遍的時間の内部において、時間的なものとしてたえず自己構成するという形式での存在様式が〔このような存在様式だけではないが〕含まれている。

さらに、自我に関する個々の所与のあらゆる解明が、たとえば、各人が自分の過去について行なう想起の――不完全であるにしても――もっているある程度の明証のようなものも、それの一般的性質に関して未規定ではあるが、規定可能な普遍的で必当然的なこのアプリオリな形式に関与している。必当然性へのそのような関与は、それ自身、必当然的な形式的法則において示される。その形式的法則とは、仮象があるだけ存在がある〔存在は仮象によって隠蔽《いんぺい》され、歪曲されているにすぎない〕、ということである。したがってわれわれは、存在を問い、求め、あらかじめ描かれた道を歩むことによって、たとえ存在の完全に規定された内容に照らしてみれば、単に近似的なものにすぎないとしても、ともかく存在を見出すことができる。そのあらゆる部分、およびあらゆる要素に関して、くり返し厳密な同一化を行なうことができるという意味での、この完全に規定された内容は、それ自身、アプリオリに妥当する理念である。

第四十七節　自我の固有領域の豊かなモナド的具体性には指向対象もともに含まれること、内在的超越と第一次世界

自我としてのわたしにとって、固有で本質的な領域には、単に顕在的および潜在的な体験の流

れが含まれるばかりでなく、構成作用の体系と同様に、構成された統一体もまた含まれる、ということは明らかであり、しかもこのことはとくに重要である。もっとも、この構成された統一体においては、ある制限がある。すなわち、構成された統一体が根源的な構成作用そのものと直接的、具体的に結びついていて、その構成作用から不可分であるばあい、およびそのばあいにかぎり、知覚された存在者は、構成する知覚作用と同様に、わたしの具体的な固有領域に含まれるわけである。

このことはまず、単なる感覚与件と解された感性的与件に妥当する。なぜなら、感性的与件は、内在的な時間性に属するものであるかぎり、わたしの自我の枠内において、わたし自身に属するものとして構成されるからである。しかし、上述したことは、感性的与件に妥当するだけでなく、感性的与件と同様に、わたし自身に属するわたしのすべての習性にも妥当する。習性というのは、わたし自身の創造作用によって、持続的な確信として構成されるものであるからである。そのような持続的な確信において、わたし自身は、持続的にそのように確信しているものになり、そして、そのような確信によって、極としての自我〔単なる極という特別な意味での自我〕としてのわたしは、自我としての特別な規定を獲得することになる。

しかし他面において、超越的対象、たとえば外部感覚の対象、つまり、多様な感性的現われ方の統一体もまた、わたしの固有領域に属する。もっともそれは、わたし自身の感性や統覚が、空間的対象の現われとして、しかも具体的にみれば、わたしの感性や統覚自身から不可分なものとして現実に根源的に構成したものを、わたしが自我として、純粋に考察するばあいである。

こうしてわれわれは、直ちに、次のことを理解する。すなわち、このわたしの固有領域には、以前にわれわれが、他我を構成するいっさいの意味要素を排除することによってとり出した世界全体が含まれるということ、したがってその世界は、自我に固有なものとして、自我の積極的に規定された具体的内容に正当に数え入れられうる、ということを理解する。われわれが、他我についての経験としての感情移入の指向能作を考慮しないかぎり、われわれが所有するのは、自然と身体である。自然はたしかに、空間的で対象的な統一体として、したがって、体験の流れに対立する超越的な統一体として構成されるが、しかしそれは、経験に与えられる対象の単なる多様性として、構成されるのである。そのばあい、その経験とは、純粋にわたし自身の生なのであるから、その経験において経験されるものは、わたし自身の生、およびその生の可能性から不可分な総合的統一体にほかならないのである。

このようにして、次のことが明らかになる。それは、具体性においてとらえられた自我は、自我自身に固有なものの全体を所有するということ、そしてその全体は、自我の必当然的なわれ在りについての必当然的な、少なくとも、それのもつ必当然的な形式を予示する根源的な解明によって明らかにされうる、ということである。

われわれは、〔根源的な自己解明の〕この根源領域の内部において、超越的世界をも見出すが、この超越的世界は、〔いま示した積極的意味での〕自我自身に固有な領域へ還元されることによって、客観的世界という指向的現象にもとづいて現われるものなのである。なお、その超越的世界に関係していて、したがって、それ自身、超越的なものとして現われるあらゆる仮象、想像物、純粋可能性、形相的対象などもまた、それらが自我の固有領域への還元に服するかぎりにおいて、ともにこの領域に属するのである。この領域は、わたし自身に固有な本質の領域である。すなわちそれは、完全な具体性におけるわたしが——あるいはこういってもよい——モナドとしてのわたしが、わたし自身においてもっているわたしの本質の領域なのである。

第四十八節　第一次超越に対してより高次の超越としての客観的世界の超越

一般にわたしが、わたし自身の本質を、他のあるものと対照することができるということ、あるいはわたし自身が、わたしではない他のもの、わたしにとって他なるものを意識することができるということ、このことは、わたしのもつすべての意識様式が、必ずしも、わたしの自己意識という様式の範囲内に属するとはかぎらない、ということを前提している。現実的存在は、経験の一致によって根源的に構成されるのであるから、わたし自身の自我の中には、自我の自己経験、およびその経験の一致の体系のほかに、したがって、自我が自己を、自己の固有性において解明する体系のほかに、なお別の一致の体系を形づくる経験が含まれているはずである。したがって、いまや問題は、次のようである。すなわち、自我は、自己自身の存在を完全に超越させるような存在意味をそなえているそのような新しい種類の指向性を、みずからのうちにもっていること、かつまた、そのような指向性をたえず新たに形成することができるということ、このことは、どのように理解したらよいか、という問題である。

わたしにとって現実に存在するものは、何らかのしかたで単に思念されたにすぎないものではないにしても、ともかくわたし自身のうちにおいて、（経験の）一致によって確証されるものであるかぎり、それはいかにして、わたしの構成的総合のいわば交点以外のものでありうるであろうか。したがって、現実に存在するものが、具体的には、わたしの構成的総合から切り離しえない以上、それは、わたしに属するものではないであろうか。しかし、他なるものを思念するあらゆる意識には、思念対象を開示する可能性が、すなわち、思念されたものを充実したり、あるいは幻想として斥ける経験への移行の可能性が、本質的にそなわっているということ、またそのような意識は、発生という点においても、同一の、あるいは類似の思念されたものについての上述したような経験にわれわれを立ち帰らせるということ、これらのことがもしも真実であるとすれば、きわめてばく然と、きわめて空虚にではあっても、わたしにとって他なるものを思念することの可能性がすでに問題となる。

他なるもの〔わたしでないもの〕を経験するという事実は、客観的世界の経験、およびこの経験の中に含まれている他我〔他の自我という形式におけるわたしでないもの〕の経験としてすでに与えられている。そして、それらの経験をわたしの固有領域へ還元することによって得た一つの重要な成果は、それらの経験の指向的底層がとり出された、ということである。その底層においては、還元によって得られた世界は、内在的超越として示される。この内在的超越としての世界は、わたしにとって他なる世界、すなわち、具体的なわたし自身の自我に外的な〔しかし自然的、空間的意味での外的とはまったく異なった意味での外的な〕世界を構成する順序からいえば、本来最初の第一次超越〔あるいは世界〕である。この世界は、観念的なものであるにもかかわらず、わたしの可能性の無限の体系の総合統一体であるから、それはなお、自我としてのわたし自身の具体的存在を規定する一要素なのである。

ところでいまや、基底づけられたより高次の段階において、本来の、ただし構成の順序においては第二次的な客観的超越という意味を与えることは、しかも経験において与えることは、いかにして行なわれるか明らかにしなくてはならない。ここで問題なのは、時間的に経過する発生の解明ではなくて、静態的分析である。

客観的世界は、すでにできあがったものとして、わたしに対していつも現存している。すなわちその世界は、いきいきと進行するわたしの客観的経験に与えられており、かつまたその世界は、いまはもはや経験されていないものに関しても、われわれの習性によって、その妥当性をもちつづけるのである。したがって、この経験そのものを吟味し、そして、その経験の行なう意味付与のしかたを指向的に解明することがたいせつである。すなわち、その経験は、経験として、いかなるしかたで現われるのか、また、その経験が、解明可能な固有の本質をそなえた現実的存在者に対する明証であることは、いかにして確証されうるかを、指向的に解明せねばならない。なお、現実的存在者の固有の本質とは、わたし自身の本質でもなければ、構成要素としてわたし自身の本質につけ加えられるものでもないが、それにもかかわらず、それは、わたしの本質のうちにおいてのみ、その意味と確証とを獲得しうるものなのである。

第四十九節　他我経験を指向的に解明する道程をあらかじめ描くこと

客観的世界という存在意味は、わたしの第一次世界の基盤の上に、いくつかの層を重ねることによって構成されるのである。それの最初の層としては、他我あるいは他我一般を構成する層、すなわち、わたし自身の具体的存在〔第一次自我としてのわたし〕から排除された自我を構成する層が浮き彫りにされねばならない。

他我を構成する層が浮き彫りにされると同時に、しかもそれに動機づけられて、わたしの第一次世界の上に、普遍的な意味の層が重ねられ、そうすることによって、わたしの第一次世界は、規定された客観的世界、すなわち、わたし自身を含めたすべての人にとって一つの同一の世界としての客観的世界の現われになるのである。したがって、わたしにとって本来最初の他なるもの〔最初のわたしでないもの〕は、他我である。そしてその他我が、他のものの新しい無限の領域、すなわち、すべての他我とわたし自身とを含む客観的自然と客観的世界一般との構成を可能にするのである。

純粋な〔まだ世界の存在という意味をもたない〕他我から出発して行なわれるそのような構成の本質には、次のことが含まれている。すなわち、他我は、孤立的に存在するのではなくて、むしろわたし自身をも含めて、自我が、そこにおいて共同的および相互交渉的に存在する自我の共同体が、そして究極的にはモナドの共同体が〔いうまでもなくわたし自身の固有な領域のうちで〕構成される、ということである。しかも、そのモナドの共同体は、〔それの共同化された構成的指向性によって〕一つの共通の世界を構成する。

いまやこの世界のうちにおいて、すべての自我が再び現われてくるが、しかしこのばあい、すべての自我は、客観化されて把握され、人間という意味ないし世界における対象としての精神物理的人間という意味を帯びて現われてくるのである。

先験的相互主観性は、構成的指向性のそのような共同化によって、それに固有な相互主観的領域を所有することになり、その領域において、相互主観性は、客観的世界を相互主観的に構成する。こうして相互主観性は、先験的なわれわれとして、その客観的世界に対する主観性であるが、それと同時に、相互主観性は、それが自己自身を客観的に現実化したさいの形式である人間的世界に対する主観でもある。

しかしここでも再び、相互主観性に固有な領域と客観的世界とが区別されるが、それにもかかわらず、自我としてのわたしが、わたし自身の本質を源泉として構成した相互主観性の地盤の上に立つかぎり、客観的世界は、相互主観性ないしそれに属する固有な相互主観的本質を、もはや本来の意味においては超越することはなく、むしろ内在的超越として相互主観性に内属する、ということをわたしは認識せねばならない。

いっそう正確にいえば、理念としての客観的世界、すなわち、つねに一致することを理念として行なわれるべき、また行なわれた相互主観的経験――相互主観的に共同化された経験――の理念的相関項としての客観的世界は、それの本質上、それ自身無限の開放性という理念のもとに構成された相互主観性に関係している。そしてそのような相互主観性に属する各主観は、それぞれの構成体系を所有しているが、それらの構成体系は、相互に対応し、一致するのである。したがって、客観的世界の構成ということには、本質的に、モナドの調和ということ、すなわち正確にいえば、個々のモナドの中で行なわれる個々の（世界）構成の調和ということが含まれており、したがってまた、個々のモナドの中で起こる（世界）発生の調和ということも含まれているわけである。

しかしこのことは、（客観的世界の構成のさいに）モナド間の調和を形而上学的基礎とする、ということを意味しているのではない。モナドが互いに調和しているということは、モナド自身と同様に、形而上学的虚構でも仮説でもなくて、むしろ、われわれに対して現存している経験的世界の事実の中に含まれている指向的内容を解明することによって、おのずから明らかになることである。すでにしばしば強調したことであるが、ここでも再び、次のことを注意しておかなくてはならない。それは、上述した理念は、虚構でも、またかのようにという様態をもつものでもなくて、それは、その構造上からみて、あらゆる客観的経験の開始と同時に現われ、そして、それに特有なしかたで是認され、またそれに特有なしかたで学問的活動を推進してゆくものである、ということである。

いま述べたことは、われわれが先験的問題を、考えうる唯一のしかたにおいて解決し、そして、現象学のもつ先験的観念論を現実に実現しようと思うなら、われわれがどうしても完遂せねばならない指向的解明の段階的進行の予見なのである。

第五十節　間接的呈示①〔類比による統覚〕としての他我経験における間接的指向性

第一次領域の定義と構造解明という、先験的にみてきわめて重要な予備的問題をすでに解決したわれわれは、いよいよ客観的世界の構成へと向かう上述した歩みを開始するわけであるが、その歩みの第一歩において、すなわち他我への歩みにおいて、われわれは本来の、しかも事実上容易でない困難さに直面することになる。その困難さというのは、いまだ人間という意味を獲得していない他我についての経験を、先験的に解明することである。

われわれは経験において、対象が根源的に与えられているという意識をもつ。事実、われわれが、ある人間について経験するさい、われわれは一般に、他我がそれ自身、身をもってわれわれに現前している、という。しかし、この身をもってという性格は、根源的に与えられているものが、他我それ自身でも、他我の体験、すなわち他我の現われそのものでもなく、およそ他我自身の本質そのものに属する何ものでもないということを、われわれが躊躇《ちゅうちょ》なく認めることを妨げない。なぜなら、もしも他我それ自身が根源的に与えられるとすれば、すなわち、もしも他我自身の本質が直接にとらえられるとすれば、他我自身の本質は、わたし自身の本質の単なる一要素にすぎないことになるであろうし、結局は、他我自身とわたし自身とは同じものということになるであろうからである。

この事情は、他我の身体についても同様であって、もしも他我の身体がそれ自身直接にとらえられるとすれば、他我の身体は、わたしの現実的および可能的な経験のうちにおいて構成される統一体であるところの物体、すなわち、わたしの感性だけによる形成物として、わたしの第一次領域に属する物体にほかならないことになろう。したがって、ここには、ある種の間接的指向性がなければならない。しかもその指向性は、いかなるばあいにもたえず基礎にある第一次世界という底層から発して、ともに現存するものをわれわれに表象させるものでなければならない。しかしながら、そのともに現存するものは、そのようにして表象されるにもかかわらず、それ自身で現前するものではなく、また決してそれ自身で現前することのできないものである。したがって、ここで問題なのは、一種のともに現前させる作用、すなわち、一種の間接的呈示なのである。

そのような間接的呈示は、外部経験においてすでに行なわれている。なぜなら、事物の実際に見られた表面は、いつも必然的に、事物の裏面を間接的に呈示し、その裏面の多少とも規定された内容を予示しているからである。しかしながら、われわれがいま問題にしている間接的呈示は、第一次自然の構成にすでに参加しているそのような種類の間接的呈示では決してありえない。なぜなら、そのような種類の間接的呈示には、それに対応する根源的呈示によって、充実され、確証される〔裏面が表面になる〕という可能性が含まれているが、それに反して、他我の根源領域へわれわれをみちびきいれるはずのあの間接的呈示には、そのような可能性は、アプリオリに排除されていなければならないからである。他我の根源領域の間接的呈示、およびそれとともに他我という意味は、わたしの根源領域のうちで、いかなる動機にもとづいて生じうるのか、しかもそれは、間接的呈示〔ともに現存するものとして意識させる〕ということばがすでに示唆しているように、実際に経験としていかなる動機にもとづいて生じうるのか。

任意の想像的呈示が間接的呈示になりうるのではない。想像的呈示は、根源的呈示、すなわち、対象それ自身を本来的に与える作用と組み合わされるさいにだけ、間接的呈示になることができる。事物の経験のさいに、知覚に対して現存するものが、ともに現存するものを呈示する動機となるように、想像的呈示は、根源的呈示によって要求されるさいにだけ、間接的呈示という性格をもつことができるのである。

ところで、本来の知覚の基礎となるのは、上述したような構造をそなえている還元によって得られた第一次世界についての知覚であるが、この知覚は、自我の不断の自己知覚の一般的枠内において秩序づけられて、連続して進行してゆく。いま問題なのは、そのような知覚において、ここで何がとくに考慮されねばならないか、間接的呈示の動機づけはどのようにして起こるか、事実上行なわれている間接的呈示のきわめて複雑な指向的能作は、どのようにして解明されるか、ということである。

われわれに最初の手引きを与えてくれるものは、他我――他の自我――ということばの意味である。他我とは他の自我という意味である。そしてその他の自我ということばに含まれている自我とは、わたしの第一次の固有領域の内部において構成されたわたし自身であり、しかも精神物理的統一体〔第一次の人間〕として、すなわちわたしの唯一の身体を直接に支配し、さらに直接に第一次環境世界にもはたらきかける人格的自我として、独特なしかたで構成されたわたし自身である。さらにその自我とは、具体的な指向的生の主体、すなわち、自己自身と世界とに関係する心の領域の主体としてのわたし自身である。

われわれは、その心の領域の全体を意のままにすることができるが、その心の領域は、経験する生の中で類型化されており、また経過と複合のよく知られている形式をそなえている。しかし、そのような心の領域を構成するそれ自身きわめて複雑な指向性については、もちろんわれわれはまだ研究していない。それは特殊で広大な研究分野を形成するが、われわれはこれまでそれに立ち入らなかったし、また立ち入ることもできなかった。

いま、われわれの知覚の領域の中に、ひとりの他の人間がはいってくる、と仮定しよう。このことは、第一次領域へ還元していえば、わたしの第一次自然の知覚領域の中に、一つの物体が現われることを意味する。その物体は、第一次のものとして、当然わたし自身の規定要素〔内在的超越〕にすぎない。この第一次自然および世界のうちにおいては、わたしの身体が、身体〔機能する器官」として根源的に構成され、かつ構成されうる唯一の物体であるから、そこにあるその物体が物体であるにもかかわらず、身体として把握されるためには、わたしの身体の統覚がその物体の中へ移し入れられるのでなければならない。そのさい、その移し入れは、身体性という特殊な述語を現実に、直接に、したがって第一次的に確証すること、すなわち、本来の知覚によって確証することを排除するというしかたで行なわれる。次のことは、はじめから明白である。それは、そこにあるその物体とわたしの身体とを、わたしの第一次領域の内部において結びつける両者の類似性のみが、そこにあるその物体を類比によって他の身体として把握することに対する動機づけの基礎を提供することができる、ということである。

　したがって、そのような把握は、ある種の類比による統覚であろうが、しかしながら、それは決して類比推理なのではない。統覚は決して、推理でも、思惟作用でもない。われわれは、眼前に与えられている対象や日常世界を、統覚において一瞥しただけで把握し、かつ確証的に把握し、そしてそれらの意味とその意味の地平を、直ちに理解するわけであるが、そのようなそれぞれの統覚は、類似の意味をもつ対象を、最初に構成した根源的創造を、指向的に遡り、指し示すのである。日常世界におけるわれわれのまだ知らない事物でさえ、一般的にいえば、それの類型に関しては、われわれはすでに知っているわけである。われわれは、たとえ、まさにここにあるこの事物ではないにしても、それに類似の事物は、以前にすでに見ているのである。

このように、日常のそれぞれの経験においてわれわれは、ある対象を、類似の意味をもつものとして推測的に把握するさいに、根源的に創造された対象的意味を、類比によって新しい対象に移し入れているのである。眼前に対象が与えられれば与えられるだけ、そのような移し入れが行なわれるのである。そのばあい、その後の経験において、まったく新しい意味をもつものとして現われてくる対象があれば、その対象はそれ自身、新しい意味を創造するものとしてはたらき、そして、いっそう豊かな意味をもった対象を把握するさいの基礎となることができるのである。

すでにものを見ることのできる幼児が、たとえば、鋏《はさみ》をはじめて見て、それの目的や意味を理解したのちは、鋏を一瞥しただけで、直ちに、そのような目的や意味をもったものとして見るのである。しかし、それはもちろん、明瞭な再生とか比較とか、また推理によって行なわれるのではない。だが、統覚の生じ方、およびそののち、統覚がみずからのうちで、みずからの意味と意味の地平を通して、みずからの発生の根源を指向的に遡り、指し示すしかたは、それぞれの統覚によってきわめてさまざまである。対象的意味の段階的形成には、統覚の段階的形成が対応しているのである。結局われわれはいつも、さまざまな統覚それ自体のあいだでの根本的区別に立ち帰ることになる。すなわち、発生からいって純粋に第一次領域に属する統覚と、他我という意味とともに現われ、高次の発生によって他我という意味の上に新しい意味をつみ重ねてゆく統覚との、この二つの統覚のあいだの根本的区別に立ち帰ることになるのである。

(1) 訳語をそろえるため、Appräsentationを「間接的呈示」、Präsentationを「根源的呈示」、Vergegenwärtigungを「想像的呈示」と訳した。「根源的呈示」とは眼前に現存するものの知覚のことであり、「想像的呈示」とは眼前にないものの想像ないし想起のことであり、「間接的呈示」とは「根源的呈示」にもとづく「想像的呈示」である。すなわち「間接的呈示」とは、眼前に現存するもの——家の前面——の知覚の中に当然含まれていて、それとともに現存するもの——家の裏面——の予測のことである。この予測は単なる予測ではなく、知覚にもとづき、知覚と融合している。このような「間接的呈示」を、フッサールは他我経験の原理とする。

第五十一節　他我経験における連合による構成の契機としての「対《つい》関係」

わたしの第一次領域の内部にあって、わたし自身の身体に類似しているある物体を、同様に身体として把握するあの類比による把握の特徴を示そうとするとき、われわれがまず最初に出会うのは、その類比による把握においては、根源的創造の源泉がいつもいきいきと現前しており、したがって、そこにおいては、根源的創造作用そのものがつねにいきいきとはたらいている、という事実である。次いでわれわれが出会うのは、われわれがすでに必然的なこととして知っているあの特徴、すなわち、その類比によって間接的に呈示されるものは、現実には決して根源的に呈示されることができない、したがって、本来の意味において知覚されることはできない、という特徴である。自我と他我とは、つねに必然的に、根源的な対関係において与えられるが、このことは、第一の特徴と密接に連関していることである。

　対関係をなして現われてくること、すなわち対をなして、さらにはグループをなして、また多数を形成して現われてくること、このことは、先験的領域〔またそれと並行している指向的心理学の領域〕における一つの普遍的現象なのである。なおわれわれは、直ちに、次のことを付言しておこう。それは、対関係が現実に形成されているところではどこでも、類比による把握のあの注目すべき根源的創造作用がいきいきとはたらいている、ということである。したがって、われわれはそのような根源的創造作用を、他我経験の第一の特徴としてあげたが、それは他我経験にだけ固有なものというわけではないのである。

　まず最初に、対関係の形成〔ないしは多数の形成〕一般の本質的特徴を説明しよう。対関係とは、われわれが同一化の受動的総合に対立させて、連合としてあらわすあの受動的総合の一つの根本形式なのである。対化《ついか》する連合には、次のような特徴がある。それは、最も単純なばあい、二つの与件が意識の統一の中で他のものからきわだって直観的に与えられているとすると、その二つの与件は、本質上すでに、純粋な受動性において、すなわち、それらがことさら注意されているといないとにかかわらず、それらが他のものとは異なるものとして現われているかぎり、現象学的にみれば、類似による統一を形成しており、したがってそのようなばあいは、その二つの与件はまさしくいつも、対をなすものとして構成されている、ということである。二つ以上のそのような与件が与えられるときには、個々の対を土台として、現象として統一あるグループ、あるいは多数が構成されるのである。

いっそう厳密に分析すれば、われわれは、対化する連合においては、一種の指向的重ね合せが本質的に行なわれているのを見出す。その指向的重ね合せは、対をなすものが、同時に、かつ他のものからきわだって意識されるや否や、直ちに発生して〔しかも本質的法則に従って〕現われてくる。その指向的重ね合せというのは、詳しくいうと、対をなすものが相互にいきいきと呼びさまし合い、その対象的意味を相互に移し合いながら相重ね合うということである。このような重ね合せは、全体的なこともあれば、部分的なこともある。すなわち重ね合せは、まったく等しいばあいを極限として、つねに程度をもっている。そのような重ね合せの能作において、対をなすもののあいだでの意味の移し入れが行なわれる。すなわち、あるものが他のものの意味に従って統覚されることになる。ただし、その意味の移し入れは、ある経験されたものにおいて実現された意味の契機が、このものは他のものとは別のものであるという意識を生み、その意味の移し入れを無効にしてしまわないかぎりにおいてのみ行なわれるのである。

われわれがとくに関心をもつのは、自我が他我を連想し統覚するばあいであるが、このばあいには、他我がわたしの知覚領域の中にはいってくるときにはじめて対関係が形成される。第一次の精神物理的自我(1)としてのわたしは、わたしがわたし自身に注意したり、あるいはわたしに何らかのはたらきかけをすると否とにかかわらず、わたしの第一次の知覚領域のうちでつねにきわだっている。とくにわたしの身体は、いつもここにあり、そして感性的にきわだっており、さらにわたしの身体は、同じく第一次で根源的な知覚領域のうちで、身体性という特殊な意味をもっている。ところでいま、わたしの第一次領域のうちにおいて、わたしの身体に類似している物体が、すなわちわたしの身体との対関係を結ぶにちがいないような外観をもつ物体が、きわだったしかたで現われてきたばあい、その物体は、わたしの身体からの意味の移し入れによって、直ちに身体という意味を受けとるにちがいないということは、いまやすでに明白であるように思われる。

しかしその統覚は、実際にそのように、透明なものであろうか。すなわちその統覚は、他の統覚と同様な、移し入れによる単純な統覚なのであろうか。その身体を、わたし自身の第二の身体とするのではなく、まさしく他我の身体とするものは何であろうか。このばあい、いま問題になっている統覚の第二の根本性格として、われわれがさきに示したこと、すなわち、他我の身体がわたしの身体から受けとった身体性という特殊な意味は、わたしの第一次領域の中で少しも根源的に現実化されることはできない、という事実が考慮されなくてはならない、ということは明らかである。

(1) 精神（心）と身体の統一体としての自我。

第五十二節　独自の確証様式をもつ経験としての間接的呈示

しかしいまや、次のような困難な問題が生じてくる。すなわち、上述のような統覚はいかにして可能であるのか。そのような統覚は、どうして直ちに無効にされることができないのか。また、事実が教えているように、移し入れられた意味が、一方においては、そこにある物体にそなわっている心的規定内容とされ、存在妥当性をもつものとして受けいれられるにもかかわらず、他方において、その心的規定とされるものは、わたしの〔自由になしうる唯一のものとしての〕第一次的で根源領域の内部においては、それ自身というありさまで決して現われることができないということは、どうしたわけなのか。これらの困難な問題が生じてくるのである。

指向的状況をもっと詳しく考察しよう。間接的呈示は、他我のうちにあって、わたしが根源的なしかたでは接することのできないものをわたしに与えるものであるが、そのような間接的呈示は、〔わたしに固有なものとして与えられているわたしの自然の一部としての他我の物体の〕根源的呈示と組み合わされているのである。しかし、この組み合わせにおいて、他我の身体的物体と、その身体を支配している他我の自我とが、統一的で超越的な経験という様式において与えられるわけである。すべての経験は、間接的に呈示された地平を充実し確証する、より進んだ経験をめざしている。すなわち、すべての経験は、互いに一致して進行することによって総合され、確証されるという可能性を、潜在的に、すなわち非直観的予測という形で含んでいる。他我の経験に関して、次のことは明らかである。それは、他我経験を充実し確証する進行は、総合的で一致して経過する新しい間接的呈示によってのみ行なわれることができるということ、またそれは、新しい間接的呈示が、間接的呈示にたえず伴っていながらしかしたえず変化するわたしの固有領域における根源的呈示との動機づけの連関を保つことによって、みずからの存在の妥当性を得るというようなしかたによってのみ行なわれることができる、ということである。

　次に述べることは、そのことの解明のための示唆的手引きとして役だてることができよう。経験される他我の身体は、現実にはつねに、その身体のさまざまに変化しながらもたえず一致している振舞いを通してのみ、身体として確証されるが、そのさい、その振舞いは、心的なものを間接呈示的に指し示す物的側面をもっており、したがって、いまやその振舞いは、根源的経験において、心的なものを充実するものとして現われねばならない。このようにして他我の身体は、それの振舞いの局面から局面へのたえざる変化の中で、身体として確証されるわけである。もしも身体が、それの振舞いと一致しないときには、その身体は、身体という外観をもつにすぎないものとして、経験されるのである。

他我の存在性格は、根源的に接することはできないが、このようにして間接的に近づき確証することができる、ということにもとづいている。つねに根源的に呈示され、確証されうるものはわたし自身であり、あるいはわたしに固有なものとしてわたし自身に属するものである。それに対して、他我は、第一次的には充実されえない経験、すなわち、対象それ自身を根源的に与えはしないが、しかし、示唆されたものを経験の一致によって確証するあの基底づけられた経験において経験されるのである。したがって、他我は、わたし自身の類似者としてしか考えられないのである。他我は、その意味が上述したようにして構成されるから、必然的に、わたしの客観化された最初の自我の、あるいはわたしの第一次世界の、指向的変様態として現われる。つまり他我は、現象学的には、わたしの自我の変様態として現われる〔他面、わたしの自我は、いまや必然的に現われてきて、自我と他我とを対照させる対化によって、わたしの自我という性格を獲得する〕。したがって、最初には、第一次世界として、次には、完全に具体的な自我として、他我の具体性に属するいっさいのものが、わたしと他我との類似にもとづくわたしの自我の変様によって、間接的に呈示されるということは明らかである。いいかえれば、他我のモナドは、わたしのモナドを通して、間接的に呈示され、構成されるわけである。

これに類似した、一つの有益な例をあげよう。わたしの過去は、わたしの固有領域内において、しかも、そのいきいきとした現在の範囲内において、想起によってのみ与えられる。そしてその想起において、わたしの過去は、過ぎ去った現在、すなわち、現在の指向的変様態という性格をもつ。したがって、過去を現在の変様態として経験的に確証することは、必然的に、想起の一致した総合において行なわれる。そのようにしてのみ、過去が過去として確証されるわけである。想起によって与えられるわたしの過去が、現在の変様態として、わたしのいきいきとした現在を超越しているのと同様に、わたしを通して間接的に呈示された他我の存在は、〔わたしに第一次的に属するものという現在の純粋で最も基本的な意味における〕わたし自身の存在を、超越している。過去と他我とのいずれのばあいにも、変様態ということが、それらの意味の構成契機として、それらの意味そのものの中に含まれている。すなわち、変様態は、それらを構成する指向性の相関項なのである。

　わたしのいきいきとした現在において、すなわち、内部知覚の領域内において、この現在の中で行なわれる一致した想起によって、わたしの過去が構成されるのと同様に、わたしの第一次領域内において、その領域内に現われ、その領域の内容によって動機づけられた間接的呈示によって、したがって、新しい種類の変様態を相関項としてもつ新しい型の想像的呈示によって、わたしの自我のうちで、他の自我が構成されることができる。もちろん、わたしが、その想像的呈示を、わたしの固有領域の中で観察するかぎり、その想像的呈示に含まれている中心的な自我は、わたしの同一な自我自身にほかならないわけである。しかし、あらゆる他我には、間接的に呈示された具体的地平が必然的にともにそなわっているかぎり、あらゆる他我には、間接的に呈示された自我が属しており、この自我は、わたし自身ではなくて、わたしの変様態、すなわち他の自我なのである。

他我経験のもつ構成能作を、すなわち構成的連合によるそれの能作を、じゅうぶんに解明するためには、他我経験のノエマ的連関[1]を実際にじゅうぶんに解明することがどうしても必要なのであるが、その解明は、われわれがこれまでに行なった分析によっては、まだ完了していない。すでに獲得された認識にもとづいて客観的世界の先験的構成の可能性と射程とを明らかにし、それとともに、先験的、現象学的観念論を完全に透明にすることのできるところまでゆくためには一つの補足が必要である。

(1) 他我経験のもつ構成能作をじゅうぶんに解明するためには、その他我経験によって構成されるノエマ的側面、すなわち、対象的側面、具体的には、他我における連関を解明することが必要であるという。対象の構成能作の解明には、それによって構成された対象が、その手引きになるのである。

第五十三節　第一次領域のもつ潜在性と、他我統覚のさいのそれの構成機能

わたしの身体は、それ自身に振り返って関係するものとして、中心的なここという様態で与えられる。それに対して、他のあらゆる物体は、したがって他我の身体も、そこという様態において与えられる。そこという方向は、わたしの運動感覚に応じて自由に変わる。そのさい、その方向の変化において、わたしの第一次領域の中で、一つの空間的自然が構成される。しかもその自然は、知覚を行なっているわたしの身体へ指向的に関係づけられているものとして構成される。

いまやわたしの身体は、他のすべての物体と同様に、空間の中にあり、そして空間の中で運動する自然的物体として把握されているし、またそのようなものとして把握されうるが、このことは明らかに、次のように表現される可能性と連関している。すなわちその可能性とは、わたしが、わたしの運動感覚を自由に変えることによって、とくに歩きまわることによって、わたしの位置を変え、あらゆるそこをここに変えることができるという可能性、すなわち、わたしはあらゆる空間的場所に身体を置くことができるという可能性である。このことには、次のことが含まれている。それは、わたしがそこからある物体を知覚するばあい、わたしがここから知覚するのと同じ物体を知覚するのであるが、ただその同一の物体は、わたしがそこから見ることに対応して、ここから見るのとは異なった現われ方で、わたしに現われるであろうということ、いいかえれば、

あらゆる物体の構成には、わたしが現在のここから見るばあいのその物体の現われの体系だけでなく、わたしがそこに身を移す位置の変更に対応して、完全に規定された現われの体系もまた参加する、ということである。（そこから見られた物体の現われの体系がその物体の構成に参加するということは）あらゆるそこについていえることである。

わたしの自然の第一次構成のさいの、（多くの現われの体系の）それ自身連合的と性格づけられるこのような連関、あるいはむしろ相属は、他我経験のもつ連合的能作の解明にとっても、完全に本質的なものとして考慮されるべきではないであろうか。むろんわたしは、他我を単純に、わたし自身の複製として統覚するのではない。したがってわたしは、他我を、わたしの根源領域、あるいはわたしのと同様な根源領域をもつものとして統覚するのではなく、またここにいるわたしに固有な空間的現われ方をもつものとして統覚するのでもない。そうではなくて、もっと詳しく考察すれば、わたしは、もしもわたしがそこにいってそこに身を置いたならば、わたしもおそらく同様にもつであろうような空間的現われ方をもつものとして、他我を統覚するのである。

さらに他我は、第一次世界ないしモナドをもつ自我として、間接的呈示によって統覚される。そのモナドにおいては、他我の身体は、絶対的ここという様態で、まさに他我のはたらきの機能の中心として、根源的に構成され、経験されるのである。したがって、このような間接的呈示においては、わたしのモナド的領域のうちでそこという様態をもって現われ、他我の身体的物体、すなわち他我の身体として統覚される物体は、他我が彼のモナド的領域のうちにおいて、ここという様態で経験するのと同じ物体をあらわしているわけである。しかしこのことは、具体的には、このようなしかたで他我を経験する構成的指向性全体についていえることである。

第五十四節　他我を経験する間接的呈示の意味の解明

われわれがいま述べたことは、明らかに、他我という様態を構成する連合の過程を示唆している。その連合は、決して直接的なものではない。わたしの第一次環境世界に属する物体〔のちに他我の身体となる物体〕は、わたしにとって、そこという様態で現われる物体である。その物体のそのような現われ方は、わたしの身体がつねに現実にもっている〔ここという様態での〕現われ方と、直接的な連合において、対をなすのではなくて、その物体のそのような現われ方は、空間の中にある物体としてのわたしの身体を構成する体系に属していて、その物体の現われ方に類似している現われ方を呼びさまし、再生するのである。いいかえれば、その物体のそのような現われ方は、もしもわたしがそこにいるならば、おそらくわたしの身体がとるであろう現われ方を思い起こさせるのである。

このばあいにも、たとえそのような呼びさましが想起的直観に達しなくても、対関係が形成されるのである。[1] その対関係の中には、わたしの身体の最初に呼びさまされた現われ方だけでなく、その現われ方と、それと密接な関係にある他の多様な現われ方との総合統一体としてのわたしの身体そのものもまたはいってくる。このようにして、類似にもとづく統覚が可能となり、また基礎づけられるが、そのような類似にもとづく統覚によって、そこにある外的物体は、わたし自身の身体から類推されて、身体という意味を獲得し、さらにそれは、わたしの第一次世界に類似した他の世界をもつ身体、という意味を獲得するわけである。

したがって、連合によって生ずるあらゆる統覚と同様に、この統覚も、次のように記述することのできる一般的性格をもっている。すなわち、統覚の基礎となる与件が、連合的に相重なり合うばあいには、高次の連合が行なわれる、という性格である。一方の与件が、ある指向対象——指向対象とは、連合によって呼びさまされた多様な現われの体系を示す指標であり、指向対象それ自身は、それらの多様な現われの中で自分を示すであろう——の一つの現われ方であるばあいには、他方の与件にも同様に、あるもの、しかも第一の指向対象に類似したある対象が補足されて、第一の指向対象に類似した対象の現われとしてとらえられることになる。第二の与件をこのように補足することは、それに統一と多様性とを移し入れることであるが、しかしこのことは、単に、第一の与件の多様な現われ方によって第二の与件を補足することを意味するのではない。むしろ（第一の指向対象に）類似したものとして把握された（第二の）指向対象、あるいはそれの指し示している現われの体系は、この体系全体をともに呼びさました類似の（第一の指向対象の）現われに、まさしく類似的に適合しているわけである。連合的対化によって遠隔のもののあいだに起こる意味の移し入れはすべて、同時に、両者の融合化であり、両者のあいだに不一致が生じないかぎり、両者の意味の一様化であり、同等化なのである。

ところでいま、他我の統覚という当面の問題に立ち帰るとすれば、いまや次のことは明白である。それは、わたしの第一次環境世界のうちのそこにあるその物体において間接的に呈示されるものは、わたしの心的なものではなく、一般にわたしの固有領域から生ずる何ものでもない、ということである。わたしは、身体をもってここに存在していて、わたしの周囲に方向づけをもってひろがっている第一次世界の中心である。それゆえ、モナドとしてのわたしに固有な第一次領域の全体は、ここという性格をもっていて、いかなる意味でもそこという性格をもたない。したがって、いつかわたしができる、そしてわたしは行なうということが起こることによって変わる、という規定された意味でのそこという性格ももたないのである。[2]

こことそことは互いに排斥し合い、同時に成り立つことはできない。しかし、そこにある他我の身体は、ここにあるわたしの身体と対的連合関係を形成するから、また他我の身体は、知覚に与えられて、間接的呈示、すなわち、ともに現存している自我の経験の核になるから、そのともに現存している自我は、その自我に意味を与える連合の過程全体に対応して、必然的に、〔あたかもわたしがそこにいるかのように」そこという様態をもってともに現存している自我として、間接的に呈示されなくてはならない。しかしそれに対して、不断の自己知覚において与えられているわたし自身の自我は、こことという性格をもって、いま現存しているのである。したがって、そことという様態でともに現存している自我は、他のものとして間接的に呈示された他の自我なのである。第一次的には不可能な二つの自我の共存も、次のことによって、すなわち、わたしの第一次自我は、その自我にとって他なる自我を、間接呈示的な統覚によって構成するということによって、可能になる。ただし、その統覚は、その本性上、根源的呈示によって充実されることを求めもしなければ、また充実されることもないのである。

他我のそのような間接的呈示は、有効な連合の不断の進行において、たえず新たな間接呈示的内容をわれわれに供給し、したがって他我の変化する内容を明確な知識にするということ、その反面においてそのような間接的呈示のじゅうぶんな確証は、その間接的呈示が不断の根源的呈示、およびその根源的呈示を期待し、めざすという連合の要求と組み合わされることによって可能になるということ、これらのことも容易に理解されるであろう。そのような間接的呈示の最初の明確な内容をなすべきものが、他我の身体および他我の特殊な身体的振舞いの理解であるということは、明らかである。すなわち、身体の各部分は、たとえば触れたり押したりという機能をはたす手として、歩く機能をはたす足として、見る機能をはたす眼として理解される。そのさい、他我は、最初は単に、そのように身体的にはたらくものとしてのみ規定される。そして、わたしの感性に対して第一次的で明白に与えられた他我の運動形式全体が、わたし自身の身体としてのはたらきにもとづいて類型的によく知られている運動形式にたえず対応するかぎり、他我は、よく知られたしかたで、たえず確証されるわけである。

それにつづいて当然、より高次の心の領域に属する一定の内容の感情移入が起こる。心の領域に属する一定の内容もまた、身体において、あるいは外界における身体の振舞いによって、たとえば、怒りや喜びなどをあらわす外的振舞いによって示唆される。それらの振舞いは、類似の状況のもとでのわたし自身の振舞いから容易に理解されるわけである。高次の心のできごとは、それらがいかに多様であり、またいかによく知られていようとも、それら自身、総合的連関と経過形式との型をもっていて、わたしは、それらの型を、それのおよその類型に関してわたしが経験的に知っているわたし自身の生の経過形式を、連合の手がかりとして理解することができるのである。そのようにして、他我の理解に成功するとき、さらに新しい連合と新しい理解との可能性が開かれてくる。対化する連合はすべて、相互的であるから、他我についての理解は、逆に、わたし自身の心の生を、他我のそれとの類似性と相違性とにおいてあらわにし、こうして、わたし自身の心の生を新たに浮き彫りにすることによって、それを新しい連合に対して有効なものとするわけである。

①　ある物体が他の身体として認識されるのは、その物体のある現われ方が、「もしもわたしがそこにいるならば、わたしの身体がとるであろう現われ方」を想起させ、その類似にもとづく連想、類推によって、その物体とわたしの身体とのあいだに「対関係」が形成されることによってである。このばあい、「わたしの身体がとるであろう現われ方」の想起は、直観のように明確に表象される必要はない、というのである。

②　わたしの身体はいかなるばあいも、原理的に「ここ」という性格をもち、決して「そこ」という性格をもつことはできない。たとえば、ある空間的場所は、いまはわたしから離れた「そこ」にあり、わたしがそこにゆくことによって「ここ」になるであろう。空間的場所は「ここに変わるという規定された意味でのそこという性格」をもつが、わたしの身体はそのような意味での「そこ」という性格さえももちえず、端的に「ここ」という性格をもつ。わたしの身体を中心として形成されたわたしに固有な第一次領域も同様である。

第五十五節　モナドの共同化と、客観性の最初の形式としての相互主観的自然

しかしいっそう重要なことは、種々の段階を経て次第に形成される共同性を解明することである。その共同性とは、他我経験によって直ちに、わたしの第一次の身体の中で、かつまたその身体をもってはたらいている第一次の精神物理的自我としてのわたしと、間接的呈示によって経験

される他我とのあいだに形成される共同性であり、いっそう具体的かつ根本的に考察すれば、わたしのモナド的自我と、他のモナド的自我とのあいだに形成される共同性である。共同性という形式において最初に構成され、そして、その他のすべての相互主観的共同性の基礎となるものは、自然の共通性であり、その自然の共通性には、わたし自身の精神物理的自我と、それと対関係にある他我の身体、およびそれの精神物理的自我との共通性が含まれている。他我の主観性は、わたしの主観性という閉じられた、わたしの固有な本質領域の内部において行なわれる間接的呈示によって、他我に固有で本質的な他我の主観性という意味と妥当性とを与えられて生ずるかぎり、最初の一瞬、われわれはいったい共同化というようなことが、そして何よりもまず、共同世界という形式での最初の共同化が、いかにして成立するかという解きがたい問題を見出すであろう。

他我の身体は、わたしの第一次領域のうちで現われるかぎり、さしあたっては、わたしの第一次自然の中にある物体である。このわたしの第一次自然は、わたしに属する総合統一体であり、したがってそれは、わたし自身の本質の規定要素として、わたし自身から不可分である。ところが、その物体が間接呈示的に機能するとき、わたしはその物体とともに、他我を意識するのであるが、もっとも最初には、わたしは、他我の身体によって他我を意識するのである。他我の身体は、他我自身には、絶対的ここという現われ方において与えられているのである。

しかしながら、わたしは、わたしの第一次領域のうちにおいてそこという様態で現われるものと、他我の第一次領域のうちにおいて彼に対してここという様態で現われるものとが、同一の物体であるといったいどうしていえるのであろうか。それら二つの第一次領域、すなわち、自我としてのわたしにとっての根源的なわたしの第一次領域と、わたしに対して間接的に呈示されたものである他我の第一次領域とは、わたしが現実には超えることのできない深淵《しんえん》によって隔てられているのではないであろうか。なぜなら、その深淵を超えるということは、まさしく、わたしが他我について、根源的であって間接呈示的ではない経験をもつということを意味するであろうからである。しかしわれわれが、実際に行なわれており、したがってつねに行なわれている他我経験をよく観察するなら、われわれは、感性的に見られたその物体は、実際においては、直ちに他我の身体として経験されているのであって、単に他我の記号として経験されているのではないことを知るであろう。しかしながら、このような事実は、一つの謎ではあるまいか。

　わたしの根源領域のうちで見出される物体が、それとはまったく独立に、他我のうちで構成される物体と同一化されるときには、その物体は他我の身体と呼ばれるが、しかし、そのような同一化は、いかなるしかたで起こるのであろうか。そもそも、そのような同一化というものが、可能なのであろうか。しかしながら、そのような謎は、二つの根源領域がすでに区別されているばあいに、はじめて生ずるのである。けれども、そのような区別自身が、すでに、他我についての経験が行なわれたことを前提しているのである。ここでの問題は、他我についての経験というような種類の経験が、時間的にそれに先だつ自我の自己経験にもとづいて、時間的にいかに発生してくるかという問題ではないのであるから、他我経験の中で現実に確認できる指向性を正確に解明し、その指向性に本質的に含まれている他我経験の動機づけを立証することだけが、明らかに、(上述した謎に対して) 解決を与えることができる。

間接的呈示は間接的呈示であるかぎり、すでに述べたように、それの核として、根源的呈示を前提している。間接的呈示とは、連合によって、根源的呈示すなわち本来の意味での知覚と結びつけられた想像的呈示である。すなわち間接的呈示とは、知覚と融合して、共同知覚という特殊な機能をもっている想像的呈示なのである。いいかえれば、間接的呈示と根源的呈示とは、互いに融合して、それら両者の機能を兼ねそなえる次のような一つの知覚を形成しているのである。その一つの知覚というのは、それ自身において、対象を根源的に呈示すると同時に間接的にも呈示し、しかも、その対象の全体がそれ自身現存するという意識を生み出すような知覚である。したがって、根源的にして同時に間接的に呈示するそのような知覚に対して、それ自身現存するという様態で現われる対象において、われわれは、それのノエマの側面において、その知覚によって本来の意味で知覚されているものと、その知覚によって本来の意味で知覚されているものではないが、それにもかかわらず、まさにその知覚されているものとともに現存している余剰とを区別することができる。[1] したがって、このような類型のあらゆる知覚は超越的である。すなわちこのような知覚は、それ自身現前しているより以上のものを、つまりその知覚がそのつど現実的に現前させるより以上のものを定立するのである。外部知覚はすべて、たとえば家の〔前面－裏面の〕知覚のようなものは、このような類型の知覚に属する。しかし結局、あらゆる知覚、さらにはあらゆる明証一般が、われわれが根源的呈示ということをより広い意味に解しさえすれば、それの最も一般的構造に関して、上述したような類型をもつものとして記述されるのである。

　われわれが、この一般的認識を他我についての知覚のさいに適用するなら、その他我についての知覚のさいにも、次のことが注意されなくてはならない。それは、他我についての知覚もまた、根源的に呈示することによってのみ、間接的に呈示することができるということ、いいかえれば、他我についての知覚のさいにも、間接的呈示は、根源的呈示との機能の共同化においてのみ起こりうる、ということである。しかし、他我についての知覚においては、根源的に呈示されたものは、そこで間接的に呈示された同じ対象の統一に、もともと属していなければならない、ということが含まれている。いいかえれば、わたしの第一次領域に属している物体が、わたしに他我〔およびそれとともに、他我の第一次領域、あるいは他我の具体的自我〕を指し示し、したがって、他我の現存あるいは（自我との）共同現存を間接的に呈示するのは、またそうすることができるのは、わたしの第一次領域に属するこの物体が、同時に他我にも属するものであるという意味を獲得することによってであり、したがってその物体が、連合的統覚の能作全体に従って、他我の身体という意味、もっとも最初は、他我の身体的物体そのものという意味を獲得することによってなのである。

　したがって、わたしの第一次領域内においてそこにあるその物体は、他我の物体的身体の類似物を〔明らかに想像することもできない動機づけによって〕示す一つの標識のようなあるものであるかのように、他我の物体的身体から切り離されているのではなく、したがってまた、連合と間接的呈示の領域内において、わたしの第一次自然と、他我の間接的に呈示された第一次自然とは、さらにはわたしの具体的自我と、他我の具体的自我とは、切り離されているのではない。むしろ、わたしの第一次領域に属していて、そこにあるその自然的物体は、第一次的に構成されたわたしの自然のうちにあるわたしの物体的身体、およびその身体の中ではたらいているわたしの精神物理的自我との対化的連合によって、他我を間接的に呈示するのである。

　そのさい、その自然的物体は、最初は、そこにあるその物体の中での他我のはたらきを間接的に呈示し、次いでそのことを介して、他我の知覚に現われている自然に対する他我のはたらきを間接的に呈示するのである。この自然は、そこにあるその物体が所属する自然であるが、この自然は、わたしの第一次自然と同一の自然でもある。他我の知覚に現われている自然は、わたしが他我の身体的物体のあるその位置に身を置いたときに、わたしに対して現われるのと同じしかたで他我に対しても現われているという意味においてのみ、わたしの第一次自然と同一なのである。

その物体は、同一の物体ではあるが、わたしにはそこにあるものとして、他我にはここにあるもの、すなわち、中心的物体として与えられる。そして、「わたしに」現われる自然全体は、他我に現われる自然全体と同一のものなのである。このわたしに現われる自然全体は、わたしの第一次領域において、わたしに多様なしかたで与えられる所与の同一な統一体として構成される。すなわち、絶対的ことという原点にある物体としてのわたしの身体のまわりに、さまざまな方向においてひろがっているものの同一な統一体として構成される。いいかえれば、その自然全体は、種々の感覚にさまざまなしかたで現われるものとして、すなわちさまざまな展望のもとに現われるものとして、ここかそことかのそれぞれの方向にありながら、絶対的なここに拘束されているわたしの身体に、まったく特殊なしかたで結びついているいっそう豊かな多様さの同一な統一体として構成されるのである。

その自然全体は、わたしにとって、わたしの固有領域に属するものという根源性を、すなわち、わたし自身の根源的な自己解明によって、わたしが直接に接近しうるものであるという根源性をもっている。他我の間接的呈示においては、他我のもつ総合的な（現われの）体系は、それのすべての現われ方を含めて、したがって可能なあらゆる知覚とそれのノエマ的な内容を含めて、わたしのものと同一である。ただし、現実の知覚と、その知覚において起こる対象の与えられ方、さらにまた部分的には、その知覚において実際に知覚された対象も、わたしの知覚のばあいと同じではない。他我のばあいには、対象の知覚のされ方はまさしく、他我のいるそこからというしかたであり、また知覚された対象は、そこからというしかたで知覚された対象なのである。この事情は、わたしに属するものと他我に属するものとのすべてにわたって、同じように妥当するし、このことは、知覚によって根源的に解明することができないものについても同様である。

わたしはまず最初に、間接的呈示によって、第二の自然と、この自然の中にある第二の身体的物体〔他我自身の身体〕とを含んだ第二の根源領域を所有し、そののちはじめてわたしは、わたしの第一の根源領域とこの第二の根源領域との二つの根源領域を、同一の客観的自然の二つの現われ方として把握することがいかにして可能であるか、と問うのではない。むしろ、間接的呈示そのものと、その間接的呈示とともに機能している根源的呈示との統一〔これによって、一般に他我が、さらには他我の具体的自我がわたしに対して現存する〕という、間接的呈示が間接的呈示であるかぎり必然的にそなえている性格とによって、わたしの第一次自然と想像的に呈示された他我の第一次自然とは同一であるという意味が、すでに必然的に確立されているのである。したがって、他我についての知覚とか、さらには客観的世界についての知覚とか、また、他我はわたしと同じものを見ているという事実についての知覚といったいい方は、たとえそれらの知覚がもっぱらわたしの固有領域の内部において行なわれているにしても、まったく正当なのである。知覚はもっぱら、わたしの固有領域の内部において行なわれるということは、知覚の指向性がわたしの固有領域を超越するということ、したがって、わたしの自我が、自己のうちで、他の自我を、しかもそれを存在するものとして構成するということを、決して排除するものではない。

わたしが実際に見るものは、他我の記号でも、単なる類似物でもなく、また、何らかの自然的意味での模写でもなく、それは他我自身なのである。そしてそのばあい、現実的な根源性において把握されるもの、すなわち、そこにあるその物体は、〔その物体の単なる一表面でさえも〕他我自身の身体なのである。ただそれは、まさしくわたしのいる場所から、そして、この側面から見られた他我の身体なのである。他我の身体は、他我についての知覚の行なう意味の構成からして、わたしが根源的なしかたでそれに近づくことが原理的に不可能な心をそなえているが、その心と身体とは結合して、精神物理的実在を形成しているわけである。

しかし他方において、いまやわたし自身と同様に客観的世界のうちに存在している他我についての、この知覚の指向的本質には、次のことが含まれている。それは、知覚するものとしてのわたしは、わたしの第一次領域と、他我の単に想像的に呈示された第一次領域とのあいだに、あの区別を見出すことができ、したがってノエマの側面における二重の層②をそれぞれの特殊性に関して追求し、そして連合的指向性の連関を解明することができる、ということである。客観的自然という経験的現象は、第一次的に構成された第一の層のかなたに、他我経験にもとづいて間接的に呈示された第二の層をもっている。しかもこのことは、さしあたりまず、他我の身体的物体に妥当する。なぜなら、他我の身体的物体は、他の人間が構成の順序からいって本来最初の人間であるのと同様に、いわば本来最初の客観だからである。客観性のこの原初的現象に関して、われわれにとって次のことはすでに明らかである。それは、われわれが他我経験を遮蔽《しゃへい》するときには、わたしは、わたしの第一次領域の内部での他我の身体的物体の最底の、単に単層的な根源的構成だけを所有するということ、そしてわたしが、その構成に他我についての経験を加えるときには、わたしは、間接的呈示によって、およびこの間接的呈示の層とあの根源的呈示の層との総合的重ね合せによって、他我の身体を他我自身に与えられるとおりに所有することになり、さらに、他我の身体が他我に与えられるさいの可能な与えられ方をも所有することになる、ということである。

わたしが、わたしの底の層において経験する、また経験することのできるあらゆる自然的客観は、上述したことにもとづいて、第一次的な根源性においてわたしに与えられている層との総合的な同一性の統一を形成している間接的呈示の層〔これは決して判然とは直観されないのであるが〕を獲得する、ということは容易に理解されるであろう。こうして、他我の可能な与えられ方を通して、同一の自然的客観が成立するわけである。このことは、必要な変更を加えると、その上に構成される具体的な客観的世界の高次の世界、すなわち人間世界や文化世界として、われわれに対してつねに現存している高次の世界に対しても妥当するのである。

　このばあい、われわれは、次のことに注意せねばならない。それは、他我を把握することに成功した他我統覚の意味には、他我の世界、すなわち他我に属する現われの体系は、まさしく直ちに、わたしに属する現われの体系と同一の体系として経験されねばならないということが含まれているということ、すなわち、他我とわたしとの現われの体系は同一であるということが含まれている、ということである。もっとも、眼の見えない人や耳の聞こえない人などのような異常な人もいるので、人々のもつ現われの体系が必ずしもつねに、絶対的に同一であるとはかぎらず、それぞれの現われの体系が〔たとえすべての層にわたってではなくても〕全体としてはちがうこともありうるということを、われわれはよく承知している。しかし、異常はまずもって、それ自身、異常として構成されねばならないのであって、異常は、本来それに先だつ正常にもとづいてのみ、異常として構成されうるのである。このこと自身が再び、客観的世界の構成の根源に関する現象学的分析という、すでに高次の段階に属する分析にとっての新しい課題を示している。その客観的世界は、われわれによる意味の産出にもとづいてはじめて、われわれに対して現存するのであり、さもなければそれは、われわれに対して、意味も現存ももつことができないものなのである。

　客観的世界は、その世界に関する一度成功した統覚による構成が（経験の）一致によって確証されることによって現存を獲得するが、その統覚による構成の一致による確証は、経験する生が、首尾一貫して一致して進行することによって、またときとしては訂正を受けながらも、くり返し一致を再建するというしかたで進行することによって行なわれるわけである。しかしその一致は、正常と、それの指向的変様態である異常とのちがいにもとづいて、統覚を改良することによっても保持されるし、またその異常自身の変遷の中で新しい統一を構成することによっても保持されるのである。

この異常に関する問題には、動物性の問題や、高級動物と低級動物との段階系列の問題も含まれる。構成の見地からいえば、動物に対して人間は、正常のばあいをあらわす。それはちょうど、構成の見地からいって、わたし自身が、すべての人間に対する原型であるのと同様である。したがって動物は、本質的に、わたしに対して、わたしの人間性の異常な変様態として構成される。もっとも、そのばあいにも、動物界そのものにおいても、正常と異常とを区別することができるであろう。いずれにしても、それらのばあいにつねに問題なのは、意味構造そのものの中で明らかになる指向的変様である。たしかに、これらすべてのことは、さらにはるかに深く立ち入った現象学的解明を必要とするが、しかし、当面のわれわれの目的にとっては、上述した一般的説明でじゅうぶんである。

上述した説明によって、次のことはもはや謎ではなくなるであろう。すなわち、わたしはいかにして、わたしのうちにおいて、他の自我を構成しうるのか、さらにいっそう徹底的にいえば、わたしはいかにして、わたしのモナドのうちにおいて、他のモナドを構成しうるのか、また、わたしがまさしくわたしのうちにおいて構成したものであるにもかかわらず、わたしは、どうしてそれを他我として経験しうるのか、さらにまた、実際それと不可分なことであるが、わたしは、わたしが、わたしのうちにおいて構成した自然と、他我が構成した自然〔あるいは必要な正確さをもっていえば、他我が構成するものとして、わたしが、わたしのうちにおいて構成した自然〕とを同一化することはどうして可能なのか、これらの問題は、もはや謎ではなくなるであろう。

この総合的同一化は、他のあらゆる同一化よりも大きい謎というわけではないし、したがって、わたし自身の根源領域において行なわれる、次のようなあらゆる同一化よりも大きい謎というわけでもない。その同一化とは、想起的呈示の媒介によって、一般に、対象的統一に、わたしに対する意味と存在とを与えるような同一化のことである。われわれは、次のような有益な例を考察して、それを同時に、これから述べる思想、すなわち想起的呈示の媒介によって構成される結合という思想を浮き彫りにするために利用することにしよう。

わたし自身の体験は、いかにして、存在するものという意味と妥当性を、すなわち、それの同一な時間形態と同一な時間内容とをそなえて存在するという意味と妥当性を、わたしに対して獲得するのであろうか。原体験はすでに過ぎ去っているが、しかしわたしは、くり返される想起的呈示によって、その原体験に立ち帰るのであり、しかもわたしはくり返しそのように立ち帰ることができるという明証において立ち帰るのである。しかし、このくり返される想起的呈示は、明らかに、それ自身継起して起こるのであり、したがって、それらは互いに分離している。
しかしこのことは、同一化の総合が同一のものという明証的意識をもって、それらの想起的に呈示されたものを結合することを妨げるものではない。その同一のものの中には、同一の内容で満たされている同一の一度かぎりの時間形態が含まれている。したがって、同一のものとは、他のばあいと同様に、このばあいにも、個々の体験が指向する同一な対象を意味しており、それゆえ、この同一のものは、単に非実的なものとして個々の体験に内在しているのである。これとは別の、それ自体きわめて重要なばあいは、論理的で理念的なあらゆる対象のような、厳密な意味での理念的対象の構成のばあいである。

いきいきとしたきわめて複雑な思惟作用によって、わたしは、図形や定理や数を産出する。そしていつか別のときに、わたしは、以前の産出を想起して、その産出をくり返す。そのさい直ちに、しかも本質的法則に従って、同一化の総合が起こり、さらに、われわれが任意の意識をもってその産出をくり返し行なうたびに、同一化の新しい総合が起こる。すなわち、同一の同じ命題、同一の同じ数が単にくり返し産出される。あるいは同じことであるが、くり返し明証にされるのである。したがってこのさい、その総合〔想起的呈示の媒介による総合〕は、つねにすでに構成されているわたしの体験の流れの内部において、いきいきとした現在から、わたしがそのつど関係するわたしの過去にまでおよび、そのようにして、その総合は、現在と過去とのあいだに結合をつくり出すのである。

さらにそのことによって、特殊な意味でのいわゆる理念的な対象に関する、それ自体きわめて重要な先験的問題が解決されることになる。すなわち、そのような理念的対象のもつ超時間的という性格は、任意のいかなるときにも任意に産出されうるし、また再産出されうるということに相関的な性格としての、全時間的という性格として明らかになるのである。このことはさらに、客観的時間と、可能な思惟主観としての客観的人間とをもって客観的世界が構成されたのちでは、それ自身客観化される理念的形成物や、それのもつ客観的な全時間性にも明らかに妥当するのである。そのさい、そのような理念的形成物が、時間空間的に個別化されたものとしての客観的実在と対立することはいうまでもない。

ところで、われわれが再び、われわれがいま問題にしている他我経験のばあいに立ち帰るとすれば、われわれは、他我経験は、それの複雑な構造の中で、想起的呈示を媒介とする上述の結合に類似した結合を行なっているのを見出すのである。その結合とは、具体的自我のたえまなくいきいきと進展する自己についての経験〔自我の純粋に受動的で根源的な現われとしての〕、すなわち具体的自我の第一次領域と、その領域の中で想像的に呈示される他我の領域との結合である。

他我経験は、第一次的にわたしに与えられた他我の身体的物体と、それと同じものではあるがただ別の現われ方においてわたしに与えられた、すなわち間接的に呈示された他我の身体とを、同一化し総合することによって、その両領域を結合する。そして、他我経験はさらに進んで、〔純粋な感性的根源性において〕第一次的に与えられ、確証された自然と、それと同時に、間接的呈示によって与えられ、確証された自然とを、同一化し総合することによって、その両領域を結合するのである。

そのような総合によって、わたしの自我〔およびわたしの具体的自我一般〕と他の自我との共存、わたしと他我の指向的生の共存、わたしと他我の実在性の共存、要するに、一つの共通な時間形式が根源的にうち立てられるのである。それと同時に当然、それぞれの主観のもつ第一次時間性は、客観的時間の個々の主観に対する根源的な現われ方であるという、単純な意味を獲得するわけである。ここにおいてわれわれは、構成上相互に関連し合うモナドの時間的共同性は、一つの世界および一つの世界時間の構成と本質的に連関していて、それと不可分であることを知るのである。

(1) あらゆる知覚には、「本来の意味で知覚されているもの」、すなわち根源的に呈示されたもの、たとえば家の前面と、「本来の意味で知覚されているものではないが、知覚されているものとともに現存している余剰」、すなわち間接的に呈示されたもの、たとえば家の裏面が属している。知覚は、現前する以上のものを含んでいるという意味で、「超越的」である。

(2) 他我経験において、すでに「ノエマの側面における二重の層」が区別される。すなわち、他我の身体を物体として知覚する根源的呈示の層と、その物体を介して他我の精神あるいは心を想像的（間接的）に呈示する層とである。この二つの層の直接的総合統一において、客観的な精神物理的実在としての他我が把握されるわけである。さらにまた、わたしの知覚する第一次領域（自然）と、他我の知覚する第一次領域（自然）――これはわたしには間接的に呈示されるにすぎない――との二つの層が区別され、この二つの層の連合による総合統一によって、客観的自然が形成されるわけである。

第五十六節　相互モナドの共同性の高次の段階の構成

以上の考察によってわれわれは、共同化の最初にして最も低次の段階を、明らかにしたわけである。その共同化とは、わたし、すなわちわたしにとって第一次的なわたしのモナドと、わたしがわたしのうちで他我として、したがって、それ自身で存在するものとして構成するが、しかしわたしは間接的呈示によってしかそれの存在を確認することのできない他我のモナドとの共同化である。

他我はわたしのうちにおいて他我として構成される、というように理解することが、なぜ他我は、存在するもの、および他我として存在するものという意味と妥当性を、わたしに対してもちうるのかを理解する唯一の可能なしかたなのである。したがって、他我は、わたしによってたえず確認されることによって、そのような意味と妥当性を獲得するとすれば、他我はまさしく存在する、とわたしはいわねばならない。しかしそのばあい、他我はもっぱら、それが構成されたさいの意味をもってのみ存在するのである。すなわち、モナドとしての他我は、わたしがわたし自身に対して存在するのとまったく同様に、それ自身に対して存在するが、しかし、それはさらにまた、具体的自我、つまりモナドとしてのわたしと共同して、〔すでに、以前に用いた表現をここで強調して再び使用するならば〕わたしと結合して存在しているのである。

もちろん、他我の体験とわたしの体験とのあいだには、一般的にいえば、他我に固有な本質領域と、わたしに固有な本質領域とのあいだには、往き来しうるようないかなる実的な結合も存在しないのであるから、他我のモナドとわたしのモナドとは、実的には分離している。この実的な分離に、ちょうど、実在的な分離、すなわち、世界の中でのわたしの精神物理的現存と、他我の精神物理的現存との分離が対応している。この実在的な分離は、客観的身体のもつ空間性にもとづいて、空間的な分離として現われるのである。しかしながら、他方において、あの根源的な共同性がなくなるわけではない。たとえ、それぞれのモナドは、実的には絶対的に閉じられた統一体ではあっても、他我がわたしの第一次領域のうちへ非実在的で指向的なしかたではいり込んでくるということは、他我が、夢の中で、わたしの第一次領域にはいり込んでくるとか、単なる想像というしかたで表象されるとかというような意味で、非実在的なのではない。存在するものは、存在するものと指向的な共同性を形成して、存在しているのである。その指向的共同性は、原理的に独特な種類の結合であり、現実的共同性であって、それはまさしく、世界の存在を、すなわち人間の世界と事物の世界の存在を、先験的に可能にするものなのである。

共同化の最初の段階、およびそれとほぼ同じことであるが、第一次世界から出発して客観的世界を構成する最初の段階がじゅうぶんに明らかにされたあとでは、共同化の高次の諸段階を明らかにするのに、それほどの困難はない。もっとも、それらの高次の諸段階に関しても、それらを全面的に解明するためには、多岐にわたる諸問題全体の広範な研究を必要とするであろうが、われわれはここでは、上述したことから容易に理解されるそれらの諸段階の大まかな輪郭を描くことで満足する。

わたしは、構成の順序からいって最初のモナドであるわたしから出発して、わたしにとって他なるモナド、すなわち精神物理的主体としての他我を獲得する。このことの中には、わたしは他我を、ただ単に身体的にわたしに対立するものとして獲得するのではないということ、また連合的対化によって、わたしの精神物理的存在に還元されるものとして獲得するのではないということが含まれている。

たしかに、一般的には、また当然のことであるが、いまの段階における共同世界も、必ず、わたしを中心とする方向づけのもとにわたしに与えられるのであるから、精神物理的存在としてのわたしが、この共同世界の中心である。しかし、人間は、ひとりひとりがすでに、共同体の構成員という意味をそなえているのであるから〔このことは動物の社会にもあてはまる〕、人間社会および人間の意味には、相互に対して存在する、ということが含まれているのである。そして人間は、そのように相互に対して存在するとすれば、わたしの存在とあらゆる他我の存在は、当然客観化され同等化されることになる。したがって、わたしであっても他のだれであっても、人間は、多くの人間の中のひとりである、ということになる。

わたしが思惟によって他我の立場に立ち、他我自身の地平の中に深く立ち入るなら、わたしは直ちに、次のことを理解するであろう。すなわち、わたしが他我の身体を、わたしの知覚領域の中で見出すのと同様に、他我はわたしの身体を、彼の知覚領域の中で見出すであろうということ、一般的にいえば、わたしが他我を、わたしにとっての他者として経験するのと同様に、他我はわたしを、直ちに、彼にとっての他者として経験するであろう、ということである。またわたしは、多くの人が相互に他者として経験し合うこと、さらには、わたしは、それぞれの他我を、単に他者として経験できるだけでなく、他我自身のほうでも、彼の他者に関係しているものとして、またそのような関係をくり返し考えてゆくと、おそらく間接的には同時に、わたし自身にも関係しているものとして経験することができる、ということを知るのである。

次のこともまた、明らかである。それはすなわち、人間は、現実的にだけでなく可能的にも、任意に自分の他者を次々と見出すことのできるものとしてのみ把握されうるということである。そうであるとすれば、開放的で無限な自然それ自身は、どのようにかはわからないが、ともかくも無限の空間の中に分散している無限に多数の人間を、もっと一般的にいえば、無限に多数の動物をも相互的共同性の主体として、みずからのうちに包含している、ということになる。先験的な具体性においては、その相互的共同性には、当然、同様に開放的なモナドの共同性が対応する。われわれは、このモナドの共同性を先験的相互主観性と呼ぶのである。

いうまでもなく、そのような先験的相互主観性は、省察する自我としてのわたしのうちで、すなわち、わたしの指向性の源泉から純粋にわたしに対して構成されるのであるが、それにもかかわらず、その相互主観性は、他という変様において構成されるあらゆる主観を通じて、同一のものとして、ただそれぞれの主観における現われ方においてのみ異なるものとして構成されるのである。そしてまた、その相互主観性は、同一の客観的世界を、必然的にみずからのうちで支えるものとして構成されるのである。

わたしのうちで〔同じことであるが、わたしの想定しうるあらゆるモナドの共同性のうちで〕、先験的に構成される世界の本質には、また明らかに、次のことが含まれている。すなわち、その世界は、それの本質上必然的に、人間の世界であること、その世界は、ひとりひとりの人間の心のうちで、指向体験によって、すなわち指向性の可能的体系によって――この体系は、心の生として、それ自身すでに世界の中に存在するものとして構成されている――、多かれ少なかれ完全に構成されている、ということが含まれている。心のうちでの客観的世界の構成とは、たとえば、自己自身を人間として経験するわたしの自我の行なう、現実的および可能的な世界経験を意味する。この世界経験は、程度の差はあるにしても、完全性をもっている。しかし、それにもかかわらず、この世界経験は、少なくとも、いつまでたっても規定し尽くされない地平をもっているのである。人間は、物理的、精神物理的、および心的存在として、互いに対して、このような経験の地平の中で、たとえ多くのばあいは正しく把握されないにしても、近似的に無限に近づくことのできる領域として存在しているのである。

第五十七節　内部心理的解明と自我論的‐先験的解明との並行性の説明

以上のことから、(心の)内部心理的解明と(自我の)自我論的‐先験的解明とは、必然的な並行関係にあること、いいかえれば、純粋な心は、すでに述べたように、モナドがみずからのうちで自己を客観化したものであることを説明するのは困難なことではない。なお、モナドの自己客観化にはさまざまな段階があるが、このことは、一般に、モナドに対して他のモナドが必然的に存在しうる以上、本質的に必然的なことである。

このことと関連して、われわれは、先験的現象学のあらゆる分析と理論とを、また、さきほどわれわれがそれの輪郭を素描したばかりの、客観的世界の先験的構成の理論をも、先験的見方を捨てて、自然的地盤の上で展開することも、アプリオリに可能である。先験的理論は、このような先験的素朴性の中に移されるとき、内部心理学的理論になる。形相的にも経験的にも、純粋な心理学に対して、すなわち、もっぱら心、あるいは具体的な人間としての自我に固有な指向的本質を解明する心理学に対して、先験的現象学が対応し、また逆の対応も成立する。しかしこのことは、先験的分析によって解明されねばならない事柄である。

第五十八節　高次の相互主観的共同性を指向的に分析するさいの問題の順序、自我と環境世界

人間性の構成、あるいは人間性の豊かな本質の中に含まれている共同性の構成は、これまでに述べたことで、まだ完了してはいない。しかしながら、上述の最後に獲得された意味での共同性から出発して、間接的呈示によって行なわれる他我経験を媒介として、他我の中にはいり込む自我作用、すなわち、あらゆる人間的で人格的な交わりをうち立てる社会的作用という性格をもつ、とくに人格的な自我作用の可能性を「明らかにすること」は、もちろんきわめて容易である。そ

のような自我作用を、そのさまざまな形態において慎重に研究し、かつそれにもとづいて、あらゆる社会性の本質を先験的に明らかにすることは、一つの重要な課題である。客観的世界の内部において、本来の共同化、すなわち社会的共同化によって、独特な精神的客観性としての社会的共同性の種々の類型が、段階的秩序をなして構成されるが、それらの社会的共同性の中には、より高い段階に属する人格性という性格をもつ、卓越した類型の共同性も含まれているのである。

さらにそれにつづいて、われわれは、いま示唆した問題と不可分で、ある意味においてはそれと相関的な問題、すなわち、あらゆる人間とあらゆる人間社会のまわりにあるとくに人間的な環境世界、いっそう正確にいえば、文化的環境世界の構成の問題、およびたとえ限られた客観性ではあっても、その環境世界のもつ客観性の問題、このような問題を考察するであろう。世界は、わたしにとっても、他のすべての人にとっても、具体的には文化世界としてのみ与えられており、そして、すべての人が近づきうるという意味をもっているが、しかし、文化世界のもつこの客観性は限られたものである。なぜなら、その、すべての人が近づきうるという性格がすでに、その意味をいっそう厳密に解明すると直ちに明らかになるような構成上の本質的理由によって、決して無制限なものではないからである。この点において、文化世界のもつ、すべての人が近づきうるという性格は、自然や身体、さらに精神物理的人間——ある程度の一般性のもとで理解された精神物理的人間——の構成的意味に本質的に含まれているところの、すべての人が絶対的に無制限に近づきうるという性格とは、明らかに区別されるわけである。

　もっとも、すべての人はアプリオリに、同じ自然の中で生きているということ、さらに、すべての人は、その同じ自然を、自己の生と他者の生との必然的な共同化にもとづいて、自己の個人的な、および他者との共同的な行為や生活によって、文化世界として形成しており、この文化世界は、それがなおいかに原始的段階にあるものであっても、人間的意味をもっていること、これらのことはたしかに〔世界構成の本質形式に相関的なこととして〕無条件に普遍的なことである。けれどもそのことは、アプリオリにも事実的にも、次のことを排除するわけでは決してない。すなわち、人々は、一つの同じ世界に属していながらも、互いにほとんど、あるいはまったく関係のないそれぞれの文化的社会の中に生きており、したがって、人々は、さまざまな異なった文化的環境世界を具体的な生活の世界として構成しており、そして、そのような世界の中で、すなわち互いに相対的あるいは絶対的に独立したそれぞれの社会の中で、受動的および能動的に生きている、ということを排除するのではない。

　すべての人は、自己の属する具体的な環境世界ないし文化を、まさしくそれを歴史的に形成した社会の構成員であるかぎり、最初は、それの核心に関して理解し、そして、いまだ解明されていない地平を伴っているものとして理解する。しかし、その社会のすべての構成員にとっては、いっそう深い理解が、すなわち、現在そのものを理解するのに役だつ過去の地平を開示するところの理解が原理的に可能である。すなわち、他の社会からこの社会との関係にはいってくる人々には閉ざされていて、彼らにのみ可能なある根源的な理解が可能なのである。

　われわれは、他の世界に属する人々を、当然最初は、人間一般として理解し、次いで、ある文化世界に属する人として理解する。われわれは、そのような理解から出発して、より進んだ理解の可能性をまずもってみずから一歩一歩つくり出さねばならない。すなわちわれわれは、最も一般的に理解されるものから出発して、最初に現在の層を理解し、そしてさらに、その現在の層からたえずひろがってゆく歴史的過去の層を追理解するための通路を、まずもってみずから切り開かねばならない。というのは、歴史的過去の層の理解は、逆に現在をより広く開示するのに役だつからである。

　開放的で無限な多様性をそなえた自己自身の体験の流れから出発して、客観化のさまざまな段階を経て、客観的世界にいたるまでのあらゆる種類の世界の構成は、方向づけられた構成として、ある法則に従って行なわれる。したがって、われわれが見るように、文化世界もまた、一つの原点、つまり一つの人格性との関係において方向づけられて与えられる。このばあい、わたしとわたしの属する文化とが、他のあらゆる文化に対して第一次的なものである。わたしおよびわたしと同じ文化に属する人は、一種の他我経験によってのみ、すなわち、他の文化に属する人の人間性、およびその文化への一種の感情移入によってのみ、他の文化に近づくことができる。われわれは、その感情移入をも、それの構成的指向性に関して研究せねばならない。この種の感情移入は、さまざまな段階において構成を行なうが、その構成は、最も広い意味においては、第一次的に構成されたものと、第二次的に構成されたものとを前提している。そのさい、第一次的に構成されたものは、つねに新しい意味の層をもって構成された第二次世界の中へはいってゆき、その第二次世界が方向づけられて与えられるさいの中心となる。その第二次世界は、世界であるかぎり、必然的に、第一次世界から出発して近づくことができ、そして、ある秩序のもとに開示することのできる存在地平として与えられるのである。

われわれが、体験の流れと呼ぶ最初の内在的世界がすでに、そのようなしかたで与えられているのである。体験の流れは、（それの各契機が）第一次的に構成されるいきいきとした現在を中心とした方向づけのもとに、並存している体系として与えられていて、現在の外にあるが内在的時間性のうちにあるすべてのものに、われわれは、そのいきいきとした現在から出発して近づくことができるのである。また、われわれのいう特殊な意味での第一次領域の内部においては、わたしの身体が、自然、すなわちわたしの身体のはたらきによってはじめて構成される世界としての自然に対する、中心なのである。それと同様に、わたしの精神物理的身体は、並存的な客観的世界の構成にとって第一次的なものであり、その世界が方向づけのもとに与えられるさいに、中心となるのである。もしも、われわれのいう特別の意味での第一次世界それ自身が、客観的世界の中心にならないとすれば、それは、わたしのこの第一次世界全体が客観化されても、何ら新しい種類の並存がつくり出されないということによるのである。ところが実際には、多様な他我の世界が、わたしの世界の周囲に方向づけられて与えられており、それらの世界は、それらの世界に内在する共通の客観的世界によって構成されているのであるから、それらの世界は、一つの世界なのである。したがって、客観的世界のもつ空間時間的形式が、同時に、それらの多様な世界への接近形式という機能をもつわけである。

　ところで、われわれの当面の問題である文化世界の問題に立ち帰っていえば、文化世界もまた、さまざまな文化の世界として、普遍的な自然と、それの空間時間的な接近形式を基礎として、ある方向づけにおいて与えられており、したがって、自然への空間時間的接近形式が同時に、多様な文化的形成物や、文化に近づくための形式、という機能をもっているのである。

　われわれは、このような人間世界や文化世界に、それらの特殊な意味を与え、そうすることによって、それらの世界を特殊な精神的述語をそなえた世界にする意味の諸層について、いっそう厳密に考究することは断念せねばならない。しかし、われわれが、客観的精神に関するあらゆる述語を捨象したばあいに、われわれに残存している具体的な世界全体の互いに連関した基底層は、どのような指向的動機づけの連関の中で構成されて発生したのかは、われわれがいましがた行なった構成の解明によって証示されている。われわれは、すでにそれ自身において具体的な統一体として構成されている自然全体、およびその自然の中に含まれている人間や動物の身体は保持しているが、しかし、心の生をまだ具体的に完全には保持していない。なぜなら、人間存在は、人間存在であるかぎり、人間的意味をもつ述語をつねにすでにそなえて存在している実践的な環境世界に、意識的に関係しているが、この関係は、その述語の心理学的構成を前提しているからである。世界に与えられるそのような種類のすべての述語は、時間的に発生するということ、しかも、人間の受動的および能動的なはたらきにもとづいて時間的に発生するということ、このことは何の証明も必要としない。しかし、そのような述語が、個々の主観に起源をもちながらも、共通の生活世界に属して存続しつづけるものとして、相互主観的妥当性をもつのは、人間社会が、個々のすべての人間と同様に、具体的な環境世界の中で生活しており、受動的および能動的なはたらきによって、その環境世界に関係しているということ、かつそれらの具体的な環境世界はすべて、すでに構成されている、ということによるのである。

人間の生活世界のこの不断の変化の中で、明らかに、人格としての人間自身もまた変化する。なぜなら、人間は、生活世界の変化に応じて、たえず新たな習性を身につけねばならないからである。そのような変化にさいして、静態的構成と発生的構成——後者は、いっさいのものの発生という謎に満ちた問題の一部である——との広範にわたる問題の重要性が、強く感じられてくる。たとえば、人格性に関していえば、形成されては再びこわされる多様な習性に対する、人格的性格という統一性の静態的構成の問題だけでなく、生まれつきの性格の謎にまでわれわれを遡りみちびいてゆく発生的構成の問題もまた重要なものとして強く感じられるのである。

われわれは、これらの高次の諸問題を構成の問題として示唆したということ、そしてまたそのことによって、必当然的な自我に関する先験的、現象学的解明を体系的に推し進めてゆくことにおいて、最後には世界の先験的意味もまた、それの完全な具体性において解明されるはずであること――完全な具体性における世界が、われわれのすべてがその中で不断に生きている生活世界なのである――、これらのことを明らかにしたことで、いまは満足せねばならない。世界に関していま述べたことは、環境世界のあらゆる特殊な形態に妥当する。というのは、世界は、われわれの人格の教育と発達の程度に応じて、あるいはわれわれがいかなる国家ないしいかなる文化圏の成員であるかに応じて、特殊な形態をとってわれわれに現われるからである。ここに述べたすべてのことの中には、本質必然性、あるいは本質的型が支配しているが、その型の必然性は、第一には先験的自我に由来し、第二にはその先験的自我の中で開示される先験的相互主観性に由来するのであり、したがってそれは、先験的動機づけと先験的構成との本質的形態に由来するのである。してみれば、われわれがその本質的形態の解明に成功すれば、これに由来するあのアプリオリな型は、最高の権威をもつ合理的解明、すなわち究極的な、あるいは先験的な理解という最高の権威をもつ合理的な解明を獲得するわけである。

第五十九節　存在論的解明、および構成の先験的現象学全体のうちでのそれの位置

これまでに行なった一連の分析によって、また一部分は、その分析に付随して現われてきてどうしても避けることのできなかった新しい問題領域と、それの要求する秩序形式との素描によって、われわれは、哲学的な基本的洞察を獲得した。存在するものとしてあらかじめ与えられた経験世界から出発して、また形相的見方に移行したのちは、存在するものとしてあらかじめ与えられたものと考えられる経験世界一般から出発して、われわれは、先験的還元を遂行した。すなわちわれわれは、あらかじめ与えられているもの、およびそれにつづいてあらゆるしかたで与えられるものを、みずからのうちで構成する先験的自我、あるいはその自我の形相的変様においては、先験的自我一般に還帰したわけである。

それによって先験的自我は、みずからのうちで世界を経験するものとして、すなわち経験の一致のうちで世界を確証するものとして把握された。われわれは、自我のうちで行なわれるそのような構成の本質と段階とを追求することによって、新しい種類のアプリオリなこと、正確にいえば、構成におけるアプリオリなことを明らかにした。われわれは、自我が、自己自身に対して、

自己自身の第一次的な本質領域のうちで行なう自己構成と、自我が自己自身の本質領域を源泉として、さまざまな段階において行なう自我にとって他なるすべてのものの構成とを区別することを学んだ。そのような構成はすべて、わたし自身の自我のうちで行なわれるのであるから、その構成全体は、それの本質形式に関して、普遍的に統一されていることになる。

わたしおよび自我一般に対して客観的に存在する世界は、そのような構成全体の相関項としてたえず眼前に与えられ、それの意味の諸層に関してたえず形成される世界なのである。ただしそれは、わたしのもっている、その世界に相関的なアプリオリな形式類型に従って行なわれるわけである。しかも、そのように世界を構成すること自身が、一つのアプリオリなことなのである。

わたしの自我と、わたしの自我の本質的変様そのものとの中に指向的に含まれているもの、およびその中で指向的に動機づけられるもののそのような最も徹底的で首尾一貫した解明によって、次のことが示される。それは与えられた客観的世界のもつ一般的な事実的構造、つまり単なる自然、動物性、人間性、さまざまな段階での社会性、および文化というような世界構造は、きわめて広い範囲にわたって、おそらくはわれわれがすでに洞察したよりもはるかに広い範囲にわたって、本質的に必然的な構造であるということである。

このことから、次のような明白で必然的な帰結が生ずる。それは、実在的世界についてのアプリオリな存在論の課題、いいかえれば実在的世界の普遍性に属しているアプリオリなものを明らかにするという課題は、まさに不可避的な課題ではあるが、しかし他方から見れば、それは一面的な課題であり、したがって、究極的な意味においては、それは哲学的課題ではないということである。なぜなら、そのような種類の存在論的にアプリオリなもの〔自然、動物性、社会性、および文化などのアプリオリなもの〕は、たしかに存在的事実、つまり事実的世界を、それの偶然性において相対的に理解させる。すなわち、世界が本質的法則にもとづいて、そのように存在することの明白な必然性を相対的に理解させる。しかしそれは、そのことを哲学的に、すなわち、先験的には理解させないからである。哲学はまさしく、究極的で最も具体的な本質必然性からの解明を要求する。そのような本質必然性とは、あらゆる客観的世界が本質的に先験的主観性に根ざしていることを明らかにし、したがって、世界を構成された意味として具体的に理解させる必然性である。こうしてはじめて、そのように理解された世界に対して、なお提出されうる最高にして最後の問いが開発されるわけである。

　出発したばかりの現象学がもたらした成果の一つは、次のことであった。すなわち、現象学の純粋にして同時に形相的な直観の方法が、直観から切り離された概念をもって論理的に行なわれた十八世紀の存在論とは根本的に本質的に異なる新しい存在論の試みにみちびいたということ、あるいは同じことであるが、その方法は、具体的直観を直接の源泉とすることによって、アプリオリな個別科学〔純粋文法学、純粋論理学、純粋法律学、直観的に経験される自然の本質学など〕、およびそれらの学問を包含する、客観的世界に関する一般的存在論①を構成する試みにみちびいた、ということである。

われわれは、最初には、われわれ人間の生活の環境世界と、この環境世界に本質的に関係しているものとしての人間そのものとをじゅうぶんに具体的にとりあげ、そしてそのような環境世界一般のもついまだかつて明らかにされたことのないきわめて豊かなアプリオリな構造を、まさしく純粋に直観的に探究し、さらに、そこから出発して、人間存在と、人間存在の相関項として人間のうちにおいて開示される世界の諸層との、本質構造を体系的に解明するのであるが、このような歩みを妨げるものは、何もない。その歩みにおいて直接獲得されるものは、アプリオリなものの体系であるにしても、そのアプリオリなものが哲学的に理解された、したがって、さきほど述べたように、理解の究極的源泉に遡って関係づけられたアプリオリなものになるのは、われわれがまさしく、とくに哲学的段階に属する問題としての構成の問題を開示し、それに応じて、われわれが認識の自然的地盤を放棄して、先験的地盤の上に立つときなのである。

自然的地盤から先験的地盤に移行するということには、自然的見方において与えられているすべてのもの、すなわち、直線的にあらかじめ与えられているすべてのものを、新たな根源性において再び構成するということが含まれているのであって、それはたとえば、単にあとからきて、あらかじめ与えられているものをすでに究極的妥当性をもつものとして、単に解釈することを意味するのではない。一般に、形相的直観から認識を汲みとってくるやり方が、現象学的と呼ばれ、そしてそれが哲学的意義を要求する権利をもつのは、あらゆる真正な直観が、構成の連関の中に位置しているからにほかならない。したがって、対象の原理的〔公理的〕な基礎領域に関して、実証的態度のもとに、直観にもとづいて行なわれるあらゆる存在論的確立が、アプリオリにも不可欠な予備的仕事として役だつ。なぜなら、そのような確立の成果が、いまや、対象の完全に具体的な構成を、それのノエシス・ノエマの両側面に関して浮き彫りにするという課題に対する先験的手引き[2]になるはずだからである。

　われわれの研究のモナド論的成果は、そのように構成領域に還帰することがいかに重要な意義をもち、またそれがいかに完全に新しいことを開示するかを示したことである。もっとも、存在の側面におけるまだかくされている意味の地平の開示も、その還帰によって遂行されるということには触れなかったが、そのまだかくされている意味の地平を見逃すと、アプリオリなものを確立する価値は本質的に制限され、そのアプリオリなものの存在領域への適用が不明確になってしまうであろう。

(1)　客観的世界に関する一般的存在論に関しては、『純粋現象学及現象学的哲学考案』下（岩波文庫）、第四篇第三章参照。

② 対象の原理的な基礎領域、ないし根本構造を、直観にもとづいてあらかじめ明確に確立しておくことは、そのような対象を構成する意識の作用をノエシス・ノエマの両側面に関して解明するという先験的課題にとって、手引きになるわけである。

第六十節　他我経験に関するわれわれの解明の形而上学的成果

もし、存在に関する究極的認識を形而上学的認識と呼ぶことが正しいとすれば、われわれの研究のモナド論的成果は形而上学的である。しかし、ここでわれわれが問題にしている形而上学とは、通常の意味での形而上学とはまったく別のものである。なぜなら、通常の意味での形而上学は、歴史的経過のうちで変質した形而上学であって、それは、そもそものはじめに、第一哲学としてうち立てられたさいの形而上学の意味にまったくそぐわないものであるからである。現象学の純粋に直観的で具体的な、そのうえ必当然的な立証方法は、あらゆる形而上学的冒険や、あらゆる思弁的ゆきすぎを排除するものである。

われわれは、われわれの得た形而上学的成果のうちから、二、三のものをとり出して、それらから出てくるいくつかの帰結を、それらの成果につけ加えることにしよう。

わたし自身に必当然的なしかたで与えられるわたしの自我、すなわち、絶対的な必当然性においてわたしが存在するものとして定立しうる唯一のものであるわたしの自我は、わたしの自我と同様のものである他の自我と共同して存在するばあいにだけ、したがって、わたしの自我を中心とする方向づけにおいてわたしに与えられるモナドの共同体の構成員であるばあいにだけ、アプリオリに世界を経験する自我であることができる。客観的な経験世界が首尾一貫したしかたで立証されるということには、他の多くのモナドが存在するものとして首尾一貫したしかたで立証されるということが含まれているのである。逆にいえば、わたしは、多数のモナドというものを、顕在的に、あるいは潜在的に共同化されているモナドとして以外に考えることができない。モナドの共同化ということの中には、モナドは自分たちのあいだで一つの客観的世界を構成し、そしてその客観的世界の中で、自分たち自身を、動物存在、とりわけ人間存在として空間化し、時間化し、実在化するものである、ということが含意されている。多数のモナドの共同存在、すなわちそれらの単なる同時存在は、本質必然的に時間的な同時存在を意味しており、さらにまた、実在的時間性の形式のもとで時間化された存在であることを意味している。

しかし、このことからはなお、次に述べるようなきわめて重要ないくつかの形而上学的成果が帰結する。多数のモナドが互いに分離したまま、すなわち、共同して共同体を形成することなく共存すること、したがって、それぞれのモナドが各自の世界を構成すること、それゆえに、無限に分かたれた二つの世界、すなわち二つの無限な空間と二つの無限な時間があるというようなことが、〔このようなことをいうわたしにとっても、またこれと同じことをいうことができるとわたしの想定する他のあらゆる人にとっても〕考えられるであろうか。明らかに、そのようなことは考えられないことであり、それはまったく不合理なことである。もちろん、それぞれのモナド群は、一つの相互主観性の統一体として、しかも他の相互主観性といかなる現実的な共同関係を結ばないことも可能な一つの相互主観性の統一体として、アプリオリに、他のモナド群がもつ世界とはまったく異なった外観を有する世界をもっている。しかしながらそのばあい、それら二つの世界は、必然的に、それら二つの相互主観性の単なる環境世界であり、それら二つの相互主観性に共通な唯一の客観的世界の単なる局面にすぎない。なぜなら、それら二つの相互主観性は、虚空に浮かんでいるのではないからである。すなわち、それら二つの相互主観性は、わたしによって構成されたものであるかぎり、それらを構成する原初モナドとしてのわたし〔ないしわたし自身の可能的変様態としてのわたし〕と、必然的な共同関係の中に立っているからである。

したがって、それらの相互主観性は、実は、わたし自身をともに含み、さらには共存するものと考えられるあらゆるモナド、およびあらゆるモナド群をみずからの中に包含している唯一の普遍的な共同体に属しているわけである。それゆえ実際には、モナドの唯一の共同体、すなわち共存するあらゆるモナドの唯一の共同体だけが存在することができる。したがって、唯一の客観的世界、唯一の客観的時間、一つの客観的空間、つまりは一つの自然だけが存在することができる。

そして、もしも一般に、他のモナドの共存を含む構造がわたしにそなわっているとすれば、この一つの唯一の自然は必ず存在せねばならない。

ただ、次のようなことは、ありうることである。それは、異なったさまざまなモナド群や世界が、われわれには見えない天体の世界にいるかもしれないモナドとわれわれ自身とのあいだの関係と同じように、したがってまた、われわれとのいかなる現実的なかかわりもない動物とわれわれとのあいだの関係と同じように、相互にまったく無関係に存在するということである。しかしながら、それらのモナド群のもつそれぞれの世界は、開放的な地平をそなえている環境世界であって、それらの地平が、単に事実上、あるいは単に偶然的理由によって、彼らに開示されることができないだけなのである。

しかし、モナド論的世界と、その世界に本来そなわっている客観的世界とのこのような唯一性の意味は、正しく理解されねばならない。ライプニッツは、無限に多数のモナドとモナド群が思惟されうるが、しかしながら、思惟されるすべてのモナドとモナド群が共存しうるわけではないと語っているし、さらにまた、無限に多数の世界が創造されることは可能ではあったであろうが、しかし、それらのすべての世界が共存することはできないので、多くの世界は同時には創造されえなかったと語っている。これはもちろん正しい。したがって、われわれはここで、次のことに注意せねばならない。というのは、わたしはさしあたりわたし自身を、つまり必当然的でしかも事実的に存在するこの自我を自由に変様させて考えることができ、そうすることによって、わたし自身の可能的な変様態の体系を獲得するが、しかし、そのような変様態のそれぞれは、他のそれぞれの変様態によって、また、わたしが現実にそれであるところの自我によって、無効にされる、ということである。それは、アプリオリに共存不可能なものの体系である。

さらに、われ在り、という事実は、わたしにとって他なる他のモナドが存在するということ、および、いかなるモナドがわたしにとって他なるモナドであるかを予示している。したがって、わたしは、他のモナドを発見することだけはできるが、しかしわたしに対して存在すべき他のモナドを創造することはできない。わたしがわたしを純粋可能性に変様して考えるとき、その純粋可能性もまた、いかなるモナドがそのような純粋可能性に対して他なるモナドとして存在するかを予示している。このように考察を進めてゆくことによって、わたしは、次のことを認識する。すなわち、具体的可能性として妥当性をもつそれぞれのモナドは、共存可能な一つの世界、つまり、完結した一つのモナド世界を予示しているということ、および二つのモナド世界というものは、わたしの自我の二つの可能的変様態や、予想されて考えられた何らかの自我の二つの可能的変様態と同様に、共存不可能であるということを認識するのである。

このような成果、およびこのような成果をもたらした研究の歩みにもとづいてわれわれは、伝統的哲学にとってあらゆる学問的限界のかなたにあるものと考えられざるをえなかった問題、すなわち、われわれが以前にすでに触れたような問題[1]が〔それがどのように解決されるかは別として〕いかに深い意味をもつかを理解するのである。

(1) 近世哲学はデカルトのコギト・エルゴ・スム（cogito ergo sum）「われ思う、ゆえに、われ在り」を出発点としたが、このような唯一の自我を出発点とするかぎり、いかにして他我の存在および客観的自然（世界）の存在を確保しうるかが難問となる。この問題は「伝統的哲学にとって、あらゆる学問的限界のかなたにあるもの」、すなわち、もはや学問的に論証しえないものと考えられざるをえなかった。それの帰着するところは独我論である。それに対してフッサールにおいては、デカルトと同じく、「わたし自身に必当然的なしかたで与えられるわたしの自我」から出発しながら、自我の存在に他我の存在が必然的に含蓄されている。モナドは必ずモナドの共同体の構成員であり、そのモナドの共同において、また客観的世界が経験されるとすることによって、近世的独我論を超えるのである。要するに、必当然的に明証的な自我から出発して、いかにして、それを超えて、他我や客観的世界の存在を論証するかという問題は、哲学にとって重大な問題である。

第六十一節　「心理学的起源」に関する伝統的問題と、それの現象学的解明

人間および動物の世界の内部で、われわれは、精神物理学的、生理学的、および心理学的な発

生という、周知の自然科学的問題に出会う。そのような問題の中には、心の発生の問題が含まれている。心の発生は、幼児の心の発達の過程を通してわれわれに示唆されるが、幼児は、その心の発達の過程の中で、世界についての彼の表象をみずからつくりあげてゆかねばならない。世界を、現実的および可能的な経験の領域として幼児に対して現存させ、そして、つねに眼前に与えるのは統覚の体系であり、そのような統覚の体系は、幼児の心の発達の過程の中ではじめて構成されねばならない。幼児は、客観的にみれば、世界の中にはいってくる（生まれる）のであるが、しかし、幼児の心の生活はどのようにしてはじまるのであろうか。

生まれるというこの精神物理的事実は、身体的〔純粋に生物学的〕な個体発生①と系統発生②の問題にみちびくが、その生物学的系統発生の問題は、他面において、それに並行するものとして、心理学的系統発生の問題をもっている。しかしながら、人間と動物とは、心という観点からみれば、モナドが自己を客観化したものであるから、心の心理学的発生の問題は、先験的で絶対的な、モナドにおける心の発生連関の問題にみちびくのではないであろうか。これらのすべての問題の中に、先験的哲学としての構成の現象学にとって最も重要な本質的問題が示唆されているというべきではあるまいか。

もちろん発生の問題は——ただし最初の最も基礎的段階に属する発生の問題であったことはいうまでもないが——、すでにかなりの程度、これまでの現象学的研究において実際に論究された。

その基礎的段階とは、いうまでもなく、わたしの自我の固有で第一次的な本質領域の段階である。内部時間意識の構成と、連合に関する現象学的理論の全体とが、この段階に属する。そしてわたしの第一次自我が根源的で直観的な自己解明において見出すものは、本質的理由にもとづいて、直ちに、他のすべての自我に移し入れられる。もちろん、そのような研究によってもまだ、さきに示した発生の問題、すなわち動物的存在における生死や発生連関の問題には触れられていない。そのような問題は、明らかに、より高次の段階に属する問題であり、したがってそれは、低次の領域の広範囲にわたる解明的研究を前提するので、今後も当分のあいだ、研究の主題とはなりえないであろう。

しかしながら、その研究領域の内部には、われわれを哲学的伝統といっそう緊密な関係に立たせるもっと強力な問題〔しかも静態的および発生的問題としての〕領域がある。その問題領域をここでいっそう詳しく示唆しておこう。他我経験、および客観的世界の構成に関してわれわれの行なった一連の指向的解明は、先験的見方の内部においてわれわれにあらかじめ与えられている地盤の上で、すなわち、第一次領域の構造的分節の上で行なわれた。なぜなら、われわれは、その第一次領域の中で、すでに、一つの世界を、すなわち、第一次世界を見出したからである。われわれが、そのような第一次世界に近づきえたのは、現象としてとらえられた具体的世界から出発し、次いで、その具体的世界にあの独特な第一次還元を加えて、それをわたしの固有領域へ、すなわち、内在的超越の世界へと還元することによってであった。そのような第一次世界の中には、自然全体が、すなわち、わたしの純粋な感性にもとづくゆえにわたし自身に属している自然に還元されたものとしての自然全体が含まれているが、しかし、同様なしかたで還元された精神物理的人間、およびそのうちにある心もまた、その中に含まれている。その自然には、見られたもの、触れられたものなどのようなものだけでなく、空間、時間という普遍的な形式をそなえた因果的諸性質の基体としての、すでにある程度具体的な事物もまた属する。客観的世界の存在意味の構成を解明するために必要な最初の問題は、明らかにまず、この第一次自然と、身心の第一次統一との起源を解明すること、いいかえれば、それらを内在的超越として構成する、その構成を解明することである。そのような解明を完遂するためには、非常に広範にわたる研究を必要とするのである。

われわれは、ここで再び、前世紀において最も卓越した多くの生理学者や心理学者によって、さまざまの形で論じられた空間表象、時間表象、事物表象の心理学的起源に関する問題を思い起こす。そのような問題を解決するための多くの偉大な試みが、多くの卓越した人々[3]によって行なわれたわけであるが、しかし、これまでのところ、まだ真の解決には到達していないのである。

ところで、いまわれわれが、そのような試みから、われわれが確定して、現象学的な段階的体系に総合した問題設定に立ち帰るとき、ここで心理学的および先験的見地から提出される問題、すなわち、静態的および発生的構造に関して指向的に解明するという問題の本来の意味を、最近のいかなる心理学も認識論も理解していない、ということは明白である。それどころか、心的現象を指向体験とするブレンターノの理論を受けいれた人々[4]でさえ、その問題の本来の意味を理解することができなかったのである。すなわち、その人たちには、指向的分析の独自性や、意識それ自体がそのノエシス・ノエマ構造に関して提示する問題全体や、そのような問題を解決するために必要な原理的に新しい種類の方法論に対する理解が欠けていた。「空間表象、時間表象、事物表象の心理学的起源」に関する問題については、物理学も生物学も、さらにまた心理学も、それが実験的なものであれ非実験的なものであれ、外なる現象から内なるものを帰納的に把握しようとするものであるかぎり、何も語る資格はない。

われわれの問題は、もっぱら、事物表象などの現象が指向性によっていかに構成されるか、という問題である。たしかにそれらの現象は、手引きとしてわれわれにすでにあらかじめ与えられている〔ときには補助的実験によって特別に与えられることもある〕が、しかしそれらは、いま改めて、指向的方法に従って、そして心の構成の普遍的連関の中で、問われねばならない。ここでわれわれがどのような普遍性を念頭に置いているかは、われわれの解明しようとするものが、わたしに固有なものと他者に固有なものとの関係において、わたしの自我の統一を展開する、さまざまな構成の総合的で統一的な連関であることから、じゅうぶんに明らかである。

実は現象学は、心理学においても、それの原理的に新たな形成を意味する。したがって、現象学的研究のきわめて多くの部分が、アプリオリにして純粋な〔すなわち、このばあいは精神物理的なものにまったくかかわらない〕指向的心理学に含まれる。この指向的心理学とは、われわれがすでにくり返し示唆したように、自然的見方を捨てて先験的見方を採用することによって、「コペルニクス的転回⑤」を承認し、そのコペルニクス的転回の中で、世界をまったく徹底的に先験的に考察するという新しい意味を受けいれ、そして、現象学的‐心理学的なあらゆる分析にそのような新しい意味を刻印するあの心理学なのである。そのような新しい意味こそ、それらの分析のすべてに先験的、哲学的分析という資格を与え、さらにはそれらの分析を、先験的形而上学に組み入れるものなのである。まさしくこうすることによって、現代のすべての哲学を誤らせ、麻痺させた先験的心理主義を最終的に究明し、克服することができるのである。

したがって、いまや明らかなことであるが、われわれの叙述は、先験的現象学の基本構造だけでなく、それと並行した〔実証科学としての〕指向的心理学の基本構造をも素描したわけである。指向的心理学の基本構造とは、先験的現象学と並行した形相的心理学の研究が、心一般に属する具体的な本質を指向的に解明する研究と、その心の中で他なるものを構成する指向性を解明する研究とに区分される、という構造である。その最初の研究領域には、世界の表象を、さらに厳密にいえば、普遍的経験の世界としての現存する世界という、人間の心の内部で現われる現象を指向的に解明するさいの、主要で基本的な部分が含まれる。この経験の世界が、個々の心のうちで第一次的に構成される世界に還元されるときには、その世界はもはや、すべての人に共通な世界、すなわち共同化された人間の経験からそれの意味を汲みとる世界ではなくて、その世界はひとえに、個々の心の生、さしあたってはわたしの経験する生と、その生が第一次的な根源性において段階的に行なう意味形成との、指向的相関項なのである。指向的解明は、そのような意味形成を追求することによって現象世界のこの第一次核を、構成という見地から明らかにせねばならない。われわれ人間の各人は、とくに心理学者はだれでも、以前に述べたしかたで、他我性という意味契機を排除することによって、そのような第一次核を獲得することができるわけである。

われわれがこの第一次世界の中で、その世界に還元されて現われる精神物理的存在を、つまり人間としての自我を捨象するとき、わたし自身の単なる感性に与えられた自然としての第一次的にして単純な自然が残存する。このばあいに、さまざまな層〔見られる、触れられるなどの層〕と、それらの層の総合的統一とをそなえた事物現象あるいは感覚的事物の起源の問題が、経験世界の心理学的起源に関する根本問題として現われてくる。事物現象は〔この第一次還元の枠内においてはつねに〕さまざまな感覚的な現われ方の総合統一体として、純粋に与えられる。事物現象は、近くの事物とか遠くの事物とかいうように、総合的に連関した変様態をとって現われるが、しかしそれはなお、心の第一次領域における実在的事物ではない。なぜなら、実在的事物は、この第一次領域において、むしろすでに、高次の段階に属するものであって、因果的事物として、すなわち因果的諸性質の同一の基体〔実体〕として、構成されるからである。実体性と因果性とは、明らかに、高次の段階に属する構成の問題をあらわしている。

ところで、われわれがさきほど示唆した問題、すなわち事物の現われ〔外観や遠近法的局面〕の総合的連関だけを記述的に追求するという問題は、感覚的事物の構成、およびそれに根本的で本質的にそなわっている空間性と時間性の構成の問題なのである。しかし、このような問題設定は、たしかに一面的である。もう一つの側面は、事物の現われを、機能する身体へ指向的かつ帰向的に関係づけることである。したがって、その身体自身が、その自己構成と、それが事物の現われを構成するさいのその構成体系の特性とに関して、記述される必要がある。

このようにして進んでゆくとき、記述的解明のたえず新たな問題が生じてくるが、われわれは、それらの問題をすべて、体系的に完遂せねばならない。このことはわれわれが、第一次世界を実在の世界として構成する問題だけを、またその問題の中での大きな問題、すなわち、その実在の世界の空間性と時間性の構成の問題だけを真剣に論じようとするばあいでも、同様である。空間性と時間性の構成の問題がすでに、それを究明しようとするときにわかるように、困難な研究領域を形成しているが、それにしてもその問題は、自然についての現象学全体のほんの低次の段階の問題にすぎず、しかもその自然は、客観的ではあるが純粋な自然であり、したがってそれ自身まだ、具体的世界にはほど遠いものなのである。

心理学に言及した機会にわれわれは、第一次的なものと、それとは異なるものとして構成されるものとの区別を、純粋な心の領域の中に移し入れ、こうして第一次自然と客観的自然との構成の問題を、心理学的問題として、大まかにではあるが、素描したわけである。

しかし、われわれが再び先験的見方に立ち帰るときには、空間表象などの心理学的起源の問題に対してわれわれの行なった素描はいまや逆にそれ自身、そのような心理学的問題に並行する先験的、現象学的問題、すなわち第一次自然と世界一般との具体的解明という問題に対する素描としても役だつことになる。そして、その第一次自然と世界一般との具体的解明によって、われわれが以前に立てた問題設定、すなわち世界を先験的現象として構成するという問題設定の中にあった大きな空隙が充実されることになる。

第一次世界に関するきわめて大きな研究群〔これは一つの完全な学問分野を形成する〕をわれわれは、非常に広い意味での「先験的感性論」[6]と称することもできよう。ここでわれわれが、カントの用語を借用するのは、カントが、理性批判のさいに行なった空間および時間の究明が、きわめて限られた、かつそれほど明瞭でないしかたにおいてではあったにしても、明らかに、感性的直観のノエマの側面におけるアプリオリな構造をめざしていたからである。もっとも、そのアプリオリな構造が、純粋に感性的に直観された自然〔しかも第一次自然〕のアプリオリな具体的構造にまで拡張されるためには、それは、構成を問う問題設定の中へひきいれられて、先験的現象学の見方において補足される必要がある。

もちろん、カントにおいて先験的感性論と対をなす「先験的分析論[7]」という用語をもって、いまわれわれが、構成のアプリオリな構造のより高次の段階を、すなわち客観的世界そのもの、およびそれを構成する多様な作用の段階〔最高の段階としては、科学的自然と世界を構成する理念化的および理論化的作用の段階〕を呼ぼうとしても、それは「先験的分析論」という用語の意味に適合しないであろう。われわれのいう「先験的感性論」を超える最初の段階には、他我経験の理論、いわゆる感情移入の理論が属する。ここで、次のことだけは指摘しておかなくてはならない。それは、この高次の段階においても、われわれが低次の段階に属するあの心理学的起源の問題に関して述べたことが、そのまま妥当するということ、つまり、感情移入の問題は、構成の現象学によってはじめて、それの真の意味と、解決の真の方法とを獲得したということである。このことが洞察されなかったからこそ、感情移入に関する従来のあらゆる理論は、〔マックス・シェーラーの理論[8]をも含めて〕実りある成果をもたらさなかったし、また他我の他我性が、世界全体に、それの客観性として移されてはじめて、世界に客観的世界という意味が与えられるということが認識されなかったのである。

なおわれわれは、次のこともはっきり指摘しておこう。それは、実証科学としての指向的心理学と先験的現象学とを分けて取り扱うことは、明らかに無益である、ということである。両者の関係についていえば、明らかに、実際に研究を遂行するのは先験的現象学であり、コペルニクス的転回を考慮にいれない指向的心理学は、先験的現象学からそれの成果を受けとるのである。それにしても、次のことに注意することもまた重要である。すなわち、心と客観的世界一般とは、先験的考察によって、それの存在と存在意味とを失うのではなくて、それの存在意味は、その先験的考察において、具体的かつ全面的に解明されることによってのみ、根源的に明らかにされるが、それと同様に、実証的心理学もまた、先験的考察によって、それに当然帰属する内容を失うのではなくて、むしろその先験的考察によってはじめて、素朴な実証性から解放されて、普遍的な先験的哲学そのものの一部門となる、ということに注意することも重要である。このような観点からいって、素朴な実証性を超える学問の系列において、本来最初のものが指向的心理学である、ということができる。

そればかりでなく、指向的心理学は、他のあらゆる実証科学に比較して、もう一つの長所をもっている。というのは、もしも指向的心理学が指向的分析の正しい方法に従って実証的にうち立てられるときには、それは、他の実証科学が直面するような種類の問題、すなわち、その学問の基礎に関する問題に出会うことがない、ということである。そのような問題は、素朴に構成された客観性のあの一面的性格に由来するのであり、その客観性を完全にするためには、結局われわれは、世界の先験的考察に移行せねばならないわけである。しかしながら、指向的心理学は、単にかくされたしかたにおいてではあるが、先験的なものをすでにみずからのうちに含んでいるのである。したがって、指向的心理学がコペルニクス的転回を遂行するためには、それの指向的分析の成果を内容的に変えることなく、それをただ、それの究極的意味に還帰させる究極的な反省を行ないさえすればよいのである。結局、その心理学は、ただ一つの基本的問題をもっているのである。ただ一つということに、人は抗議するかもしれないが、しかしそれは、唯一の基礎的問題なのである。それは、心という概念である。

(1) 生物個体の出現から自然死にいたるまでの成長発達の順序をいう。これは身体的、形態的にだけでなく、精神機能をそなえた行動の発達についてもいえる。動物の一種属においては、比較的一致した個体発生の順序が認められ、人間においても、相対的意味で行動の個体発生の順序をいうことができる。

(2) 生物の種の、出現の当初から現在にいたるまでの進化の過程をいう。

(3) ヘルムホルツ(一八二一～九四)、ヴント(一八三二～一九二〇)、マッハ(一八三八～一九一六)、アヴェナリウス(一八四三～九六)など。たとえば、マッハによれば、世界はわれわれの経験する感覚要素だけから成っていて、物質とは、比較的恒常で固定した感覚の複合体にすぎず、時間、空間は、その感覚間の関係をあらわすものにすぎない。

(4) マルティ(一八四七～一九一四)、シュトゥンプフ(一八四八～一九三六)、エーレンフェルス

（一八五九〜一九三二）、クラウス（一八七二〜一九四二）など。

⑤「コペルニクス的転回」とは、カントがその『純粋理性批判』の序文において、自己の哲学的立場をあらわすために用いたことばである。カント以前においては、われわれの認識は、すでに存立している対象に従わねばならないと考えられていたが、カントは、認識の対象は主観によってはじめて構成され可能になる、と従来の考え方を逆転させることによって、アプリオリな認識の可能性を基礎づけようとした。認識論上のこの転回を、カント自身、天文学において天動説から地動説への転回を行なったコペルニクスの業績になぞらえて、コペルニクス的転回と呼んだ。フッサールは、自己の現象学を、デカルトにはじまりカントによって明確にうち立てられたこのコペルニクス的転回を継承し、完遂するものと考えている。

⑥「先験的感性論」は、カントの『純粋理性批判』の「先験的原理論」の第一部で、ここで、感性と悟性との結合によって可能になる認識の全体から、感性だけがとり出され、その先天的原理が探究される。そして、感性的直観の先天的形式として、時間、空間が見出され、それの現象への客観的妥当性の論証にもとづいて、数学一般の可能性が基礎づけられる。

⑦「先験的分析論」においては、「先験的感性論」につづいて、感性と悟性の結合によって可能になる認識の全体から悟性をとりあげ、そのアプリオリな原理が探究される。そして、悟性のアプリオリな法則として範疇が見出され、それの現象への客観的妥当性の論証にもとづいて、純粋自然科学の可能性が基礎づけられる。

⑧マックス・シェーラー（一八七四〜一九二八）は、ドイツの哲学者。フッサールの影響を受け、現象学の方法を、精神科学、倫理学、心理学、宗教哲学、知識社会学に適用し、大きな成果をあげ

た。彼の感情移入の理論は、『共感の本質と形式』において述べられている。

第六十二節　他我経験の指向的解明の概観的特徴づけ

本章（第五省察）を終わるにあたって、われわれが本章の研究をはじめる動機となった非難、すなわち、われわれの現象学は先験的哲学であり、したがって、このようなものとして客観的認識の可能性の問題を解決しうるという、われわれの現象学が当初から掲げている主張に対してなされた非難に立ち帰ろう。その非難によれば、現象学は、現象学的還元によって得られた先験的自我から出発し、それ以来、その自我に拘束されているのであるから、現象学はもはや、客観的認識の可能性の問題を解決する資格をもたない。現象学は、認めようとはしないが、先験的独我論におちいっている。現象学においては、他の主観性および真の客観性への歩みはすべて、承認されていない一つの形而上学によってのみ、すなわちライプニッツの伝統をひそかに受けいれることによってのみ可能であるにすぎない、というのである。

しかしながら、これまでにわれわれの行なった解明によって、そのような非難は根拠のないものとして消滅する。何よりもまずわれわれは、次のことに注意せねばならない。それは、いかなるばあいにもわれわれは、先験的見方、つまり先験的判断中止の見方を手放さなかったということと、また他我経験、すなわち他我についての経験に関するわれわれの理論が意図したこと、および意図することのできたことは、他我経験のもつ構成の機能にもとづいて、その経験のもつ他我という意味を解明すること、あるいは他我経験の一致の総合にもとづいて、真に存在する他我というものの限界を解明することにほかならなかった、ということである。わたしが（経験の）一致によって他我として証示するもの、したがってそのさい、わたしが認識可能な現実的存在として偶然にではなくて必然的に与えたものは、それ自体、先験的見方において存在する他我であり、まさしく、わたしの自我の経験的指向性の内部において証示される他我なのである。われわれは実証的に、次のことを自明なことであるといい、自明なこととして見出すのである。というのは、わたしは、わたし自身の経験のうちにおいて、わたし自身を経験するだけでなく、他我経験という特殊な形態において、他我をも経験する、ということである。疑いを許さぬ先験的解明は、この実証的言表の先験的正当性をわれわれに示したばかりではなく、その解明は、次のことをもわれわれに示した。すなわち、具体的に把握された先験的自我は、それに固有な第一次存在領域のうちで自己自身を把握する〔もっともその自我は、先験的還元を受けた当初には、いまだ規定されていない地平をもつものとして自己自身を見出すが〕だけでなく、その自我の行なう先験的な他我経験という形態において、他我、つまり他なる先験的自我――この他我はもはや根源性と絶対的な必当然的明証において与えられるのではなく、外部経験の明証において与えられるのではあるが

——を把握する、ということをも示した。わたしは、わたしのうちにおいて他我を経験し、認識する。他我はわたしのうちにおいて構成される。すなわち根源的にではなくて、間接的呈示を通して現われる。そのかぎりでわたしは、さらに広い意味において、たしかに次のようにいうこともできる。すなわち、自我、つまり省察的に自己を解明するものとしてのわたしは、その自己解明によって、つまり、わたしがわたし自身のうちで見出すものを解明することによって、あらゆる超越的なもの、しかも素朴な実証的態度においてわたしが受けとったものではなくて、わたしが先験的に構成したものとしてのあらゆる超越的なものを獲得する、と。

こういうわけで、先験的自我としてのわたしが、わたし自身に対して存在するものとして認識するいっさいのもの、およびわたしがわたし自身のうちで構成するものとして解明するいっさいのものは、わたし自身に固有な本質領域に帰属せねばならない、とするようなまちがった見解は消滅する。わたし自身に固有な本質領域に帰属せねばならないということは、内在的に超越するものにだけ妥当する。というのは、わたし自身に固有な本質領域のうちにある自我としてのわたしに、意味と存在を与える顕在的および潜在的な総合的はたらきの体系をあらわす名称としての構成は、内在的な対象的現実の構成を意味するからである。

現象学の最初の段階においては、あるいは構成の研究の普遍的条件としての現象学的還元をやっと行なったばかりの現象学の初心者の見方においては、その人の視野に現われてくる先験的自我は、たしかに必当然的なものとして把握されてはいるが、しかしその自我は、少しも規定されていない地平を伴っている。ただその地平は、世界、およびわたしがその世界について知るすべてのことは単なる現象になるべきであるということによって、一般的に規定されているにすぎない。したがって、このような出発の段階においては、あらゆる区別が、すなわち指向的分析によってはじめて明らかにされるものではあるが、しかしながら、わたしが見るように本質的にわたしに属しているあらゆる区別が、わたしには欠けている。しかし、何よりもまずわたしに欠けているのは、わたしの第一次存在、すなわち厳密な意味でのわたしの固有領域と、その領域そのもののうちで他我経験といわれる経験によって他我として構成されるもの、すなわち間接的に呈示されるが、原理的には、わたしの第一次領域のうちでそれ自身根源的に与えられず、また決してそのように与えられることのできないものとして構成されるものとについての自己理解である。

　わたしに固有でないものも、わたしの固有領域のうちにおいてその存在意味を獲得するということ、しかも、類比によって間接的に呈示されたものとしての存在意味を獲得するということ、このことを理解するためには、わたしはまず、わたしに固有なものそのものを解明せねばならない。したがって、省察するものとしてのわたしは、最初は、いったいわたしはどのようにして、他我およびそれと並存するわたし自身に到達すべきかわからないでいるわけである。なぜなら、他のすべての人間が括弧に入れられているからである。そればかりでなく、根本においては、人間としての、あるいは人間的人格としてのわたしが括弧に入れられるときにも、わたし自身は、当然、自我として保持されているということを、わたしはなお理解せず、不承不承、そのことを承認するだけである。それゆえ、わたしは、先験的相互主観性に関してまだ何も知ることができない。わたしは不本意ながら、わたし、すなわち自我を、孤立したものと考え、そして構成の機能についての最初の理解を得たのちでさえも、いぜんとしてわたしは、構成されたあらゆる内容をこの唯一の自我にだけ属する内容とみなすのである。

このようなわけで、本章において行なったような、いっそう進んだ解明が必要だったのである。このような解明によってはじめて、われわれは、現象学的、先験的観念論のもつ完全な本来の意味を理解するのである。その結果、わたしに対して存在するすべてのものは、それの存在意味を、ひとえにわたし自身から、すなわち、わたしの意識領域からのみ汲みとることができるという命題が根本的に有効であるにしても、独我論という外観は消滅するのである。

この現象学的、先験的観念論は、モナド論として現われた。そのモナド論は、あえてまったくライプニッツの形而上学に類似した形で提出されてはいるが、しかし、それの内容は、先験的還元によって開示された先験的経験の現象学的解明から純粋に汲みとられているのであり、したがって、想定しうるあらゆる明証の基礎となるべき最も根源的な明証から、いいかえれば、あらゆる正当性、とくにあらゆる認識の正当性の源泉となることのできる最も根源的な正当性から、純粋に汲みとられているのである。したがって、現象学的解明は、実際、形而上学的構築のようなものではないし、また歴史的な形而上学的伝統から諸前提や補助思想をあからさまにであれ、ひそかにであれ受けとって、それらをもって理論を構築することでもない。

現象学的解明は、純粋直観の限界の中において行なわれるのであるから、あるいはむしろこういったほうがよい、対象が自己を与えて意味を充実することを通して意味を純粋に解明するのであるから、現象学的解明は、そのようなすべての形而上学的構築と、最も鋭く対立している。とくに、現象学的解明が実在的な客観的世界に関して〔また純粋にアプリオリな諸学問の取り扱う領域である多様な理念的な客観的世界のそれぞれに関しても〕行なうことは、それらの世界が、あらゆる哲学的探究に先だってわれわれすべてに対してもっている意味、しかも明らかにわれわれの経験からのみ得ている意味を解明することと以外のことではない。そのような意味は、哲学的探究によって開示されるのであるが、しかし哲学的探究によって変えられることは決してありえない。またそのような意味は、それぞれの現実的経験において、原理的な解明を必要とする地平を伴っているが、そのことは、われわれの無力にもとづくことではなくて、ひとえに本質必然性によることなのである。

結　論

第六十三節　先験的な経験と認識との批判という課題

この最後の省察の研究において、またそれに先だつ二つの省察の研究において、すでにわれわれは、先験的経験の地盤の上で、すなわち、本来の意味での経験である自己経験と、他我経験との地盤の上で動いていた。われわれは、そのような先験的経験を、それが根源的に体験される明証であるがゆえに、信頼してきたし、また同様に、あらゆる種類の先験的な学問的経験一般の行なう陳述的記述の明証を信頼してきた。その間われわれは、われわれが最初にあれほど真剣に掲げた要求、すなわち、唯一の真正な学問的認識としての必当然的認識を実現するという要求をなおざりにしていたが、しかしわれわれは、その要求を決して放棄したわけではない。ただわれわれは、最初の仕事として、最初の段階の現象学に属する広大な問題領域の輪郭を素描することをとりあげたわけである。すなわち、この段階の現象学は、それに特有なしかたで、それ自身なお、ある素朴性〔必当然的な素朴性〕をまとってはいるが、しかしそこには、新しい種類の、しかもより高次の学問を形成するという、現象学のもつ偉大で最も独特な機能が含まれているのである。

　これまで、われわれは、現象学のより進んだ問題、あるいは究極の問題、すなわち必当然性の範囲と限界、およびそれの諸様相をも規定することをめざす現象学の自己批判の問題には立ち入らなかった。しかし、われわれがこれまでに述べたさまざまな示唆が、先験的、現象学的認識に対して行なわれるべき批判がどのようなものであるかについて、少なくとも、予備的表象は与えている。その示唆によれば、たとえば先験的想起に対する批判によって、その想起のもつ必当然的内容が浮き彫りにされるであろう。あらゆる先験的哲学の認識論は認識批判であるから、その認識論は、結局、先験的現象学の行なう認識〔さしあたっては先験的経験〕の批判に帰着する。しかも、現象学は、本質的に、自己自身に反省的に関係するから、その批判もまた、批判を受ける必要がある。しかしながら、先験的反省や批判がそれ自身くり返し行なわれうることが明白であるにしても、この点において、何らかの困難さや、さらには矛盾さえもまとっているいかなる無限遡行《そこう》も存在しないのである。

第六十四節　結　語

われわれの省察は、本質的な点においては、その目的を達成したといってよいであろう。その目的というのは、哲学を絶対的に基礎づけられた普遍的学問とする、デカルトの哲学理念の具体的可能性を立証することであった。その理念の具体的可能性を立証すること、すなわち、その理念が、もちろん無限の課題という形式のもとにおいてではあれ、実際に実現可能であることを立証することは、必然的にして疑うことのできない出発点と、同じく必然的にしてつねに有効に使用することができ、しかも同時に、一般に意味のある問題の体系をあらかじめ描くことのできる方法とを、立証することを意味する。そして、実際にわれわれは、すでにそこまで到達したのである。ただ一つ残っていることは、第一哲学として現われる先験的現象学の、客観的な個別諸科学への分岐を理解しやすいしかたで説明し、そして、類例としてあらかじめすでに与えられている素朴で実証的な諸科学に関係づけることである。われわれはいま、この最後の問題を考察することにしよう。

日常の実際生活は、素朴である。われわれは、日常の生活においては、すでに与えられている世界の中にはいって、経験したり、思惟したり、評価したり、行為したりしている。事物を単純にそこに存在させるのは、経験の指向的能作であるが、日常生活においては、それらのすべての指向的能作は知られないままにはたらいている。すなわち、経験している人は、経験の指向的能作について何も知らず、また同様に、思惟の能作についても何も知らないのである。しかし、そのかくれた能作のおかげで、数や陳述された事態、また価値や目的や作品が現われ、段階的に構成されるのである。しかしながら、日常生活においては、それらの構成されたものしか見られていない。この事情は、実証科学においても同様である。

実証科学は、日常生活よりも高い段階にあるがやはり素朴であり、またそれは、賢明な理論的技術によって形成されたものであるが、いっさいのものの究極的源泉である指向的能作をまだ解明していない。たしかに科学は、おのれの理論的歩みを正当化できると主張する。したがって、科学はつねに批判を基礎としているわけである。しかし、科学の行なう批判は究極的な認識批判ではない。その批判は、根源的な能作の研究および批判、さらにその能作のもつすべての指向的地平の解明ではない。だが、そのような批判や解明によってのみ、明証の「有効範囲」が究極的に把握され、そしてそれと相関的に、対象や理論的形成物や価値や目的の存在意味が評価されうるのである。指向的能作が解明されていないからこそ、われわれは、まさしく現代の実証科学の高い段階において、基礎的問題や逆説や不可解なことに出会うわけである。

ある学問全体を貫いて、その学問の対象領域と理論との意味を規定する根本概念は、素朴に生じたものであり、それは、未規定な指向的地平をもっている。すなわち、それらの根本概念は、未熟で素朴なしかたにおいてのみ行なわれる、知られざる指向的能作による形成物である。このことは、特殊科学に妥当するだけでなく、伝統的論理学およびそれのあらゆる形式的規範にも妥当する。歴史的に生成した学問をいっそうよく基礎づけようとするあらゆる試み、すなわち学問をそれの意味と能作とに関していっそうよく理解しようとするあらゆる試みは、学者の行なう自己省察に含まれていることである。しかし、徹底的な自己省察は、ただ一つあるだけである。それは、現象学的自己省察である。しかし、徹底的な自己省察と完全に普遍的な自己省察とは不可分であり、しかもまた同時に、それら二つの自己省察は、先験的還元の形式のもとでの自己省察という真の現象学的方法、すなわち先験的還元によって開示された先験的自我の指向的な自己解明、および直観的形相学の論理形式のもとでのその自我の体系的記述という、真の現象学的方法から不可分である。しかし、自我が普遍的かつ形相的なしかたで自己を解明するということは、自我および先験的な相互主観性に「本来そなわっている」構成の想定しうるあらゆる可能性を確保することを意味する。

したがって、首尾一貫したしかたで展開された現象学は、アプリオリに、しかも厳密に直観的な本質必然性と本質普遍性とをもって、想定しうるもろもろの世界の形式を、想定しうるあらゆる存在形式一般と、それの階層的体系との枠内において、構成する。しかし、そのような構成は、根源的なしかたで、すなわちそれらの諸形式を構成する指向的能作のもつアプリオリな構成形式との相関において、行なわれるわけである。

現象学は、その進行において、あらかじめ与えられたいかなる現実も、また現実性についての概念ももたずに、現実性の概念を根源的能作〔それ自身根源的概念において把握された能作〕からはじめて汲みとるのであり、そしてまた、あらゆる地平を必然的なしかたで解明することによって、その現実性の概念の有効範囲のあらゆる区別、あるいはあらゆる抽象的相対性をも手にいれるのであるから、現象学は、あらゆる学問的領域の根本的意味を規定する概念体系にみずから到達するはずである。そのような概念は、およそ可能な存在全体という形式的理念に対して、したがってまた、可能な世界一般という形式的理念に対して、あらゆる形式的な限界を予示すべきものである。したがって、それらの概念は、あらゆる学問の真の根本概念であるべきものである。

そのようにして根源的に形成されるこのような概念のばあいには、いかなる逆説もありえない。このことは、さまざまな存在領域に関係しており、また関係しうるもろもろの学問の構造、およびその構造形式全体に関するあらゆる根本概念においても同様である。したがって、われわれが前に示唆的に素描した、世界の先験的構成に関する諸研究は、まさしく、世界、自然、空間、時間、動物、人間、心、身体、社会的共同体、文化などの概念の意味と起源を〔あるいは意味を起源から〕徹底的に究明することの端緒にほかならないわけである。われわれが、ここに素描された諸研究を現実に完遂したときには、われわれは、実証科学においては吟味されないままにそれらの根本概念として機能しているが、しかし現象学においてはもはやいかなる疑いの余地も残さない全面的な明晰判明さをもって現われるあらゆる概念に、到達するにちがいない、ということは明白である。

いまやわれわれは、次のようにいうこともできる。すなわち、あらゆるアプリオリな学問は、例外なく、アプリオリにして先験的な現象学から、現象学の行なう相関的研究によって究極的に基礎づけられて生ずる。したがって、あらゆるアプリオリな学問は、それの起源の点からいえば、一つの普遍的でアプリオリな現象学そのものに、その現象学の体系的な分岐としてともに属している、と。したがってわれわれは、アプリオリなもののこの体系を、先験的主観性の本質に、したがってまた先験的相互主観性の本質にも本来そなわっている普遍的でアプリオリなものの体系的展開、あるいは想定しうるあらゆる存在にそなわっている普遍的なロゴスの体系的展開としてあらわすこともできる。さらにまた、このことは次のようにいうこともできる。すなわち、体系的に完全に展開された先験的現象学は、当然、真実かつ真正な普遍的存在論である、と。しかしその存在論は、単に空虚で形式的な存在論にとどまるのではなくて、それはまた同時に、あらゆる領域的な存在可能性を、それらに属するあらゆる相関関係に応じて、みずからのうちに包含する存在論なのである。

それゆえ、このような普遍的かつ具体的な存在論が、〔あるいは存在の具体的論理学である普遍的で具体的な知識論もまた〕絶対的に基礎づけられた本来最初の学問であろう。哲学の諸部門は、次のような順序で現われてくる。すなわち、哲学において本来最初の部門は、独我論的制限をもつ自我論、つまり第一次領域に還元された自我に関する理論であり、そのような自我論のあとではじめて、その自我論にもとづく相互主観性に関する現象学が現われてくる。しかもこの現象学は、最初は普遍的問題を取り扱う普遍的形式のもとで現われ、そのあとではじめて、アプリオリな諸学問に分岐するわけである。

アプリオリなものに関するこのような学問の全体は、真の意味での事実科学、およびデカルト的意味での真の普遍的哲学、つまり事実として存在するものに関する絶対的に基礎づけられた普遍的学問に対する基礎となるであろう。事実のもつすべての合理性は、まさにこのアプリオリなものに由来する。アプリオリな学問とは、原理的なものに関する学問であり、その原理的なものとは、事実科学が究極的に、まさに原理的に基礎づけられるためには、それに依拠せねばならないものである。ただし、そのアプリオリな学問は、決して素朴なものであってはならない。それは、究極的な先験的、現象学的源泉から生じ、その結果、全面的にそれ自身にもとづき、自己を自己自身から正当化するようなアプリオリな学問として形成されねばならない。

最後にわたしは、誤解が起こらないように、次のことを指摘しておきたいと思う。というのは、現象学は、われわれがすでに前に述べたように、物自体という不合理なものをもって論を進める素朴な形而上学だけはすべて排除するが、しかし、形而上学一般を排除するのではないということ、したがって現象学は、古い伝統を内面的に駆《か》り立てた問題の動機――まちがった問題設定と方法においてではあるが――を否定するものではなく、それゆえ現象学は、「最高にして究極の」問題の前で停止しようとは決してしない、ということである。世界のあらゆる客観性に先だっていて、しかもそのあらゆる客観性を支えている本来最初の存在は、先験的な相互主観性であり、いいかえれば、さまざまな形態において共同化されたモナドの全体なのである。しかしながら、事実的なモナドの領域内において、またあらゆる可能なモナドの領域内において、理念的な本質可能性として、偶然的な事実とか、死とか、運命というようなあらゆる問題が現われてくるし、またある特殊な意味において「意味深い」こととして要求される「真実の」人間的生活の可能性の問題が現われてくる。したがってまた、歴史の「意味」などの問題も現われてくる。

それらの問題は、倫理的‐宗教的問題であるともいえよう。しかし、それらの問題も、およそわれわれに対して意味をもちうるいっさいの問題がその上に立てられるべき地盤と同じ地盤の上で、立てられねばならない。

このようにして、普遍的哲学という理念は、デカルトや彼と同時代の人たちが、新しい自然科学にみちびかれて描いたのとはまったく異なった形で実現される。すなわちその理念は、存在するいっさいのものが、計算の統一の中に存在するかのように考える演繹的理論の普遍的体系として実現されるのではない。それは、われ思うという公理ではなくて、普遍的な自己省察を究極の基礎として、ノエシス・ノエマという相関関係を主題とする現象学的研究の体系として実現されるのである。こうして、学問一般の根本的かつ本質的な意味が徹底的に変わったのである。

いいかえれば、最高の意味において究極的に基礎づけられた認識、あるいは同じことであるが、哲学的認識への必然的な道は、普遍的な自己認識の道なのである。それは、最初は自己のモナドの認識であり、次いで相互モナドの認識である。われわれは次のようにいうこともできる。すなわち、デカルト的省察、あるいは同じことであるが、普遍的な自己認識の徹底的にして普遍的な遂行が、哲学そのものなのであり、そしてみずから責任を負うあらゆる真の学問は、その中に包含される、と。デルフォイの神殿に掲げられていた「汝《なんじ》自身を知れ」[1]ということばは、こうして新しい意義を獲得することになった。実証科学は、世界を喪失している学問である。普遍的な自己省察によって世界を再び獲得するためには、われわれはまず最初に、判断中止によって世界を放棄せねばならない。アウグスティヌスは次のように語っている。「外にゆこうとしないで、汝自身のうちに帰れ。真理は人の心のうちに宿っている[2]」と。

(1) デルフォイのアポロン神殿の玄関の柱に刻まれていたといわれるこのことばは、「自分のことを忘れるな」「身のほどを知れ」「自分の分限をわきまえよ」という処世上の格言に解されていた。しかし、ソクラテスは、「自分の魂を配慮」し、いかに生くべきかを考察することを命ずる倫理的要求と解した。いまフッサールは、このことばを、世界についての真の知識を獲得するために、知識の根源である自我に立ち帰り、自己省察を要求する哲学的要請と解する。

(2) 原文は、"*Noli foras ire, in te redi in interiore homine habitat veritas.*"（*De vera religione*『真の宗教について』より）

年　譜

一八五九年

四月八日エドムント・フッサール Edmund Husserl、当時のオーストリア領メーレン州プロスニッツ（現在のチェコ、オロモウツ州プロスチェヨフ）にユダヤ人を両親として生まれた。

一八八四年　二十五歳

この年から八六年まで、ウィーン大学でフランツ・ブレンターノの講義を聴き、演習に参加し、哲学研究で生涯を送ることを決心する。

一八八七年　二十八歳

ハレ大学の私講師となる。その時の求職論文は「数の概念について」であるが、この論文は拡充されて、後に述べる彼の著書『算術の哲学』として出版された。このころルーテル教会に加入する。

一八九一年　三十二歳

『算術の哲学』第一巻 *Philosophie der Arithmetik, Bd.1* を出版。その巻頭に「わが師フランツ・ブレンターノに心からの感謝の念をこめて」という献辞がある。なお、本書の続巻は刊行されなかった。

一八九七年　三十八歳

『体系的哲学雑誌』*Archiv für die systematische Philosophie* 第三巻（一八九七年）、第九巻（一九〇三年）、第一〇巻（一九〇四年）にわたって、「一八九四年から八八年までのドイツの論理学の諸文献についての報告」を掲載する。

一九〇〇年　四十一歳

『論理学諸研究』第一巻 *Logische Untersuchungen, Bd.1* を出版。

一九〇一年 四十二歳
『論理学的諸研究』第二巻を出版。ハレ大学からゲッチンゲン大学に移り、助教授となる。
一九〇六年 四十七歳
ゲッチンゲン大学教授となる。このころからカント哲学を熱心に研究し、自己の立場を先験的哲学と規定する。
一九〇七年 四十八歳
ゲッチンゲン大学での「現象学の理念」という講義で、はじめて現象学的還元のことに触れる。
一九一一年 五十二歳
雑誌『ロゴス』第一巻に『厳密な学としての哲学』*Philosophie als strenge und Wissenschaft* を掲載。
一九一三年 五十四歳
現象学派の機関紙として『哲学および現象学的研究』(以下『年報』と略記)第一巻を発行、その第一巻に『純粋現象学および現象学哲学の構案』を掲載。
一九一六年 五十七歳
フライブルク大学教授となる。
一九一七年 五十八歳
ブレンターノ、チューリヒで死す(七十九歳)。
一九二三年 六十四歳
雑誌『改造』二月号に「革新、その問題とその方法」を寄稿。その続篇として「個人倫理問題の再新」(『改造』大正十三年二月号)、および「本質研究の方法」(同上、大正十三年四月号)を寄稿。
一九二七年 六十八歳
ハイデガーの『存在と時間』*Sein und Zeit* が『年報』第七巻に掲載される。

一九二八年　六十九歳

フライブルク大学教授を退く（ハイデガーが後任）。一九〇四年以来数年にわたるフッサールのゲッチンゲン大学での講義のなかからハイデガーの編集により『内的時間意識の現象学についてのエドムント・フッサールの講義』が『年報』第九巻に掲載される。

一九二九年　七十歳

『形式論理学と先験論理学』*Formale und transzendentale Logik* を『年報』第一〇巻に発表。二月二十三日、二十五日の二回にわたり、パリのソルボンヌ大学において「先験的現象学」の題で講演。パリの帰途、ストラスブールに立ち寄りほぼ同じ論旨の講演を行う。これらの講演が聴衆に大きな反響を引き起こしたので、フッサールはそのときの論旨をさらに拡充して『デカルト的省察』*Cartesianische Meditationen* の題でフランスで刊行することを決意し、ストラスブール大学のヘリング教授に、仏訳者その他の配慮を依頼した。

一九三一年　七十二歳

『デカルト的省察』の仏訳 *Méditations Cartésienes* がパリで出版される。

一九三三年　七十四歳

一月、ドイツでヒトラーが首相となり三月に独裁権を掌握する。このころからナチスによるユダヤ系学者の迫害や、非ドイツ的著書の焚書《ふんしょ》などが行われ、フッサールの著書がドイツ国内で出版される見込みは失われた。フッサールにはアメリカ合衆国のカリフォルニア大学から哲学の教授の地位を提供するとの申し出があり、すでにアメリカに亡命していた子供たちの強い勧めもあったが、フッサールは断った。ハイデガー、フライブルク大学の総長となる。

一九三五年　七十六歳

五月七日、ウィーンにおいて、「ウィーン文化連盟」の招きで「ヨーロッパ人間性の危機における哲学」を講演。五月十日、一般の要望によって、再び同じ講演を行う。十一月、「プラハ哲学会」の招きで、プラハのドイツ大学で二回、チェコ大学にて二回、「ヨーロッパの諸学の危機と心理学」の題で講演する。これら一連の講演に手を加え著しく拡充したものが、いわゆる『危機書』*Krisis-Arbeit* といわれているフッサール最後の労作『ヨーロッパの学問の危機と先験的現象学』*Die Krisis der europäischen Wissenschaften und die transzendentale Phänomenologie* となる。ただしこの書の全体は、フッサールの生前にはついに公にされることがなかった。

一九三六年　七十七歳

前記の『危機書』の前半（第一部、第二部）が当時ベオグラードで、リーベルトによって発行されていた雑誌『フィロソフィア』の第一巻に掲載される。第三部以下の後半も、発表する予定であったが、フッサールはそれを全体的に書き改める計画があるとの理由で、その原稿を取り戻し、死の床につくまでたえず手を加えていた。

一九三七年　七十八歳

八月、発病。ついに回復しなかった。

一九三八年　七十九歳

四月二十七日、フライブルクの自宅で死去。この年は第二次世界大戦の前年にあたり、三月にはナチス・ドイツがオーストリアの併合を宣言し、九月にはミュンヘン会談が行われている。当時の状況、とくにナチスのユダヤ人迫害政策のもとにあって、彼の著作のドイツにおける出版はまったく不可能であったが、彼の死後には、四万頁におよぶ速記原稿のほか彼の助手たちの手による一万頁におよぶ筆記原稿など、膨大な遺稿が未整理のまま遺されていた。しかし当時のフライブルクは、戦争勃発の際は最も危険な場所であったので、弟子たちはフッサールの未亡人マリヴィネ夫人とはかって、彼の遺稿をベルギーのルーヴァン大学に移し、そこに「フッサール文庫」を設立した。そこに保存されている遺稿から一九五〇年からフッサール全集ともいうべき『フッサリアーナ』*Husserliana* が、オランダのマルティヌス・ナイホフ書店より出版されている。

索　引

見出し語句の一部を読み替える場合には〔 〕を、見出し語句の一部を読むときと読まない場合には（ ）を使用した。

ア　行

カ　行

サ　行

マ　行

ラ　行

中公
クラシックス
W83

デカルト的省察《てきせいさつ》

フッサール

2015年11月25日発行

訳　者　船 橋　弘

発行者　大 橋 善 光

印刷　凸版印刷
製本　凸版印刷

発行所　中央公論新社
〒100-8152
東京都千代田区大手町 1-7-1
電話　販売 03-5299-1730
　　　編集 03-5299-1840
URL http://www.chuko.co.jp/

訳者紹介

船橋　弘（ふなはし・ひろむ）
岡山大学名誉教授。1929（昭和４）年、広島県福山市生まれ。東北大学文学部哲学科卒。東北大学講師、宮城教育大学助教授、教授、岡山大学教授を経て現職。西洋哲学専攻。共編に『人間の哲学』、共訳に『ハイデッガー選集』第16－17「存在と時間」など。

Published by CHUOKORON-SHINSHA, INC.
Printed in Japan　ISBN978-4-12-160164-3　C1210

■「終焉」からの始まり
――『中公クラシックス』刊行にあたって

二十一世紀は、いくつかのめざましい「終焉」とともに始まった。工業化が国家の最大の標語であった時代が終わり、イデオロギーの対立が人びとの考えかたを枠づけていた世紀が去った。歴史の「進歩」を謳歌し、「近代」を人類史のなかで特権的な地位に置いてきた思想風潮が、過去のものとなった。

人びとの思考は百年の呪縛から解放されたが、そのあとに得たものは必ずしも自由ではなかった。固定観念の崩壊のあとには価値観の動揺が広がり、ものごとの意味を考えようとする気力に衰えがめだつ。おりから社会は爆発的な情報の氾濫に洗われ、人びとは視野を拡散させ、その日暮らしの狂騒に追われている。株価から醜聞の報道まで、刺戟的だが移ろいやすい「情報」に埋没している。応接に疲れた現代人はそれらを脈絡づけ、体系化をめざす「知識」の作業を怠りがちになろうとしている。

だが皮肉なことに、ものごとの意味づけと新しい価値観の構築が、今ほど強く人類に迫られている時代も稀だといえる。自由と平等の関係、愛と家族の姿、教育や職業の理想、科学技術のひき起こす倫理の問題など、文明の森羅万象が歴史的な考えなおしを要求している。今をどう生きるかを知るために、あらためて問題を脈絡づけ、思考の透視図を手づくりにすることが焦眉の急なのである。

ふり返ればすべての古典は混迷の時代に、それぞれの時代の価値観の考えなおしとして創造された。それは現代人に思索の模範を授けるだけでなく、かつて同様の混迷に苦しみ、それに耐えた強靭な心の先例として勇気を与えるだろう。そして幸い進歩思想の傲慢さを捨てた現代人は、すべての古典に寛く開かれた感受性を用意しているはずなのである。

（二〇〇一年四月）

中公クラシックス既刊より

ソクラテスの弁明ほか

プラトン
田中美知太郎ほか訳
解説・藤澤令夫

前三九九年、ソクラテスの刑死事件からプラトンの著作活動が始まった。師を弁明するための真剣な営為、それが哲学誕生の歴史的瞬間だった。対話篇の迫力を香気ゆたかに伝える名訳。

君主論

マキアヴェリ
池田廉訳・解説

十五世紀末イタリア、祖国フィレンツェが置かれた危機的状況の中でこの『君主論』は誕生した。あらゆる道徳の仮面を剝ぎとり、力の概念による政治独自の法則を見抜いた不朽の古典。

パンセⅠⅡ

パスカル
前田陽一ほか訳
解説・塩川徹也

近代ヨーロッパのとば口に立って、進歩の観念を唱導し良心の自由を擁護しながら、同時に合理主義と人間中心主義の限界と問題性に鋭い疑問の刃を突きつけた逆説的な思想家の代表作。

方法序説ほか

デカルト
野田又夫ほか訳
解説・神野慧一郎

「西欧近代」批判が常識と化したいま、デカルトの哲学はもう不要になったのか。答えは否である。現代はデカルトの時代と酷似しているからだ。その思索の跡が有益でないわけはない。